本书编委会

主　　编　左小德

副 主 编　曾奕明　　罗敏静

参编人员(以姓氏笔画为序)

　　　　　　刘　敏　　李　彦　　陈自华　　林镇全

Emergency Logistics Management

应急物流管理

（第二版）

主　编　左小德

副主编　曾奕明　罗敏静

暨南大学出版社
JINAN UNIVERSITY PRESS

中国·广州

图书在版编目（CIP）数据

应急物流管理／左小德主编；曾奕明，罗敏静副主编. —2 版. —广州：暨南大学出版社，2024.6（2025.7 重印）
ISBN 978-7-5668-3931-2

Ⅰ.①应… Ⅱ.①左… ②曾… ③罗… Ⅲ.①突发事件—物流管理 Ⅳ.①F252.1

中国国家版本馆 CIP 数据核字（2024）第 100816 号

应急物流管理（第二版）

YINGJI WULIU GUANLI（DI-ER BAN）

主编：左小德　副主编：曾奕明　罗敏静

出 版 人：阳　翼
责任编辑：曾鑫华　张馨予
责任校对：刘舜怡　梁玮浈　潘舒凡
责任印制：周一丹　郑玉婷

出版发行：暨南大学出版社（511434）
电　　话：总编室（8620）31105261
　　　　　营销部（8620）37331682　37331689
传　　真：（8620）31105289（办公室）　37331684（营销部）
网　　址：http：//www.jnupress.com
排　　版：广州市广知园教育科技有限公司
印　　刷：广东方迪数字印刷有限公司
开　　本：787mm×1092mm　1/16
印　　张：15.75
字　　数：309 千
版　　次：2024 年 6 月第 2 版　2011 年 4 月第 1 版
印　　次：2025 年 7 月第 2 次
定　　价：49.80 元

（暨大版图书如有印装质量问题，请与出版社总编室联系调换）

前　言

应急物流是指为了应对严重自然灾害、突发性公共卫生事件、公共安全事件以及军事冲突等突发事件，对物资、人员、资金的需求进行紧急保障的一种特殊物流活动。它具有突发性、不确定性、非常规性以及弱经济性等特点。普通物流既强调效率又强调效益，而应急物流在多数情况下通过物流效率实现其物流效益，或者从减灾降害的角度来间接测算经济效益及社会效益。

发达国家的应急管理体系起步早，建设得较为健全，其表现是各级政府建立了应急管理的协调机制，制定并优化了应急管理的行动流程，完善了相应的法规体系并搭建了对应的信息平台。而我国在这方面的理论研究和实践应用正逐渐从发展走向成熟。在应对 2003 年非典型肺炎疫情的时候，应急物流管理体系的缺失让整个救援工作暴露出了诸多问题。从此，我国开始组建国家级的应急物流体系，并将灾害救援物资的筹措、储备、运输、配送与发放等物流活动作为一个整体进行管理和统筹。2008 年的汶川地震，应急救援工作已经有了明显的改善；2020 年年初暴发的新冠疫情和 2021 年河南的洪灾时应急救援工作基本上可以从容应对了，应急物流管理为我国取得防疫和抗洪的胜利做出了很大的贡献。

近年来，政府和企业日益重视应急物流的巨大作用，应急物流管理水平也取得了长足的进步，并具有自己的特点，表现为：政府高度重视，企业积极参与；军民携手合作，军队突击力强；平时准备充分，预案演练到位等。国家对应急物流理论的研究也步入了团队协作、系统开发的良性轨道。

应急物流管理从理论到实践的发展速度非常快，本书由暨南大学管理学院左小德教授在其主编的 2011 年出版的《应急物流管理》基础之上，结合当前该领域的发展情况修订了第 1 章，组织了珠海经济技术开发区管委会的曾奕明副主任参与修订第 2 章和第 4 章；广州智能科技发展有限公司的总裁罗敏静修订第 3 章和第 5 章；珠海城市职业技术学院的刘敏博士和研究生李彦参与修订第 6 章；广东利高建设工程有限公司总经理陈自华和深圳市建筑工程股份有限公司经理林镇全参与修订第 7 章，全书由左小德和曾奕明统稿和审校。

　　本书在编写过程中，参考了大量的文献和资料，阅读材料没有标注出处的是作者自己完成项目的改编资料。书中文献还有许多疏漏之处，在此对文献和资料的作者表示衷心的感谢！

　　本书的出版得到了广州智能科技发展有限公司的大力支持，在此表示特别的感谢！

编　者

2024 年 1 月

目　录

第1章　应急物流导论

本章概述

政府层面进行灾难事件的应急管理可以追溯到久远的古代，尽管当时并没有提出明确的应急管理概念，但是所面对的灾难事件却总是存在的，尤其是自然灾害。因此，采取的那些相应措施就可以认为是应急管理的雏形。只有到了现代，才出现了真正意义上的应急管理，比如在地震灾害中的物资运输问题，应急资源的布局及调配、管理能力的培训，应急物流技术与模型的设计、改善等。本章分别介绍了应急物流管理产生的背景、特点、分类等方面的内容，并通过引入国外应急物流管理的成功案例来探讨我国应急物流管理的建立模式。

2003 年非典型肺炎疫情的暴发、2005 年禽流感扩散的恐慌、2008 年的南方雪灾和"5·12"汶川大地震、2009 年甲型流感（H1N1）的肆虐、2020 年新冠疫情在全球的蔓延、2021 年河南的洪水灾害以及 2023 年永定河流域的大洪水等一个又一个的灾难事件接踵而至，持续地考验着国人的应对能力，也引起了我国对应急物流的高度重视。较之美国、日本等物流体系健全的发达国家，我国在这方面的研究仍然处于学习和效仿阶段，尤其是在组织构建中的许多细节方面显示出严重的"短板现象（Buckets Effect）"。为了及时对受灾人民的生命和财产实施救援，有效控制灾害发生的形势和局面，竭尽所能降低灾害所造成的损失，建设和完善一套适合我国国情的应急物流体系势在必行。

阅读材料 1–1

2008 年 5 月 12 日，我国四川汶川地区发生的地震灾害至今令人们记忆犹新。地震造成直接经济损失 8 451 亿元。这是继 1976 年唐山大地震以来，国内破坏性最强、涉及范围最广、救灾难度最大的一次地震。四川省遇难人数达到 68 683 人、失踪 18 404 人[①]、受伤 360 358 人；倒塌房屋、严重损毁不能再居住

---

① 据四川人民出版社 2018 年出版的《汶川特大地震四川抗震救灾志·总述大事记》（作者：汶川特大地震四川抗震救灾志编纂委员会）记载，截至 2008 年 9 月 25 日，四川省遇难 68 708 人。失踪 17 923 人。两者数据略有差异。

和损毁房屋涉及近 450 万户，1 000 余万人无家可归；重灾区面积达到 10 万平方公里。

"5·12" 汶川大地震发生后，当地及周边地区的公路、铁路、电网、通信曾一度完全瘫痪，这对抗震救灾提出了极大的考验。在这场自然灾害肆虐期间，我们看到了无数惊心动魄的场面，为了将救援物资在第一时间运抵灾区并分配到每个灾民手中，解放军战士、武警官兵以及承担救灾物资运输任务的人员，不顾个人安危，连续数日奋斗在救灾现场以及通往灾区的道路上。在汶川、北川、绵竹，我们看到了从全国各地调配而来的食品、药品、帐篷等生活用品，也看到了大型的发电、照明设备，以及千斤顶、切割机等救灾急需工具。这些生活用品以及抢险救灾工具的及时到来，无疑稳定了灾民的情绪，控制了次生灾害的蔓延，在充分发挥救灾物资作用的同时，也给抗震救灾的最后胜利奠定了基础。然而，相对于受灾群众庞大的需求而言，尽管救灾物资已经或者正在源源不断地向灾区集结，还是有许多受灾的乡、镇无法在第一时间得到所需的救灾物资。

2020 年年初暴发的新冠疫情给很多行业带来了巨大的影响，物流配送作为商业运作的大动脉，与很多行业一样面临着巨大压力，不仅日常基本生活物资的运输和配送需求量剧增，还产生了运输线路停运、配送车辆减少、配送人员不足、物流效率下降和成本增加等诸多问题。应急物流属于社会公共服务范畴，对时效性要求极高，需要以最快捷的流程和最安全的方式实施应急物流保障。我国城市规模巨大，人口密度大，千万级以上的城市有 10 多个，如上海人口密度为 3 785 人/平方公里、北京人口密度为 2 583 人/平方公里，不同的应急事件需要不同的应急预案，同时还需要针对疫情快反应、多联动，才能发挥其重要作用，城市应急物流体系建设迫在眉睫。

资料来源：定馨怡. 媒体纪念中的"汶川地震"记忆［D］. 武汉：湖北大学，2019；王维娜. "新冠肺炎"疫情对城市物流配送的影响分析及对策研究［J］. 物流技术，2020，39（3）：5-7，115，此处均有删改。

可见，应急物流管理体系的缺失会让整个应急救援工作暴露出诸多问题。因此，应该尽早建立高效、合理、科学运作的应急物流管理体系，以确保国家和地区的稳定和发展。

1.1 应急物流产生的背景以及发展状况

现代物流系统作为国民经济发展的大动脉，它的地位和作用主要表现为：①物质流通的基础；②企业新的利润源泉；③国民经济的支柱产业及新经济增长点。不仅如此，物流还是经济安全和社会安全的保障，尤其是在面对突发公共事件时，应急物流的必要性和紧迫性就更加突出。

应急物流（Emergency Logistics，EL）是物流体系中的一大分支，最初是和军事物流紧密联系并由此发展起来的。在战争期间，完善周详的军事运输体系和规划是战备物资顺畅流转的保障。随着人们对突发性灾难事件认识的逐步深入，军事物流体系也逐步被纳入应对灾难事件的解决方案之中。

"二战"结束以后，美国许多学者（如 Ruppenthal，Roland G 等）借鉴了美国在战争中后勤供给的原理和技术，就应对突发事件，较早提出了自己的见解。20 世纪 60 年代，美国成立了联邦应急管理署（Federal Emergency Management Agency，FEMA），专门用于应对国内外发生的紧急事件。可以说，现代应急物流管理诞生于西方发达国家，并且以政府设立的专门机构为正式开端的标志。

我国在这一方面的研究与发展仍处于起步阶段。直至 2003 年非典型肺炎疫情暴发，由于应急物流管理系统不完善、应急物流反应机制不迅速等问题，造成了物资紧缺、物流混乱的局面，此后，我国政府才开始组织专家建立国家应急物流体系，将灾害救援物资的筹措、储备、运输、配送与发放等物流活动作为一个整体进行研究。

近年来，我国突发性灾难事件的密度、强度和规模都呈上升趋势，应急物流管理的研究和应用也在不断地深入和成熟。无论是"非典"、禽流感、甲型 H1N1 流感、新冠疫情这类型的公共卫生事件，还是 2008 年相继发生的南方雪灾和"5·12"汶川大地震等自然灾害，都对国家经济、人民生活乃至生命财产的安全造成了极大的威胁。因此，国家及地方各级政府在建立应急灾害预案的同时，也正在加紧完善应急物流体系。

由于应急物流最初是与军事物流联系在一起的，而后应急物流才逐渐发展成为物流体系中的一大分支，因此二者存在着许多共性，在研究应急物流的发展过程中应该将目光回归到与军事物流相结合的角度，借助政府职能的"推手"，实现相互借鉴、相互促进、相互联合的发展。

1.1.1　应急物流中的政府职能

在应急物流之中，按照以行政命令为中心的模式充分发挥各级政府的力量，以行政强制力的手段推动应急物流的实施，能够更快速、更有效地化解危机。但是强制执行的宏观手段忽视了长期经济利益，这样做只可以解一时之困，对后续的救援和危机过后的控制是不利的。因此，专业化、社会化、市场化是未来应急物流的发展方向。实现宏观行政干预和微观市场运作，加之法律法规的约束，充分调动具体运作单位的积极性，才能够确保社会、经济、战备的长期协调发展。

1.1.2　应急物流与军事物流的结合

应急物流与军事物流在流体和组织手段上有明显差异，但两者的目的都在于提高保障效率、整合物流资源、减少耗时耗资。应急物流是在军事物流的基础上发展起来的一个概念，当今的军事物流也可被看作应急物流的一个分支。

无论是2008年的南方雪灾还是"5·12"汶川大地震灾害，往往都是部队冲锋在前，把握最佳的救援时机，而后，地方组织才参与后续的救援和维护工作，这是最行之有效的应急方案。军队的强大运输能力，训练有素的专业操作人员，稳固的国家后盾使其有足够的能力承担国家武装力量提供物资供应保障的重大任务。因此，实现"军地物流一体化"，将相对独立的军队物流体系和地方系统进行有效整合和优化，以实现军地物流兼容，高度统一、协调发展，最终达到物流基础要素及物流技术标准的一体化，物流评估系统的同等化，物流运营工作的规范化，监管机构监督的权威化以及法律体系确立的完善化，这将成为未来应急物流发展的主要方向。

1.2　应急物流的概念、特点和分类

2006年新发布的国家标准《物流术语》对应急物流的解释为：针对可能出现的突发事件已经做好预案，并在事件发生时能够迅速付诸实施的物流活动。

1.2.1　应急物流的概念

学术界一般从应急物流的目的（目标）、起因、预警等角度给应急物流下定义，即应急物流指的是以提供突发性自然灾害、突发性公共卫生事件等突发性事件所需的应急物资为目的，以追求事件效益最大化和灾害损失最小化为目标的特种物流活动。可见，虽然应急物流和普通物流一样，都是由流体、载体、流向、

流量、流程、流速等基本要素构成的，但是应急物流和普通物流在意义上存在一定的区别，普通物流既强调物流的效率又强调物流的效益，而应急物流更专注于效率。也就是说，在许多情况下，由于自身的特殊需要，应急物流会通过物流效率来实现其物流效益。

从"应急"与"物流"两个层面着手，应急物流的概念可以归结为以下四个方面的要素：①主要应用于偶发性、突发性公共事件；②属于非常规的特殊物流活动；③必须以最快的速度实现必需物资的流动和转移；④目的是实现物流的效率。因此，应急物流可以定义为在面对突发事件时，通过快速识别和动态确定危机级别来实现对应急物资调配、人员救助等活动进行有效计划、组织、领导、控制，以追求时间效益最大化和损失最小化的一种特殊物流活动。

1.2.2 应急物流的特点

与商业物流相比，应急物流处于一个物流量大、时效性强的时期：①在救援初期，诱发灾害的相关原因以及需求物资的数量较难用历史数据预测；②决策者很难控制应急物流的物资和相应需求，因此救援工作组的快速反应能力会受到很大的挑战；③受到灾害的影响，基础性设施的破坏会带来更多不可预测的配送风险，也会导致应急物流网络建设难度的增加，而这些应急物流网络必须在限定的时间内完成；④大型地质灾害跨地区的救援使得整个管理工作变得更加复杂，从而使整个救援过程中供需不平衡的问题更加突出。突发性或非正常性、不确定性、弱经济性和时间的紧迫性是应急物流最基本的特征。

（1）突发性。危机事件的发生往往是不可预见或是不可完全预见的。随着科学技术的发展，人们努力寻求避免或是削减危机事件发生带来危害的方法，应对危机发生的预测和防控能力在不断提升，但还是不及危机发生的突然性，例如即使在地震预测研究方面十分突出的日本，也仅能够提前十秒钟发出警报。

（2）不确定性。我国是世界上自然灾害最为严重的国家之一，灾害种类多，分布地域广，因此对于应急物流的需要无论是数量还是品种都有很大的差别。由于突发公共事件有突发性强、破坏力大、波及面广等特性，且导致事件强弱程度、影响范围、持续时间等因素都始料不及，因而很难做到即时反馈。因此应急物流方案的设计应该包含对不确定性指标的考量，增大可塑性和可变性因素的设定范围。

（3）弱经济性。应急物流侧重的是"急"，应急物流就是要以最快的配送速度方案作为衡量标准，经济效益并非作为物流活动的考虑核心。也就是说，在灾难面前，人民群众的生命和财产安全成为核心目标，而常规物流中的经济效益原则和成本分析原则不再作为物流活动考虑的中心目标，甚至在某种情况下，应急物流属于纯消费性的行为。

（4）时间的紧迫性。对于时间的把握，是应急物流最显著的特征，"应急"二字体现在特殊问题的特殊解决原则上，应急部门在第一时间内采取紧急行动，做出合理的判断和决策，果断调动相关部门，迅速控制局面，因而，需尽可能精简物流处理过程中消耗的时间，使应急部门的管理更加有效。

1.2.3　应急物流的分类

突发事件是指突然发生，造成或者可能造成重大人员伤亡、财产损失、生态环境破坏和严重社会危害，危及公共安全的紧急事件，分为自然灾害、事故灾难、公共卫生事件和社会安全事件四大类。

按照危害程度、影响范围等因素，又将这些突发事件（如自然灾害、事故灾难、公共卫生事件等）分为特别重大、重大、较大和一般四级。

在实施应急物流管理运作流程之前，必须明确其分类，这是最基本的处理思路和决策方向。

阅读材料 1-2

近年来，世界各国地震、海啸、台风等自然灾害频发，这些突发性的重大自然灾害给人类造成了巨大的人员伤亡和财产损失。例如 2005 年初在印尼等东南亚国家爆发的海啸夺走了十几万人的生命，并造成数以亿计的财产损失。我国在 2008 年上半年就发生了两次巨灾：1 月初的南方雪灾和"5·12"汶川大地震。其中，1 月的南方雪灾涉及 14 个省份约 7 786 万人。"5·12"汶川大地震到 6 月底时已近 6.9 万人遇难，4 555 万人受灾。

加勒比岛国海地当地时间 2010 年 1 月 12 日 16 时 53 分（北京时间 13 日 5 时 53 分）发生里氏 7.3 级地震（根据中国地震台网测定），首都太子港及全国大部分地区受灾情况严重，截至 2010 年 1 月 26 日，海地地震进入第 15 天，世界卫生组织确认，此次地震已造成 11.3 万人丧生，19.6 万人受伤。2010 年 2 月 27 日 14 时 34 分，智利第二大城市康塞普西翁发生里氏 8.8 级特大地震。地震发生后，又连续发生多次 6.0 级以上的余震并引发海啸，波及包括澳大利亚在内的多个国家。截至 27 日晚，地震已经造成至少 750 人死亡。

较之自然灾害所引发的危机，突发性的公共卫生事件也给人类带来了极大的危害和恐慌。2003 年发生的"非典"（简称 SARS），是一种因感染相关冠状病毒而导致的以发热、干咳、胸闷为主要症状的疾病，严重者出现快速发展的呼吸系统衰竭。极强的传染性与病情的快速发展是此病的主要特点。当年，世界卫生组织 8 月 15 日公布最新统计数字，截至 8 月 7 日，全球累计"非典"病例共 8 422 例，涉及 32 个国家和地区。自 7 月 13 日美国发现最后一例疑似病例以来，没有新发病例及疑似病例。全球因"非典"死亡人数 919 人，病死率近 11%。统计数据显示，中国内地累计病例 5 327 例，死亡 349 人；中国香港 1 755 例，死亡 300 人；中国台湾 665 例，死亡 180 人；加拿大 251 例，死亡 41 人；新加坡 238 例，死亡 33 人；越南 63 例，死亡 5 人。

禽流感的发生亦引发了人类对于生存危机的思考。禽流感，全名鸟禽类流行性感冒，是由病毒引起的动物传染病，通常只感染鸟类，少见情况会感染猪。禽流感病毒高度针对特定物种，但在罕见情况下会跨越物种障碍感染人。自从 1997 年在中国香港发现人类也会感染禽流感之后，此病症引起了全世界卫生组织的高度关注。其后，禽流感一直在亚洲区零星暴发，但从 2003 年 12 月开始，禽流感在东亚多国（主要在越南、韩国、泰国）严重暴发，并造成越南多名病人丧生。直到 2005 年中，疫症不但未有平息的迹象，反而不断扩散。远至东欧多个国家亦有案例。

甲型 H1N1 流感最初发现于 2009 年 3 月，发端于墨西哥暴发的"人感染猪流感"疫情，并迅速在全球范围内蔓延。世界卫生组织（World Health Organization，WHO）初始将此型流感称为"人感染猪流感"，后将其更名为"甲型 H1N1 流感"。6 月 11 日，WHO 宣布将甲型 H1N1 流感大流行警告级别提升到 6 级，全球进入流感大流行阶段。此次流感为一种新型呼吸道传染病，其病原为新甲型 H1N1 流感病毒株，病毒基因中包含有猪流感、禽流感和人流感三种流感病毒的基因片段。据世界卫生组织 2009 年 12 月 30 日最新疫情通报，截至 2009 年 12 月 27 日，甲型 H1N1 流感在全球已造成至少 12 220 人死亡，一周内新增死亡人数 704 人。其中美洲地区死亡人数最多。据中国卫生部通报，截至 2010 年 1 月 10 日，中国内地已有 124 764 例甲型 H1N1 流感确诊病例（不包括临床诊断病例），其中 744 例死亡。除海南外，所有省区都报告了死亡病例。疫情不断向农村蔓延、社区扩散。数据分析显示，慢性基础病患者、肥胖人群和妊娠妇女易成为甲型 H1N1 流感重症、危重症患者。目前全人类的整体免疫保护水平仍较低，有效的免疫保护屏障尚未建立。

2020 年年初暴发的新冠疫情，是传播速度最快、感染范围最广、防控难度最大的一次重大突发公共卫生事件。在全国人民的共同努力下，疫情防控形势持续向好、生产生活秩序逐渐恢复正常。但是，随着疫情在全球多点暴发并快速蔓延，世界公共卫生安全面临着极大的挑战。

2021 年 3 月 23 日，载运量达 1.8 万个集装箱的巨型轮船"长赐号"，全长 400 米，宽 59 米，排水量约为 22 万吨，吃水深度 15.7 米，船上有船员 22 人，在苏伊士运河北向河道搁浅，侧偏的船身将运河航道完全堵塞，使往来船只无法通过。堵塞的 6 天时间里，超过 400 艘货船被迫滞留在周边，等着从苏伊士运河这条"海上羊肠小道"过去。有三分之二的货船因为无法通过苏伊士运河而逾期到达，其中装载着集装箱的货船、石油货船和装载天然气的油轮都被迫停滞，每天都有 200 多万桶原油和精炼油加入"被堵"阵营。据《劳合船舶日报》（Lloyd's List）估计，苏伊士运河停运一天，会造成价值 90 亿美元的货运受阻。因为船头严重搁浅，也就是说一边的船底已经基本"着陆"，陷入堤岸，要让船"活动"起来，就得将船底的淤泥疏通，埃及派出挖掘机和吸扬式挖泥船前往挖掘船头下方的河道，每小时可以挖 2 000 立方米的泥，但是因为船陷得太深，挖泥船和挖掘机数量有限，在 3 月 29 日借助挖掘和大潮的共同作用，轮船才终于脱浅。

资料来源：张海波，童星. 中国应急管理结构变化及其理论概化 [J]. 中国社会科学，2015（3）：58-84，206；郭惠儒. 传染性疫情下的应急物流对策 [J]. 中国管理信息化，2021，24（5）：203-205，此处均有删改。

按照突发事件所发生的领域划分，应急物流可以分为突发自然灾害（地震、洪涝、飓风、泥石流等）应急物流，突发社会危害（重大交通事故、生产事故和恐怖分子袭击等）应急物流以及突发疫情应急物流。

按照物流的性质划分，应急物流亦可以分为军事应急物流和非军事应急物流，其中非军事应急物流又分为灾害（含险情）应急物流和疫情应急物流。灾害应急物流还可以再细分为自然灾害应急物流和人为灾害应急物流。前者如台风、海啸、地震、洪水等；后者如人为因素造成的交通事故、矿难、火灾等。疫情应急物流可以分为人群疫情和动物疫情，前者如"非典"、流行性脑炎（流行性脑脊髓膜炎）、甲型 H1N1 流感等；后者如禽流感、疯牛病、口蹄疫等。

还有的学者从较多角度对应急物流进行了分类，例如，按照应急物流的等级分为企业级应急物流、区域级应急物流、国家级应急物流和国际级应急物流。根据引起灾害的原因分为自然灾害应急物流、技术灾害应急物流和人为灾害应急物流。其中，自然灾害包括地震、洪水、气象、地质、海洋等灾害，技术灾害包括重大工业事故、重大火灾事故、重大公共卫生事件、重大有毒化学品泄漏等灾害，人为灾害包括重大恐怖袭击事件等灾害。按照应急物流的层次分为微观应急物流、中观应急物流和宏观应急物流。根据突发事件发生的可能性和对应急物资的可预测程度将应急物流分为相对可预测的应急物流和较难预测的应急物流。

综合以上分类，所需实施应急物流的灾害大致可以划分为：①气象灾害：如台风、龙卷风、冰雹、强降水、冰冻以及沙尘暴等；②地质灾害：如地震、火山爆发、泥石流、雪崩等；③公共卫生灾害：如核污染、生化污染以及恶性传染病等；④人为灾害：如空袭、恐怖事件、因管理不善导致大规模的停水停电或是意外导致的空难、海难、道路交通故障等。也可以依据突发事件的紧急程度对应急物流进行分类，这样有利于对物流成本进行控制。比如对于应急程度高的突发事件可以采取不计物流成本的策略，而对于应急程度相对低的突发事件可以采用适当考虑物流成本的策略。

随着科技进步和对大自然认识的加深，人类对气象灾害和地质灾害的预测精准度有了明显的提高，可以挽回大量的生命和财产损失。而对于公共卫生灾害和人为灾害则可以通过加强预防管理来消除潜在的威胁，降低灾害的危险性，甚至避免灾害的发生。这也为应急物流组织指挥工作的前期准备、中期实施和后续控制提供了决策依据。

1.3　应急物流的研究内容

应急物流管理是对应急物流全过程的统筹规划。关于应急物流管理的研究，国外学者对应急物流研究主要侧重于具体环节的部分，例如研究应急物流的供应路径，物资发放需求的预测，应急物流的网络计划与设计，应急物资的分发，应急物资分发的快速反应机制，国际间如何进行应急物流的合作，等等。而国内学者的研究则倾向于战略选择的研究，主要有如下观点：

（1）应该从保障机制到救灾款项、技术平台与物流中心的建设以及应急物资的采购、运输与储备等方面来构建应急物流体系；建立了应急物流运作流程的基本框架，指出应急物流成功运作的关键是加强政府在应急物流组织保障工作中的作用、加强应急物流信息保障系统和交通运输保障体系的建设。

（2）以网络技术、数据库技术、GIS/GPS 技术、决策支持技术等当前先进的物流管理技术为基础，结合危机管理理论和虚拟组织运作理论，提出以突发事件虚拟物流系统为组织形式的突发事件物流系统的运作理论和技术框架，从信息网络和决策支持系统两方面对突发事件虚拟物流系统的具体实现技术和方法进行了研究。

（3）应急物流也属于物流，因此其主要内容跟一般物流有很多相同的地方，只是在速度方面给予了更多的关注。

1.4 我国应急物流管理存在的主要问题

目前我国应急物流存在的主要问题可以归结为应急保障机制不健全以及整体协调性差这两个方面。

1.4.1 应急保障机制不健全

现行的应急物流保障机制是以行政命令为主要手段、不计物流运作成本为基础的。应急物流管理中存在应急快速反应机制不健全、缺乏应急管理的思维方式、社会及部门间缺乏联动互动机制、缺乏所需的基础数据库支持、应急物流的资源保障不充分、灾害现场状况恶化和所需的技术装备严重不足、低效的集权式应急物流系统模式等问题。也就是说，应急物流保障系统存在两方面比较突出的问题：一是传统物流经营互相封闭，割裂了物流各方面的联系，一旦出现应急保障的需要，往往因为衔接不顺畅而延误时机；二是计划经济时代形成的各系统自办储运的状况没有得到根本改变，各种物资的流动被分割，应急物流的配送方式不灵活，交通运输存在较大问题，本可以一起流动的物资偏要单独流动，造成人员和物资上的浪费。

1.4.2 整体协调性差

应急物流信息化程度偏低，难以满足应对紧急状态的要求。此外，指挥体系不完善，军地物流服务保障自成体系、各自为政。在应急物流中，应急物资筹措、储存、运输和补给的整个链条运作的整体性和系统性差，应急物资管理条块分割导致反应速度慢，这些都会造成整个应急物流管理体系的失衡。

1.5 应急物流管理机制

我国应急物流系统还不完善，某些方面甚至极其欠缺，这导致了我国的应急物流体系散乱、效率低。针对以上问题，我国应该从保障机制、信息系统建设和部门设置三个方面进行改进。

1.5.1 保障机制方面

应急物流的特征表明，运用平时的物流运行机制不能满足应急情况下的物流需求，必须有一套高效、快捷的应急物流保障机制来组织和实现应急物流的活动。应急物流的保障机制主要包括监测预警及应急预案机制、全民动员机制、政府协调机制、法律保障机制、"绿色通道机制"和应急报告与信息公布机制。具体而言，可以建立经常性的全国和省、市一级应急物流预案，确立应急物流专业化、社会化、市场化的运作机制，采取灵活的配送方式，科学制定配送需求指标体系，尽快走上军地物流一体化之路；健全危机处理法律法规，例如规定政府在灾害发生时，有权无条件征用土地、交通运输设施、相关商用和民用建筑，从而为救灾工作提供时间和空间上的便利，保障救灾物资畅通无阻地运抵事发地；政府还可以大力推进国内电子商务的发展，着重优化电子商务系统的应急物流配送网络，加强应急物流指挥中心与电子商务的联系，减少物流环节，简化物流流程，提高应急物流配送的快速反应能力。

1.5.2　信息系统建设方面

信息系统是应急物流的神经系统，是指挥调控物流流向和流量的中枢，是现代应急物流赖以生存与发展的重要条件。为此，许多学者对应急物流信息系统建设的研究主要集中在增加基础应急物流信息系统硬件建设；加强应急物流信息化模型（预案）设计与管理以及强化应急物流信息人才的培养这三个方面。具体要做好三方面的工作：①准确收集系统需要的基础数据，建立完整的数据库并及时更新；②信息处理和传输要迅速、可靠；③针对不同类型的突发性灾害建立应急物流组织指挥的辅助决策系统，例如系统管理模块、基础信息管理模块、日常管理辅助决策模块、应急救援辅助决策模块和重大危险源管理模块，等等。

1.5.3　部门设置方面

应急物流相关部门的设置应该是相互联系与相互协调的。也就是说，除了应从中央政府到地方自顶向下建立分工明确的专门管理机构，以协调和管理应急物资的储存和运输，实现应急物资的高效运作之外，还应建立和健全应急物流的职能部门，使应急物流体系中的相关部门通力合作，从而加强灾害的应对能力。

针对政府结构和物流运作流程而言，我国建立一个常设的、专业的应急物流指挥中心，专门用于救灾指挥工作，能够保障应急物流高效、顺利地实施。通过应急物流指挥中心组建一个类似虚拟联盟的组织，以整合现有的社会资源，并在紧急情况下与军地物流联合配送应急物资，这也是应急物流高效运作的基础。

1.6 应急物流管理的未来发展趋势与成功模式探索

1.6.1 未来发展趋势

应急物流作为现代物流衍生出来的新生代，属于特种物流，是为应对危机问题处理提供物资支援的物流分支。而应急物流在我国尚属一个新兴概念，我国应急物流保障体系还很不完善，对应急物流体系的理论和实践研究有待加强。

应急物流机制和体系的建立，是以物流基础设施和物流设计方案为基础的。良好的应急物流机制和体系能够在危机事件的潜伏期做好各种准备，在发展期迅速反应和启动，在爆发期和恢复期真正做到高效运作，保证救援现场物资充足和不间断供应。而且，建立健全的应急物流管理体系还是综合国力的重要体现，是社会保障和国家安全保障系统的重要支撑。

目前，我国的应急物流管理模式还有待完善，可以广泛借鉴欧美、日本等发达国家在应急物流管理模式上的成功经验，完善我国的应急物流体系。

阅读材料 1-3

美国：常设救灾物流管理专门机构

针对自然灾害，美国国家地震灾害减轻计划（National Earthquake Hazards Reduction Program，NEHRP）指定联邦应急管理署（Federal Emergency Management Agency，FEMA）为计划主管机关，并赋予其规划、协调和报告的责任。

而在国际救灾方面，美国设有对外灾害援助办公室（Office of Furniture Dealers Alliance，OFDA），负责处理各种紧急事务。其在世界范围内设有 7 个应急仓库，这些仓库紧靠着机场和海港，一旦某个地区发生重大灾害，就会从距离最近的仓库调拨救援物资送至灾区。

日本：对救灾物资分阶段管理

日本的防救灾体系分为三级管理，包括中央国土厅救灾局，地方都、道、府以及市、乡、镇。各重要灾害地区也都制订了本地区的防灾计划，根据救灾物资性质分送不同的仓库，对社会捐赠灾区的必需物资，经过交叉站台（Cross-docking）分类后直接送到灾民点，对社会捐赠的非必需物资或超过灾区需要的物资，则送到储存仓库，留待日后使用。

对于灾区的物资供应，日本也借鉴了供应链的管理经验，在救灾第一、二阶段，考虑救灾实际，根据救灾预案，主要采用供应推动的方式，主动向灾区运送物资。而到了第三阶段，则考虑各地生产自救情况，转为灾区需求拉动的方式，根据灾民需要有针对性地供应物资。

德国：民间组织发挥巨大作用

德国的灾害预防机制是由多个担负不同任务的机构组成的。技术援助网络等专业机构可以为救灾物资的运送和供应等方面提供专业的知识和先进的技术装备，并在救灾物流中发挥重要的作用。

另外，德国还有一家非营利性的国际人道主义组织，即德国健康促进会，长期支持健康计划并对紧急需求做出立即反应，在救灾物流管理中也发挥了极其重要的作用。同时，一旦有灾难通知，德国健康促进会就会立即启用网络通信资源，收集灾难的性质、范围等信息，并迅速将救灾物品送往灾区。

资料来源：根据百度文库上"国外应急物流"综合整理。

国外在应对危机事件上所积累的应急物流管理经验值得我们在探索应急物流管理模式的道路上深刻反思和深入借鉴。

1.6.2　应急物流管理成功模式的探索

应急物流作为现代物流的一个重要分支，系统的建立、完善是一个循序渐进的过程，应当从战略的角度出发，不断研究其发展规律和运作模式，使其日趋完善。

（1）从战略高度统一指挥。我国应急物流的建立与运作体现了"应急"二字，但在总体规划上缺乏科学、长期的反危机战略计划。因此，在强化政府在应急物流组织保障体系作用的基础上，必须建立全国和省、市级别的应急物流预案，使交通运输部与卫计委、公安部等部级单位实行联合；必须采取有力措施有效整合军队物流与地方物流，打破军地物流无缝链接的技术障碍，达到各种物流要素在平时的协调运转，危机发生时的快速转换，有效降低物流成本及社会成本。同时，为了有效应对各种突发公共事件，必须健全危机管理的相关法律法规。在发达国家，危机管理已经上升到法律高度。而我国在危机管理的法制建设上相对滞后，根据我国国情，应制定相应的规章、法律条文，赋予突发事件处理机构相应的职责权限，将处理工作纳入法制化轨道。法制化既是强制性动员机制，也是强制性保障机制。

（2）加强物流技术的信息化建设。在政府充分发挥指挥、协调中心作用的同时，应高度重视物流管理技术的提高，在硬件和软件两方面加强物流技术平台建设。硬件方面要加强基础设施建设，采用先进的仪器、设备，如在物流配送车上安装北斗卫星定位仪，对车辆进行即时动态跟踪、监控、调度，对配送路径进行优化，使救援物资顺利到达指定地点；将地理信息系统（GIS）技术应用到监测数据的获取、传输、处理中。在软件方面，采用高科技建立一个功能强大、反应快速的信息网络中心和管理中心，依托政府公共信息平台，建立综合指挥网、运输信息网、仓储信息网等，组成一个网络应急物流体系，运用信息通信技术、空间卫星技术、天气预报技术等实施信息采集、分类、分析、发布、管理、反馈工作，使多个部门进行信息交互和共享，降低外部不确定性对指挥系统的影响，使预警机制与快速反应机制充分发挥应有的作用，实现信息的"集成化管理"。

（3）通过危机公关化解危机。公共危机的出现会严重危害社会公众的共同利益和生命安全，造成社会混乱和恐慌，真实与虚假的信息会同时形成不同的舆论。事件相关信息的发布风格、内容、速度，以及准确性、诚实性、权威性与可信赖性等都会影响公众对事件的风险认知、情绪波动以及针对有关事件的决策与行为。树立危机管理的公关意识，在公共危机发生的第一时间，有针对性地实施危机控制的公关活动，对危机事件中的信息传播进行管理，采用多种媒体的形式，真实地公布有关危机的一切消息，让公众了解事实，分析事实，树立正确的舆论导向，大力宣传优秀典型，弘扬民族精神，增强全面动员的号召力，保持社会稳定，树立良好的政府形象。

（4）保证应急物流的畅通。在解决公共危机时，政府作为指挥协调中心，发布一些应急的命令、规则、措施，调用社会资源，保障应急物流畅通无阻。由于我国幅员辽阔，相当一部分地区交通不便，这是对应急物流指挥的巨大考验。为确保救灾的及时性，政府有权有偿或无偿征用民用建筑、车辆、物资等。同时，应出台明确的法规性文件对应急条件下铁路、公路、水路、空运、管道各运输渠道及与运输密切相关而又不纯属运输线路的工程设施的衔接与抢修进行规范，建立绿色通道，减少物流环节，简化物流过程，提高应急物流配送的快速反应能力，加强物流系统的稳定性。在日常管理中，可以将多个地区性的应急物流指挥中心联网。根据国家的政策法规，组织众多普通商业物流中心、企业加盟，加强应急管理的教育、培训、演练，通过仿真试验平台，做到"平战结合"。一旦发生公共危机，全社会能以较强的心理承受能力和应变能力来应对危机。

随着各国对公共危机事件有效预防及处理的重视，我国正致力于建立一个完善的应急管理体系。我国将工作重心放在应急物流保障、应急物流快速保障技术平台的构建、应急款项的筹措、应急物资的筹措与采购、应急物流中心的构建、应急物资的储备、应急物资的运输与配送上。在法律框架下，我国建立反应灵敏、指挥统一、责任明确的应急物流体系，提高我国应对突发公共事件的应急管理能力，保障社会安全，促进经济社会的可持续发展。

本章小结

应急物流（Emergency Logistics，EL），是物流体系中的一大分支。最初是和军事物流紧密联系并由此发展起来的。随后，人们对突发性灾难事件的认识逐步深入，国际物流体系也在应对灾难事件的解决方案之中逐步形成。本章对我国应急物流管理存在的主要问题及未来发展趋势等进行了探讨。

思考与练习

1. 从应急物流的概念、特点等方面试述应急物流与军事物流的共通性。
2. 总结国外应急物流管理的成功经验。
3. 如何利用媒体的作用来解决应急物流中存在的问题？
4. 政府职能在应急物流管理中如何发挥作用？

第 2 章　应急物流管理组织

本章概述

　　应急物流的组织指挥主要体现在应对突发事件及紧急状态时能够对指挥、管理与保障等功能保持相互协调的运作方式与运作规律。加强应急物流组织指挥体系建设成为应对紧急情况的首要任务。本章在介绍了应急物流概念的基础上，以"组织"为核心，概括了应急物流组织的统一性、灵活性以及协作性的特点；结合我国应急物流管理组织的研究现状，指出应急物流管理组织构建的迫切性、应急物流管理组织的内容以及应急物流管理组织的现状与措施，并提出可行的应急物流组织内部构成和应急物流管理组织的运作模式。

2.1　应急物流管理组织的特点

　　应急物流与普通物流一样，由产品的流体、载体、流量、流程、流速等要素构成，具有空间效用和时间效用，其物流也需要建立空间均衡与时间均衡的关系。但是应急物流本身又具备显著特点，与普通物流有所不同，它包含很强的政策含义。危机事件发生时，由于物流环境的恶化、物流条件的艰苦，不仅需要及时配齐所需的物流物资并将物品及时送达，在短时间内迅速形成应急物流保障的网络，而且要求应急物流组织指挥者沉着冷静，简化指挥程序，使物资快速集结到位、人员立即工作，达到高效的目的。不仅如此，应急物流管理还要求物流组织指挥者要克服种种困难，坚持持续不间断的、反应灵活的组织指挥协调。由此，应急物流管理组织的特点可以总结为以下三个方面。

2.1.1　统一性：政府职能掌握风向标

　　目前，我国应急物流管理组织中还存在一些突出的问题尚未解决，例如救灾物资需求缺口的应急筹措与采购管理、应急物资运输与配送的管理、应急物流信息的有效管理、应急物流人员的合理调配等，尤其在应对突发事件或重大自然灾害时，应急物流的组织指挥工作很大程度上取决于政府职能的发挥，务实、高效的政府部门是应急物流组织指挥得以成功的关键。因此，要搞好应急物流的组织指挥工作，必须认真总结和处理突发性灾害正反两方面的经验，树立务实、高效的政府形象，赢得各界的广泛信任和支持。

政府职能的刚性指挥能够发挥全民积极参与、军地协同的风向标作用。政府指挥的优势主要体现在强大的动员能力、快速的反应能力、统一的组织能力、有序的协调能力等方面。这些优势使得整个应急物流运作流程表现得更加紧凑，极大地确保了整个应急物流过程的顺畅，也能够将应急救援上升到法律法规的高度，有效履行了政府职能。

同近年来世界其他国家和地区应对自然灾害和疫病的效能相比，1998年的特大洪灾、2003年的抗击"非典"、2008年南方雪灾、"5·12"汶川大地震和2020年新冠疫情等重大公共事件的处理一再显示了中国政府在发挥政府刚性指挥作用的优势和人力、物力、财力方面的强大动员能力，不仅最大限度地减少了灾害或疫情损失，确保了社会稳定和经济发展，而且展示了我国在发生突发公共事件后迅速恢复重建的强大后劲和潜力。

政府行政指导措施亦不可忽视，这是政府职能中的软实力。长期以来，在国内谈到要建立某种制度，人们的第一反应往往是立章立规。实际上，柔性的行政指导措施往往能取得事半功倍的效果。它既规避了固化政策措施不周详的缺陷和法律风险，也能够最大限度地释放"政府善意"，取得社会公众的理解和支持，对提升"善良政府"形象具有重要的促进作用。

同时，一些社会团体，如红十字会、慈善组织、物流协会、志愿者等，还有军队、民兵组织等社会救援力量的重要性亦日益突出，如在"5·12"汶川大地震中，军队对公路生命线的抢修、物流企业对紧急物资的运输与配送等都保证了救灾物资可以在第一时间安全地送达灾民的手上，显示出社会力量对政府应急物流管理的有效补充。但是，早期的汶川地震救灾实践也暴露出我国应急物流管理混乱无序的状态，如缺乏专门的应急物流管理部门，社会团体筹集的救灾物资找不到发放的渠道，志愿者们热情而盲目地进行救援反而帮了倒忙等，不仅造成了救灾人力、物力的极大浪费，也暴露出政府管理和社会资源调动的不协调问题。因而，应急物流管理组织必须着力探讨如何充分发挥政府主导下的统一性特点，广泛利用社会资源以实现应急物流的顺畅、便捷、精准、有序流转并发挥其作用。

2.1.2　灵活性：现场决策能力

在应急物流管理中，常规决策模式显然不适用于防控突发事件的应急决策，这就要求各级领导干部必须积极进行研究，探索出快速有效的现场应急决策模式，才能有效应对突发的公共事件，尽快控制住局面，防止事态恶化，避免造成更大的损失。而且在应对某个突发事件的过程中，由于突发事件可能会不断出现新的变化，领导干部在现场作出应急决策的频率很高，并且往往是依托自身经验与智慧进行独断式或是有限的民主决策。以往的决策制定方法因为调研过程冗长，探讨缓慢等因素不适用于突发事件，所以只有迅速作出决策才能够把握最佳救援时间。再者，常规的决策资源富裕、时间充足，决策目标可以追求最优，但是突发事件发生和发展变化的特殊性决定了领导干部现场应急决策的资源非常短缺——时间资源不足、信息资源有限、人力资源有限、财力资源有限、物力资源不足等。在这种决策资源短缺的环境中，领导干部的现场应急决策不可能追求最优化，而只能以"次优""相对满意""阻止恶化"等作为应急决策目标，其目的就在于能够快速而有效地控制突发事件带来的危急局面。也可以说，应急物流管理的灵活性取决于组织内部上层的果断决策和下层的积极配合，以及二者的有机协调。

2.1.3 协作性：专业化分工合作

应急物流管理组织的构成主要分为常驻人员和援助人员。常驻人员的职责包括灾害预测、预警及分析，提供应急物资的保障，通信技术的完善；而援助人员则大部分是在发生或是即将发生突发事件的情况下才迅速集合到一起的救援人员。援助人员分为指挥人员和执行人员，指挥人员多由政府相关部门的领导干部和专家学者组成，确保迅速有效地作出决策和任务分配，执行人员的组成范围则十分广泛，主要是军队、慈善机构及群众自发组成的救援小组。与企业管理中趋于扁平化的管理模式不同，应急物流管理的组织架构更倾向于传统的"金字塔"式管理模式，实施自顶向下的指挥和管理，这样能够有效防止由于事态的混乱所造成的管理阻滞和错乱。更重要的是，这样的管理模式可以使权力明确、责任落实，上层人员能够迅速掌握救援人员在参与救援过程中的动态信息，有利于决策层了解第一手资料并及时作出调整和修正。可见，在这样的组织范畴内，管理的侧重点转向于注重组织的整体目标，强调人与人之间、人与部门之间、部门与部门之间的整体协调，强调各司其职，进行专业化的分工和合作，实现军地一体、全民参与的协作性完成救援任务的模式。

2.2 应急物流管理组织构建的短板及内容

2.2.1 应急物流管理组织实践中的"短板现象"

根据木桶原理，一个木桶能装多少水不是由长板决定的，而是由最短的木板决定的。因此，在应急物流管理组织实践中，如果不能准确地识别出这些"短板"并及时地采取有效措施加长这些"短板"，就会使整个应急物流管理的效率降低，抢险救灾的效果将大打折扣，还会牵制应急物流管理的组织协调进程。

从这个意义上讲，应急物流管理工作必须从实践操作层面加以把握，再从细节方面考量，着眼于构建一个没有"短板"的应急物流管理组织。

（1）应急物流存在"组织保障短板"。一是物资保障量大，涉及面广。如"5·12"汶川大地震救灾的面积达十多万平方公里，仅一日三餐的保障，就是非常繁重的应急物流任务。二是交通、通信、电力的中断不仅给应急物流的流程进行带来了极大阻碍，也给应急物流组织的整体管理造成了极大的威胁。

（2）应急物流存在"组织时效短板"。在整个应急物流流程中，只要有一个环节未能跟上节奏，就会拖延整个物流流程的完成进度，甚至会导致应急物流时效性的丧失。

（3）应急物流存在"组织协调短板"。由于救灾物资来源复杂，地区捐助、军队支持、国家调拨、国际支援；承担物流的实体既有企业也有部队，既有国家控制的物流资源，也有志愿者自己组织的。成千上万的救灾人员通过各种渠道同时流向灾区，这种无序的流动更增加了应急物流的难度。

可见，应急物流组织运作出现的漏洞使应急物流供给不能及时送达，给灾害救助、社会生活带来一系列问题：首先，会增加应急物资的运输时间，增加运输成本和运输压力；其次，灾害救援物资和日常必需品的供应短缺或过期变质，加剧了人们对灾害的恐慌心理，给社会安全造成隐患；最后，没有科学有效的应急物流组织管理体系会引发"多米诺骨牌"效应，成为整个灾害应急管理的重大阻碍，不仅严重浪费了宝贵的物资和运输资源，而且一旦次生灾害发生连锁反应，救灾物资的补给难度会加大，受灾范围、灾害损失将向纵深发展，后果不堪设想。

阅读材料 2-1

春运遇上暴雪！高铁降速停运，绿皮车"冒雪前行"？

2024 年春节前夕，一场雨雪天气袭击了中国的东南地区。一些地方的冰冻雨雪，给一年一度的春运"添堵"了。在人们印象中准时准点的高铁也纷纷大面积晚点，甚至直接停运。网友在高铁上焦急等待的同时，看到身边的"绿皮车"却顶着漫天飞雪一路飞奔。

2 月 4 日，武汉铁路局的微博发布过一份公告，解释了冰冻雨雪天气高铁大面积晚点的原因主要包括三点：道岔结冰转换不灵活、接触网覆冰导电不良、线路积雪列车降速运行。线路积雪这个因素大家容易理解，我们重点来看看下面两个因素：

（1）道岔结冰。高铁列车在转换线路的时候，也跟普通列车一样，需要通过道岔结构来改变路线。道岔内的积雪、冰块会影响道岔的正常工作。虽然一些高速铁路有道岔融雪装置，但如果出现极端大雪天气，道岔结构还是有可能出现故障的。2017年开通的"宝兰高铁"在第一个冬天就因为道岔积雪夹冰引起了3件道岔故障，都影响了列车的正常运行。此次铁路部门立即派出了专人处理道岔的扫雪除冰工作，并且24小时值守，在铁路工人的辛勤付出下，道岔结冰的问题很快被解决了。

（2）接触网覆冰。跟传统的列车不同，高铁的动力来源是高铁车厢上方的高压线。这些高压线组成的网络被称作"接触网"，或者"架空接触网"。高铁通过受电弓跟高压线连接取电，经过降压处理后用来驱动高铁。如果电线上出现了冰，弓形头和电线之间的接触会受到影响，高铁就会一路开一路释放"闪电特效"，这就是弓形头和电线之间的冰引起的。另外，电线上的冰也可能让电线变得更重，晃动得更厉害，同样影响高铁列车取电，为了尽可能稳定地获取电流，高铁列车只能降低运行速度，严重的时候只能暂停等候。在这些因素的影响下，高铁列车只好降速运行，导致高铁动车组车辆的利用率降低。因此出现了大量的晚点和停运情况。

资料来源：小玮. 科普中国［EB/OL］.（2024-02-06）. https://mp.weixin.qq.com/s/2872Q4_3ydInQ33sP5-Mhw，此处有删改。

2.2.2　应急物流管理组织工作的内容

（1）完善灾害预警系统并加强灾情分析和研究，做到未雨绸缪，发生灾害时可以从容应急。

（2）成立灾情数据收集中心，用于对灾情信息的处理和发布。透明的灾情可以阻断以讹传讹的信息传播，避免恐慌情绪的蔓延。

（3）应急物资需求的预测和筹措。按照科学方法论的指导进行应急物资的筹措，使全社会的应急物资在保障供应的前提下降低成本。

（4）应急物资的配送和运输。考虑到应急物流的特殊性，科学地规划配送和运输，在效率优先的情况下，尽可能地做到成本更低。

（5）灾情的应对和处理。通过建立和完善案例库，为灾情的应对和处理不断提供借鉴。

（6）应急救灾工作的总结和反思。每次灾害的发生都有生命和财产的损失，也有应急成败得失的心得，通过总结和反思，不断改进应急方法，吸取成功的经验，规避失败的处理方式，不断提升应急救灾的能力和水平。

（7）应急法律法规所确立和保障的权利和义务。明确界定应急边界，便于应急时相关工作的推动和落实。

（8）全民应急救灾意识的培养和能力的提高。全社会人人具有一定的应急救灾意识和救灾能力，在灾害发生时可以极大地降低人员伤亡，同时也可以降低救灾的难度。

2.3　重大灾害应急物流组织指挥的应对要求

2.3.1　完善组织指挥机构，明确职责权限范围

高效的应急物流组织是保障应急物流"物畅其流"的关键，顺畅的指挥体系则是应急物流系统的组织中枢。完善的应急物流机构不但可以提高工作效率，而且能够减少互相推诿现象的发生。在每次的重大灾情中，都是部队冲锋在前、打头阵，等进入后续工作时，地方才参与进来，如 1998 年的"抗洪抢险"、"非典"、2008 年雪灾及"5·12"汶川大地震等。为了加强应急保障的科学性、连续性和有效性，不少学者认为应该将军队物流保障体系纳入国家、地方的公共应急物流保障体系之中，贯彻国家统一的应急法律、政策与联防联控措施，发挥军地联合应急保障的优势，真正实现军地互惠双赢、协调发展，实现国家应急物流保障能力跨越式的提升。在省政府与省军区、地区政府与军分区和县政府与县人民武装部三级建立军地一体化的应急物流组织机构。该机构可以充分利用地方物流系统的先进设备，理顺各种关系，优化管理模式，建立各级相应的军地一体化矩阵型运行模式，打破条块分割，实现上下贯通，左右相连。该机构的成员可以是兼职的。由总部级领导组织指挥全局性工作，负责应急物流的规划决策、管理协调。各级应急物流机构根据紧急情况的等级，快速决策确定保障范围，计算所需时间，掌握运载工具数量和状况等，提出相应的保障措施，真正实现军地应急物流的无缝连接。

2.3.2　加强应急装备建设，优化救援派遣机制

纵观历次应急物流保障组织的指挥过程，不难发现各种物流装备发挥了关键性的作用。因此，我们必须充分认识物流保障装备的重要地位和作用，高度重视物流保障装备建设；必须正视当前我国在应急物流保障装备建设上的差距，下决

心研制、生产、配备、储备"管用、实用、好用"的应急物流装备，推动应急物流保障装备快速向信息化迈进，向小型化和轻便化发展，持续夯实完成物流装备保障的基础，提升完成应急物流的保障能力。做到应急物流装备与任务需要相配套，保证执行任务的人员有一定的物流装备，保证物流装备种类齐全，功能复合配套，适应执行多样化任务的需要。

精简的、优化的应急装备派遣机制可以为应急救援工作赢得宝贵的时间。当某地发生重大灾情时，国家在第一时间启动应急预案，首先对灾情进行评估，达到一定等级则启动动用军队的程序，而后由地方政府向中央政府请求军队支持，地方政府向军队下达指令后，军队应急指挥部对灾区地形进行分析，依据上级命令和指示，由所需单位向飞行管制部门提出申请计划，由飞行管制部门报军区和航管部，最后报总参备案，再经过相同的程序下达批复命令，这样，从申请到放飞至少需要几个小时。在紧急情况下，时间就是生命，时间就是效率。抓好应急支援保障，特别要珍惜和使用好有限的垂直和快速保障力量，以讲究时效性为出发点，简化直升机的营救申请、派出程序，为赢得"黄金救治期"迅速开辟绿色空中走廊，创造先机。

2.3.3 建立高效应急物流管理组织运作平台

应急物流管理组织运作平台的构建是发挥突发性自然灾害和公共卫生事件应急处理机构职能的基础和关键。高效可靠的应急物流管理组织运作平台包括：

（1）通信平台。多元化的社会需求需要多元化的预警发布方式。在发布方式上宜采取"兼收并蓄"的态度，有先进的手段，如广播、电视、网络、手机短信等，简朴的手段也不可少，如在农村，"一面锣，一面鼓"或许是信息传递最有效的方式。良好的通信平台对于应急工作的有效开展、决策制定、组织指挥和灾情研究可以起到重要的作用。

（2）电子商务技术平台。政府大力推进国内电子商务技术的发展，促成国内外电子商务平台的接轨，能够方便实现应急物资在国内外网络的采购和交易运作。构建良好的电子商务技术平台旨在着力优化电子商务系统中应急物流的配送网络，加强应急物流指挥中心与电子商务的联络，减少物流环节，简化物流过程，提高应急物流管理的反应能力。方便、快捷、省时、应变是电子商务技术平台的最大优势。电子商务技术平台的建立能够为组织内部具体工作的有效实施提供保障。

（3）应急物流管理信息系统平台。建设应急物流管理信息系统是构建一个完善应急物流管理组织计划的根基。该信息系统的建立是为了满足应急救灾工作需要而形成的一个发现、收集、筛选、分类、处理、发布和控制信息的专业信集合体，对整个应急物流管理起到重要的支持作用，如应急物流程序的优化、物流各环节调控所采用的方案和途径，选择合理的运输工具、运输路线和最佳物资仓储计划等都依托于运作通畅的管理信息系统。

具体而言，应急物流管理信息系统的主要任务有：

①应急物流管理组织的指挥。其包括对资料收集的分析、物流计划拟订、物资供求关系平衡分析、物流配送的调度与控制、应急任务的组织和协调工作等，目的在于为应急救灾工作提供信息支撑。

②应急物流管理处理能力的掌握。其包括各类应急物资和装备的数目、质量、分布以及运作，应急物流配送中心的存储收发能力，码头港口吞吐能力等相关信息的获知和分析。

③应急物流资源的统筹规划。关注应急物资的仓储、经费、设施等相关信息的分类和实时跟踪，并以此为依据，作出相应的调整和配置。

④动态指挥和控制。在获知应急物流人员、装备、应急物资、运输工具和运输组织的相关信息的基础上，对运输过程实施全方位、多角度的指挥和控制，并及时取得反馈，做出纠正。

⑤应急物流业务处理。其包括应急物流作业相关信息的获取和统计，如网上统计、动态的物资存量、长期的物资仓储计划、适应需求的调拨方案、结算、公文处理等。

⑥辅助决策功能。建立应急物流的各种模型，为应急指挥机构和人员提供最优决策和选择。应急物流管理信息系统可以由若干子系统组成，包括灾情监测预警系统、信息采集与分析系统、物资统筹系统、运输管理系统、配送管理系统、决策支持系统和综合数据储存系统等。

一个完善的应急物流信息系统具备四方面内容，并能够为组织整个应急物流的流程运作提供重要的参考依据：灵敏的预警反应机制、规范的应急转换机制、科学的决策处理机制、及时的反馈评估机制。

（4）物流技术平台。应急物流管理中的物资养护技术、包装技术、装卸技术以及物资输送通道建设技术等构成了物流技术平台，完善的物流技术平台需要具备安全、快速、简洁、便利、稳妥、实用的特征。良好运作的物流体系能够确保应急物流管理的具体操作人员的工作完成质量，是实现整个组织任务的关键。

阅读材料 2-2

我国作为世界通信大国，通信网的发展速度、网络规模及用户数量均高居世界首位。人们的日常生活、生产工作及社会的高效运转，都越来越依赖于通信网络，尤其是移动通信网。但是这些通信网都是为常态生活设计的，一旦发生重大或特别重大的自然灾害，通信的基础设施同样会遭受严重破坏，通信保障能力远远满足不了突发激增的通信需求，2008 年 5 月 12 日的汶川大地震就是一个典型例证。

"5·12"汶川大地震是中华人民共和国成立以来破坏性最强、波及范围最广、救灾难度最大的一次地震，不仅造成人员伤亡惨重，房屋大量倒塌损坏，基础设施大面积损毁，灾区通信基础设施也遭到了毁灭性破坏。在供电中断、传输线路切断、通信机房垮塌、网络设备损毁等综合因素的影响下，汶川等震中地区瞬间成为信息孤岛；成都等非震中地区通信基础设施虽然保持完好，但是也因震后话务量激增导致网络严重拥塞，服务质量显著下降。

当公众通信网中断或无法满足实际需求时，应急通信保障体系的作用至关重要。在党中央、国务院的正确领导下，在全国人民的共同帮助下，"5·12"汶川大地震的抗震救灾工作取得重大胜利。其中，应急通信功不可没，为抗震救灾的灾情监测、组织指挥、信息互通、新闻宣传等提供了有力保障，并可以带来诸多启示：在发生地震等重大或特别重大的自然灾害时，通信基础设施往往会遭到毁灭性的破坏，能否在抢险救灾的初期、中期和后期迅速建立相应有效的通信保障手段，将直接决定救灾工作的成败。

（1）初期——卫星通信是第一时间打通灾区通信生命热线的首要选择。在抗震救灾初期，尤其是"黄金 72 小时"之内，能否准确了解受灾情况，迅速组织救援行动，将直接决定能够挽救多少宝贵生命，其中关键的决定因素和前提条件是"能否在第一时间建立起灾区与外界的通信"。"5·12"汶川大地震带来的第一个启示是：当现有通信基础设施遭到毁灭性破坏时，卫星通信是第一时间打通灾区通信生命热线首要的选择，甚至是唯一的选择。

2008 年 5 月 12 日 14 时 28 分特大地震发生后，汶川等震中地区瞬间成为信息孤岛，与外界完全失去联系。但是就在 14 时 40 分，中国电信四川省分公司员工刘道彬冒着生命危险抢救出汶川县城唯一一部海事卫星电话，拨通了中国电信阿坝州分公司马尔康监控中心的电话，传出了汶川的第一声求援；5 月 13 日凌晨，也正是通过这部海事卫星电话，汶川受灾的情况被传给了外界，为党中央、国务院准确掌握灾情，迅速组织救援提供了重要信息。

据工业和信息化部统计，截至 2008 年 5 月底，地震灾区共投入卫星电话1 879 部、应急通信车及其他应急通信装备 1 093 台/套、中数据速率卫星基站 80套、卫星通信小站 100 套。卫星电话累计通话次数 16.5 万余次，通话时长 28.2万余分钟。同时，国际海事卫星组织也为救灾调配增加了两倍带宽，有效保障了通信畅通。

卫星通信是真正的全球通信，可实现无缝覆盖，具有覆盖面广、机动灵活、接入方便、不易受陆地灾害影响等特点，因此，第一时间打通灾区通信生命线应首选卫星电话。

（2）中期——尽快抢通灾区移动通信是有效开展抗震救灾的重要保障。进入抗震救灾中期阶段，由于工作的全面展开，救援工作的统一指挥、专业队伍的协调配合、救灾物资的运输配给、受灾群众的转移安置等问题对通信设施的覆盖面、可用性和容量提出了更高的要求。在这种情况下，仅仅依赖卫星通信远远不能满足实际需求，必须尽快恢复灾区的移动通信，实现大面积无线通信覆盖。

地震灾害对于地面通信线路的破坏是巨大的。光缆中断后，不仅维修时间长，又极易受余震破坏而再次中断。因此，完全依赖地面线路的固网通信，往往是一根光缆被损坏，通信就会全部中断。

相比而言，移动通信在交换机与基站之间虽然也是通过地面线路连接的，但是当地面线路中断后，可以搭建卫星中继传输链路，迅速恢复联网运行；即使基站设备被地震毁坏，也可以采用移动基站应急覆盖。5月16日8时12分，中国移动的空投基站采用中速率卫星通信方式，借助于中卫1号通信卫星在汶川开通，并于8时30分打通第一个电话。

可见，在应急通信保障中，移动通信更能够充分发挥机动灵活、快速反应、抢修方便、可迅速恢复大面积通信覆盖等优势，并有较完备的应急保障手段。因此，在抗震救灾中期，应首先着眼于恢复灾区的移动通信网络。

（3）后期——全面恢复灾区固网通信是人们恢复生产生活的必要条件。进入抗震救灾后期阶段，灾区人民的生产生活开始恢复，灾后重建开始实施，这对于语音通信的容量、可接通率和通话时长提出了更高的要求。同时，对于电子邮件、信息查询、文件交换、图像视频等宽带多媒体业务通信也有迫切的需求。面对这种爆发式的需求增长，卫星通信费用高昂难以承担，也无法实现普遍服务，而移动通信难以满足高带宽的数据业务需求。因此，全面恢复灾区的固网通信尤为重要。

固定通信网作为最重要、最根本的国家通信网络基础设施，不仅可以提供稳定、高速、低成本的带宽，支持语音、数据、视频等综合多媒体业务，还可为移动通信网、无线宽带网等提供传输服务，是保障人们生产生活正常运转、维护社会稳定的重要通信手段。

事实上，"5·12"汶川大地震发生后，中国网通、中国电信等运营商的固网抢修工作迅速启动，并一直在与余震及次生灾害作斗争。因此，在此阶段要集中力量，抓紧时间全面恢复灾区的固网通信服务。

资料来源：徐海琛，吕元元. 关于充分利用公众通信网基础设施构建应急通信保障体系的思考："5·12"汶川特大地震带来的启示 [J]. 中国应急管理，2009（11）：29-35，此处有删改。

2.3.4 立足应急保障需求，实施应急培训演练

应急事件发生突然，物流保障行动的快速与否在很大程度上取决于指挥机构和首脑机关的快速决策。因此，要以提高应急物流指挥能力为目的，加强指挥员及其相关人员的素质培养和指挥控制、业务技能训练，突出抓好在复杂情况下保障队伍人员的紧急抽组与编组、物资的紧急筹措与发出、运载工具的紧急征用与调拨、部队力量与地方力量的协同和衔接等训练，确保能够快速反应、高效指挥，精确到位，形成军地保障整体合力。

经验丰富的应急物流人员在处理紧急情况时，能够随机应变，恰到好处。为了更好地进行应急物流的保障，应该对国家、军队和社会应急物流体系中的相关人员进行应急专业理论知识学习、应急技能培训，应急情况心理辅导等，增强训练的针对性，提高自我防护意识，保证抢救、抢修效率，使其在遇到突发事件时能够有条不紊。由于突发事件的偶然性、不确定性和超常规性，应急物流人员常常会遇到许多难以预料的问题，需要他们具备灵活应变的能力，比如在条件不足的情况下，能不能变通，如何变通等。应急物流的环节和程序与一般物流不同，常常是先调拨后补办手续，相应的衔接和监督机制如何发挥其最大的作用等，这些问题也只有在平时的培训和综合保障演练过程中才能充分地暴露出来。发现问题、分析问题、解决问题，不仅能使应急预案得到完善，而且还有助于从事应急物流的人员深刻领会应急物流过程中的基本原则，提高他们的素质，从而在处理应急情况时能得心应手。

阅读材料 2-3

2008 年 5 月 12 日 14 时 28 分，四川省汶川县发生 8.0 级地震。这场地震给灾区的同胞造成了巨大的创伤和痛苦。面对这场突如其来的灾难，我国政府从发布灾情信息，到启动应急预案，再到总理温家宝启程赶赴灾区，这一系列行动都在短时间内迅速完成，凸显了我国应对突发事件的快速与高效。

"地震发生之后，中国地震局迅速启动应急专项预案。启动了中国地震救援队，组建了约 180 人的队伍，赶赴现场实施紧急救援。"这是中国地震局新闻发言人张宏卫 12 日下午向媒体介绍地震局启动的一级预案。与此同时，中国人民

解放军总参谋部也启动了应急预案，指示成都军区投入抢险救灾；武警总部启动应急指挥机制，出动上万兵力赴灾区救灾。

其他相关部门也都迅速采取了行动：中国国家减灾委紧急启动一级救灾应急响应；中国卫计委、交通运输部、公安部、教育部、外交部等部门以及中国医疗、通信等机构，都在第一时间投入到这场抢险救灾的活动中。

"汶川地震发生后，四川省地震局立即启动了破坏性地震应急预案。"这是四川省地震局副局长邓昌文介绍的四川省启动的应急预案。与此同时，受地震影响的其他省、自治区、直辖市也在第一时间启动应急预案，反映了全国上下面对灾难万众一心的沉着和冷静。

这些彰显出我国处理危机的能力，也反映出这几年我国应急物流在灾难中逐步成长起来了。

（1）应急预案连夜启动。"救援工作从5月12日下午3点就开始了。"一位交通运输部工作人员告诉记者。由于地震之后灾区通信中断，在具体受灾情况未明之前，集结各方面救援力量，随时准备赶往灾区成了主要的工作。5月13日凌晨，交通运输部工作人员表示，已经到达前线应急指挥中心的副部长徐组远召开紧急会议，国家公路、水路交通运输突发事件应急一级预案已经全面启动。应急工作在多方面同时展开。据交通运输部介绍，抗震救灾应急抢险指挥领导小组已经成立。领导小组下设道路抢通组、运输保障组、后勤服务组、综合组和恢复重建组。同时，四川当地交通部门则调集必要的工程机械待命，为人员救援和物资运输等抗灾救灾工作提供交通保障。交通运输部对抗灾救灾工作作出部署，要求尽快抢修受损公路等基础设施，为人员救援和物资运输等抗灾救灾工作提供交通保障。

（2）"海陆空"齐动员。随着公路、水路交通运输突发事件应急一级预案全面启动，全国铁路、公路、航空也上下联动、多拉快跑抢运物资、转运伤员、支援灾区。

东北、华北、华中、华东、华南、西北地区的所有铁路局和集团公司全部向灾区开出运送救援人员和物资的专列，把来自祖国四面八方的温暖送到灾区。因地震影响，铁路宝成线、宝昆线等主要进川线路受阻，铁道部在第一时间向社会发布指令，停止一切社会货物占用铁路资源；同时集"中铁建"以及"中铁工"全力抢修，并且立刻进行集中调度处理，从兰州以及郑州向成都集结。铁道部从全系统的高度保证了成都中心的救灾物资正常进出，尤其是使众多的大型救灾设备等进入成都，铁道部功不可没。

对于公路而言，随着汶川地震灾区干线公路的逐一打通，全国各地的抗震救灾物资的公路运输车辆日渐增多。为保障救援车辆顺利快速通行，尽早将救灾人员和物资运抵灾区，甘肃、陕西、重庆等四川周边省市采取了各种有效措施，如增加标志、靠前引导、增加临时服务点、设置路边信息台等，实现 24 小时不间断无缝隙式主动服务，为救灾车辆开辟了一条高效、便捷、畅通、免费通行的绿色通道。并采取有效措施，提供全方位便捷服务，保证救援车辆的优先快速通行。

地震造成公路、铁路等交通基础设施严重损坏，由于通往重灾区的道路在地震早期难以打通，航空运输一度成为抗震救灾行动的关键保障手段。各大航空公司纷纷"解囊"，创造了民航通用航空史上的一个奇迹。

资料来源：温志强，郝雅立. 转危为机：应急管理体系的完善与发展困境：汶川地震十周年回顾 [J]. 理论学刊，2018（4）：62-69，此处有删改。

2.4　应急物流组织的内部构成

由于突发事件所造成的损失有时非常巨大，我们必须动员全社会的力量来应对这些后果，并且必须有一套相应的组织。为了加快信息交换的速度，提高工作效能，我们应将"减少组织层次，明确部门职能"作为应急物流组织部门设置的基本思想。应急物流组织可分为组织本部和加盟的物流中心、物流企业两部分。

2.4.1　组织本部

（1）应急物流管理组织的领导机构。负责应急物流组织平时和救灾时期的组织领导工作。对上向主管的政府部门和该地区政府首脑负责并汇报工作，对下负责整个应急物流系统的组织管理工作，保证系统在平时及灾时的正常运转。

（2）协调委员会。协调委员会是负责应急物流管理平时、灾时工作的协调机构，也可起智囊团的作用，协助领导机构保持应急物流组织的高效运转。协调委员会的成员由两部分组成：一是政府相关部门领导成员。其职责是给系统提供各种有用的信息，对系统工作进行协调，必要时利用行政职权支持系统的工作，保证系统平时和灾时各项工作能顺利进行。二是各加盟物流中心、物流企业的领导人员。这些人对物流行业非常了解，是物流行业中的权威和专家人士。其职责是协助系统领导层进行决策，对各种应急方案进行审议，协助系统设计合理的运作流程，在救灾时期协助物资应急保障的协调工作。

（3）情报部门。情报部门主要负责灾前、灾中、灾后的情报搜集与处理工作。长期与地震、气象、卫生防疫、环保等灾害监测部门保持密切、广泛的联系，及时掌握各种自然灾害、公共卫生、生产事故、环境污染等方面的情报，并作出准确的分析判断，将信息提供给组织的信息管理中心和专项物资主管部门，以便提前做好物资保障准备。

（4）信息网络管理中心。负责信息管理、网络系统构建的维护工作。信息、网络系统是应急物流组织的基础设施，是系统工作的基本平台，是应急物流系统高效率、灵活性、可靠性的保证。应急物流管理组织通过该套网络系统与组织内部的各个部门、各个加盟的物流中心网络、信息系统进行连接，以便使系统各专项物资管理部门了解各个物流公司的设备情况、人员情况、运营情况、运输能力、库房容量、主要业务等。

（5）专项物资主管部门。主要负责单项物资的预算、预测和筹备工作，可分为医药类、食品类、被装类等主管部门。在收到情报部门或者其他可靠的灾情信息之后，指导相应的医药、食品、被装等物流中心预先做好物资的筹备、采购工作，以保证在灾情暴发或进入扩大阶段之前，就已做好充分的物资准备，可以在最短的时间内将应急物资送到灾民的手中。

（6）救灾物资储备中心。为了加强对自然灾害和重大事故的救助能力，许多省市都建有救灾物资储备基地，专门用于储备救灾物资。救灾物资储备中心的建立，对提高应对特大自然灾害和事故提供救灾物资紧急援助的能力、提高抗灾救灾水平、保障灾民的基本生活、维护社会的稳定意义重大。

2.4.2　加盟物流中心、物流企业

加盟的物流中心是应急物流管理组织得以成功运作的基础，是应急物流管理工作的各项保障业务的具体执行机构。平时自主经营进行正常的商业活动，在应急物流中心的指导下，完善应急设施，制订应急方案，并根据情况做好救灾物资的库存管理；灾害发生后，在应急物流组织的领导指挥下做好应急物资保障工作。

2.5　我国应急物流管理组织运作流程存在的问题

应急物流管理的运作是一种在非常规状态下，以最佳的效益使必需物资实现快速流动与转移的流通过程。为了能在灾难到来时既保证人民生命财产的安全，又能把物流成本控制在最低范围内，有效提高应急物流水平，有必要认真思考应

急物流的运作流程，做出合理的设计和优化。对应急物流流程的设计和优化，应立足于整个应急物流组织的运作，对整个物流供应链过程进行统筹思考。应急物流组织运作流程主要包括采购、仓储、运输、配送等环节，各环节对保证应急物资及时准确传送、提高应急保障效果、降低物流成本起到关键作用。我国现有的应急物流协调指挥是通过应急物流协调指挥中心（见图 2-1）进行的。指挥中心控制和管理各部门的作业中心向各部门发送指令信息，同时各部门实时回馈信息，各部门间实现信息的及时传递。

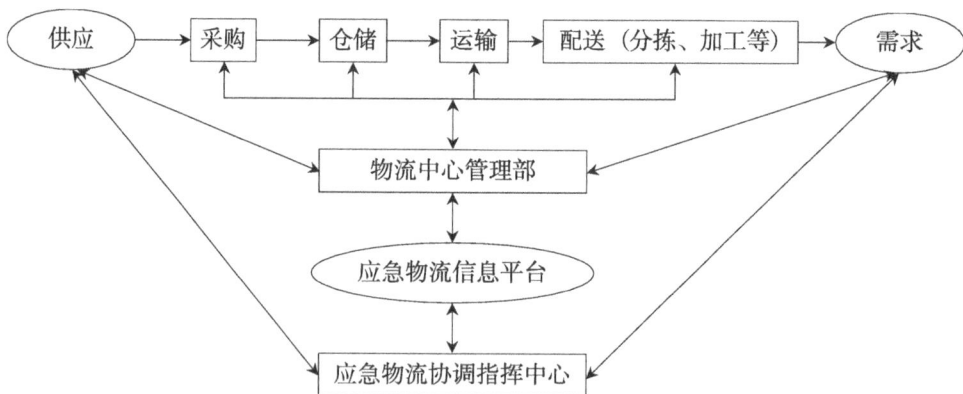

图 2-1 应急物流协调指挥中心的结构示意图

2.5.1 采购环节

应急采购是在如抗灾抢险、战时动员等紧急状态下，为完成紧急任务而进行的采购活动。

（1）应急采购活动由于其特有的目的性和紧迫性，采购主体无法像平时进行有计划大批量采购时，可采用"强强联合"或"价格联盟"等办法提高采购效益。同时，应急采购活动还会因为信息的不对称，很难制订出科学的采购方案。

（2）应急采购的供应商往往不是单一的某个生产或销售单位，这是因为应急采购需求对象的不确定性，不一定是某种特殊商品，除个别事关国家安全的商品以外，绝大部分市场商品都会由多个供应商同时提供，这使得应急采购的供应商选择比普通采购困难很多。

（3）应急采购活动时间紧迫，但采购法在加强采购活动规范性的同时，也延迟了采购活动的开展。

2.5.2 仓储环节

（1）应急物资储备仓库布局不合理。对于应急物资的布局，按照国务院 2006 年颁布实施的《国家突发公共事件总体应急预案》和 5 个自然灾害类专项预案，我国仅在沈阳、天津、武汉、南宁、成都、西安等 10 个城市设立了中央级救灾物资储备库，多数的城镇、农村、山区以及边远地区则鞭长莫及。同时，我国西部地区经济发展相对落后，在遇到自然灾害时，对外界的依赖性较强，但是这 10 个国家级救灾物资储备仓库却主要分布在中东部，难以快速响应西部的重大灾害。

（2）农村应急储备不完善。虽然多数农民还有自己存粮的习惯，但随着城镇化和工业化进一步发展，农民越来越依赖外部资源，到那时如果以现在的救灾布局，一旦受灾，农民会处于危险境地，加之仓库数量较少，很难保证物资调运 24 小时到位的应急目标。

（3）单纯依靠政府储备，物资储备量少，设备落后。现在政府储备的应急物资品种过于单一，但应急物资种类又不能过多，对于哪些物资能保障人民生命安全的需要，需要保有多少安全库存等实际操作问题，还需要尽快研究出结论。此外，仓库管理及物流设备比较落后，物资装卸搬运主要依靠人力，机械化水平较低。

2.5.3 运输环节

（1）运输组织衔接不畅。地方政府只了解本辖区内交通基础设施和运输工具的基本情况，与外部运输设施与工具间缺乏应急演习，应急运输专业队伍数量较少，应急物资供应单位和运输部门平时联系较少，一旦出现应急物流需求，往往衔接不畅，以致延误时机。

（2）运输成本较高。面对突发的公共事件，每个部门都应积极响应，但各种应急物资的运输相互分割严重，造成了人员和资金的浪费。

（3）运输工具的落后也严重影响了应急物流的运输保障效率。突发事件发生时，我国主要采用公路和铁路两种物资输送形式，但在救援环境比较恶劣的情况下，往往是非常规的通道起着重要作用。空中通道的建设，尤其是空中投送能力，还有很多需要加强的地方。

2.5.4 配送环节

（1）应急物资的配送作业主要包括应急物资的分拣、加工、包装、分割以及救灾物资的组配作业。其中，分拣、加工、包装是提高配送效率的关键环节。

目前，我国应急物资入库后主要以人工分拣为主，误差大、分拣效率低，导致到达灾区的物资良莠不齐，在增加物资运输、发放人员负担的同时，也造成了应急资源的浪费，直接影响了救灾效果。

（2）应急物资缺乏包装、保护功能欠缺、包装规格不统一、回收利用率低等是造成应急物资供需失调的主要原因。对于空投、徒步等非常规通道需要的应急物资并没有针对性的设计包装，进一步造成了资源的浪费。此外，由于包装尺寸不一，包装材质五花八门，不适应机械化装卸保障作业，降低了装卸机械的使用效率，制约了机械化水平的快速提高。

（3）配送环节的供需信息传递渠道不通畅，主要表现为多方管理、信息报送延迟或内容重复等问题。例如，我国很大一部分的应急物资来自应急捐赠，由于信息传递不畅、捐赠组织繁多等原因，社会捐助物资很容易出现种类、时间上的配送供需矛盾，往往在应急响应初期形成救援真空，而在后期需求达到饱和后救援物资仍源源不断地配送。

2.6 我国应急物流运作流程优化策略

2.6.1 应急物流采购环节

首先，在应急物资筹措及采购工作中，要严把应急物资质量关，各级工商、质检、卫生等部门要密切配合，加强对应急物资的质量检验和监督工作。要运用经济手段，辅之必要的行政手段，控制应急物资价格。

其次，当发生大范围的严重突发事件时，政府应急物资储备可能无法满足需求，并且许多基本生活物资和医疗卫生物资不适宜进行大规模储备，最好的办法是政府和市场两者结合储备。市场储备主要依靠流通性企业，对此应该有相应的法规或者市场准入条件规定，如什么级别的流通企业必须存储哪类物资，存多少，政府又如何给予补贴。应急储备可采取实物储备与合同储备相结合的方式。这样既可以减少储备物资的资金占用和保管费用，又能满足应急物流的需求，避免紧缺物资大幅涨价。

最后，接受社会捐赠是各国普遍采用的一种形式。但社会捐赠物资存在品种繁杂、规格不等、质量良莠不齐等因素，会给应急物流增加额外的作业环节，还易造成物资供需失调。因此，政府在号召捐赠救灾物资时，应根据突发事件的类型、级别以及灾区反馈信息，向社会明确物资捐赠的重点，对部分救援物资实行定向募捐，重点面向有关生产企业募集急需救援的物资。

2.6.2　应急物流仓储环节

虽然这些年我国加大了应急物资的储备力度，但是与西方发达国家相比依然有相当大的差距。应急物资的储备关键在于储存仓库的布局、数量和容量、物资的种类、长期和中期的储备量，以及储备物资的合理维护和有效管理。针对应急物资的储备管理，有研究者提出了采用模糊评判和灰色神经网络的方法进行库存管理，以使库存物资达到最优。对应急物资的分类管理可以采用 ABC 分类法，分类的标准应当结合不同灾害发生时对不同物资的需求特点来制定。这是一种动态的过程，避免了单纯僵化的管理，分类后就可以针对不同类别的物资进行管理，采用不同的采购和库存策略来降低成本，提高经济效益。目前，美国对外灾害援助办公室（OFDA）在世界范围内设有 7 个应急仓库，这些仓库紧靠机场、海港，存储基本的救灾物资，一旦某个地区发生重大自然灾害，OFDA 就可从距离最近的仓库调拨救援物资送至灾区。因此，我国在保持原有 10 个国家级救灾物资储备仓库的基础上，可以增加若干个新仓库，照顾自身应急力量比较薄弱的西北地区。同时，我国还可设立国际性的应急物资储备基地，逐步增加省级以下的政府应急储备仓库数量，形成完善的应急物流基础设施布局网络。此外，我国还应适当增加应急物流前期阶段使用的物资品种和储备量，改善仓库管理及物流设备，提高机械化作业水平，合理制订存储计划，充分利用仓库空间优化内部结构。

2.6.3　应急物流运输环节

（1）应急物流运输应着眼于经济建设和应急的双重需要，本地（市）交通指挥部应对本地（市）交通道路、运输专业人员和运输机具的数量、质量等情况进行集中登记管理，平时要做好地方科技力量的普查和储备，利用高科技手段建立起专业保障队伍、交通保障经费、道路和车辆器材物资、运输机具等数据库，与各县交通战备办公室形成局域网，实行登记、训练、保障自动化管理。要定期向单位和个人明确编组、集结地域、任务等，以便遇到紧急情况时能及时归建和执行保障任务。

（2）各类物流企业可以成立应急物流运输车队，保障运力充足、搭配合理。运输车队平时各自营运，应急时期迅速组合形成综合运输联合体。为弥补车队在应急保障中的各项经济损失，应设立应急物流运输专项补偿资金，给予其一定的补偿。

（3）优先抓好敏感地区，如洪涝易发区、地震频发区等地区的应急物流交通运输动员法规体系建设。同时，应安排进行集中训练，把专业技术与现代高科技有机结合起来，定期进行相关的专业训练，使专业训练向系统化、正规化、基地化方向发展。当突发事件发生时，采用 GIS、北斗技术等现代化手段对应急物流运输全过程进行实时监控，掌握最新动态。此外，要为应急物流运输提供"绿色通道"，实行优先安排计划、优先停靠、优先入关、优先装卸、优先运输、免费通行、优先放行，加大对危险路段、桥梁、隧道的排查，加强对超限超载车辆的管理，避免发生次生灾害，确保运输安全。面对异常复杂严酷的环境，非常规通道（如空运）往往是救急的有效通道，而这恰恰是应急通道建设的弱项和短板，急需进一步固强补弱、深化发展。

2.6.4 应急物流配送环节

（1）对于直接运送到配送中心的应急物资，本着防水、耐磨、标记清楚、便于搬运的原则，我们要用具有足够强度、印有必要物流信息的包装材料将一定数量的商品进行包装，特别是要大力发展特殊包装，提高包装的科技含量。对应急物资实施标准化管理及应急物资的统一编码和分类，大力发展单元化包装来运输物资。待应急物资入库实现标准化后，根据分拣数量、品种的特点，采用分拣设备，以设备分拣代替人工分拣。设备分拣效率高，准确率高，兼容性强，误差少，使得分拣效率大大提高。分拣完成后再由滑梭式自动分拣系统将分拣好的物资通过客户标识条码扫描自动分拣，分别送往指定的出货口，待装车配送。

（2）应急配送中心宜设置在灾区周边交通运输便利的地点，且空间具有可扩展性，为应急物资装卸提供便利条件。配送中心同时要负责可重复利用物资的回收及清理工作，在灾区恢复重建后移交各级应急物资储备仓库。除此之外，配送中心还是应急供需信息汇集的枢纽，及时准确地收集紧缺物资的种类、数量，根据轻重缓急，迅速准确地反馈给应急指挥机构，协调供需平衡。

本章小结

应急物流管理组织具有统一性、灵活性和协作性。应急物流管理组织构建的迫切性是由危机事件的本质特点、应急物流管理组织实践中的"短板现象"引起的。应急物流管理组织构建平台包括通信平台、电子商务技术平台、应急物流管理信息系统平台和物流技术平台。应急物流管理组织的内部构建包括组织本部和加盟的物流中心、物流企业。本章剖析了应急物流管理运作流程存在的问题并对流程进行了优化。

思考与练习

1. 试分析应急物流管理组织的特点。
2. 结合应急物流管理组织的特点，分析我国应急物流运作流程存在的问题。
3. 总结电子商务在应急物流管理中的作用。

第3章 应急物流系统构建

本章概述

本章在介绍应急物流系统概念与特点的基础上，阐述了应急物流系统构建的框架，包括应急物流系统的要素组成、设计原则、设计框架及运作流程等，并对应急物流系统设计的重点和难点进行了分析和论述；接着介绍了应急物流系统的保障机制，包括政府协调、全民参与、法律保障等九个机制，最后对应急物流子系统进行了分析，重点介绍了应急物流指挥系统、应急物流配送系统及应急物流运输系统。

3.1 应急物流系统概述

3.1.1 应急物流系统的概念

系统思想古已有之，但是将系统作为一个重要的科学概念予以研究，则是由奥地利理论生物学家冯·贝塔朗菲于 1937 年第一次提出来的，他认为系统是互相作用诸要素的综合体。我国系统科学的奠基人是钱学森，他认为"系统是由相互作用、相互依赖的若干组成部分结合而成的，具有特定功能的有机整体，而且这个有机整体又是它从属的更大系统的组成部分"。[1] 换句话说，系统是同类或相关事物按一定的内在联系组成的整体。相对环境而言，系统具有一定的目的和功能，并相对独立。系统应当具备四个基本特征：整体性、相关性、目的性和环境适应性。

应急物流系统的主体是直接参与或专门从事应急物流的组织，政府（突发事件地的应急指挥机构）在应急物流系统中起主导作用，统一协调应急物资的储备及生产供给单位和储运企业等。物流主体是供应链渠道的起点和终点的联系者，在整个应急物流系统活动过程中起主导和决定性作用。应急物流系统客体即物流对象，是一切在物流主体之间定向循环运动的物质实体。物流客体为应急物

---

① 胡启洲. 系统可靠性与安全性 [M]. 2 版. 成都：西南交通大学出版社，2022.

资、生活必需品和应急处置装备等。应急物流系统的载体是保证应急物流活动有序、协调进行的基础条件。它涉及应急通讯网、应急公路运输网、铁路、民航和各级人民政府建立的应急物资、生活必需品和应急处置装备储备仓库等基础设施和条件。应急物流系统的完善程度和先进程度是应急物流发展水平的重要标志。

应急物流系统根据系统的内涵和应急物流系统化的发展过程，可以把应急物流系统的内涵描述为：相互作用和相互依赖的物流实体要素组成的、具有应急物流服务功能的有机整体，而这个整体又是构成更大的应急系统的组成部分。应急物流系统是一般物流系统的一个特例，除了具有一般物流系统的六个基本要素，即流体、载体、流向、流量、流程和流速，应急物流系统还具有特有的要素——时间。由于应急物流的突发性特点，即应急物流需求发生的时间具有极大的不确定性和紧迫性，决定了在应急物流系统中，"时间"是一个重要的系统要素。因此，应急物流系统必须具备七个要素：流体、载体、流向、流量、流程、流速和时间。与普通物流系统相比，应急物流系统除了多了时间要素之外，在其他六个系统要素方面都有较大差别，二者的比较如表 3-1 所示。

表 3-1　普通物流系统要素与应急物流系统要素比较

要素	普通物流	应急物流	政府在应急物流中的作用
流体	一般性物品，品种无所不包，物品的来源（所有者）单一	第一类是救生类，包括救生舟、救生衣及救生设备等；第二类为生活类，包括衣被、方便食品、救生帐篷、净水器等；第三类为医疗器械及药品。物品的来源复杂，有政府提供的公共物品，有社会捐赠的物品，有个人自行筹划的物品	建立合理的物资储备制度是政府应尽的职责
载体	固定的设施与场所	固定的和机动的设施与场所共用	公共设施一般要由政府投入，紧急状态下受到破坏的公共设施需要政府组织人力、物力、财力加以维护

（续上表）

要素	普通物流	应急物流	政府在应急物流中的作用
流向	按用户的需求，流向确定，可以充分安排	流向救援地，目标事先无法确定	信息的准确性决定流向，建立应急物流的信息体系至关重要
流量	物流的数量稳定	特定品种的物流流量激增，其他物品通常减少	政府成为某些特定物资的提供者，提供的数量要视政府的资源调控力度来定
流程	流程基本上可按合理化的原则进行安排	由于设施的损坏等，常使路程发生一定的改变	政府的保障决定流程的顺畅
流速	完成物流的时间比较稳定	完成物流的时间延长或缩短	政府对应急物流的组织状况决定流速的快慢

3.1.2 应急物流系统的特点

（1）建设中的政府主导性。应急物流体系和机制的建立是一个系统工程，经济效益并不明显，不可能由市场经济条件下的企业来提供，因此这个协调机构就只能由各地政府根据应急方案从各单位紧急抽调人员临时组成。

（2）建设的全民参与性。应急物流系统的建设虽然以政府为主导，但这并不意味国家的其他公民、企业就可以袖手旁观。历史经验表明，应急物流是整个社会功能的体现，往往需要全民参与，比如"非典"时期、2008年南方雪灾时期、新冠疫情时期的相互救助，都需要依靠全民参与才能取得最后的胜利。

（3）快速反应性。应急物流的突发性和随机性，决定了应急物流系统应具有快速反应的能力，具有一次性和临时性的特点。这一特点决定了应急物流系统区别于一般企业内部物流或供应链物流系统的经常性、稳定性和循环性。

（4）建设中的效率性强于效益性。应急物流系统不同于一般的物流系统，应急物流系统特有的要素是"时间"。因此，在应急物流系统的建设中，往往更强调应急物流需求的效率性，也就是强调在最短的时间里将紧急物资运输到目的地，而不是将更多的注意力放在一般物流系统建设所考虑的投入产出对比下的效益性。

（5）开放性和可扩展性。应急物流需求和供给在突发事件发生前是不确定的，必须在突发事件发生之后将其纳入应急物流系统中。应急物流系统的设计应具有开放性和可扩展性。

阅读材料 3-1

新冠疫情像 2020 年一场无硝烟的战争，不仅是对我国医疗系统的一次"大考"，更为我国应急系统敲响警钟。业内人士表示，疫情下，作为应急系统重要一环的应急物流短板凸显，我国亟待建立分级响应和保障体系。

应急物流是"生命线"。物资紧缺带来的恐慌似乎要大过病毒带来的恐慌，物流可以视为经济生活的动脉，它承载着整个经济生活的血液循环。实体经济离不开物流，虚拟经济也需要物流做基础。新冠疫情突发，又卡在年关，打了我们一个措手不及。

疫情发生后，医疗物资需求呈现出爆发式增长，又恰逢春节期间，大多数企业停工停产，工人回乡。同时，因疫情而采取的封路等措施又再度给物资运输增加了难度，而这时就需要应急物流的大力保障。

应急物资保障是应对突发事件的重要支撑。在新冠疫情的防控工作中，医用口罩、防护服、护目镜、医用酒精和消毒剂等重点物资的生产、采购、调配和供应至关重要。同时，维持疫区生产生活的日常物资供应也刻不容缓，应急物流发挥了疫情防控总体战"生命线"和保持生产生活平稳有序运行"先行官"的重要作用。

据交通运输部统计，仅 2 月 17 日当天，全国通过铁路、公路、水运、民航、邮政等运输方式向湖北地区运送防疫物资和生活物资 1.68 万吨，运送电煤、燃油等生产物资 3.9 万吨。在武汉关闭离汉通道后的 15 天里，全国通过铁路、公路、水运、民航、邮政等运输方式向湖北地区运送防疫物资和生活物资 13.77 万吨，运送电煤、燃油等生产物资 59.8 万吨。公路运输车辆向湖北运送医疗酒精、消毒液、医疗器械、口罩、测温仪、应急帐篷、防护服等疫情防控物资及相关生活物资 9.5 万吨。

除了传统物流，智慧物流优势也逐渐凸显。在这次应对新冠疫情中，一些骨干物流企业和创新型企业积极运用大数据、人工智能、5G 等新技术，以无人机、自动分拣等为代表的智慧物流设备，在提高物流效率、减少人员交叉感染方面发挥了重要作用。这不仅对突发公共卫生事件、重大自然灾害等场景下提高应急保障能力具有重要意义，对促进物流业整体提质增效也具有深远影响。

疫情应对暴露短板。此次疫情防控中，尤其是在前期，应急物流暴露出诸多问题。信息不对称、管理不规范、过程透明度低、可追责性差、捐赠物资去向真实性难以保证等问题在疫情初期频频暴露。在此次疫情中，虽然交通运输行业通过加强组织领导、创新工作机制、完善政策举措，有力保障了应急物资物流的需求，但也存在一些薄弱环节。例如，部分地区为防控疫情实施交通管控"画地为牢"，导致应急物资物流网络运行不畅；应急运力调配，尤其是应急物资中转场站分拨转运处理能力及末端分发配送能力不足，导致防控急需物资不能及时送达和分发配送。此外，应急物资需求及生产、储备、采购、供应、捐赠等物流服务需求信息不能及时与应急物流供给信息有效共享、对接和匹配，导致疫情开始初期应急物资物流指挥调度及运行忙乱、低效。

1 月下旬，武汉医疗物资极度缺乏，医院连连发出求救信。仅 1 月 23、24日两天，武汉地区发布求助信号的医院就达到 23 家，多家医院物资储备不足 2到 3 天。1 月 30 日，人民日报官方微信公众号和微博更是为武汉协和医院发声求助，并表示"物资即将全部用尽，武汉协和医院请求物资支援"。

值得注意的是，随着大量社会捐助以及各类储备物资的调配，大量防疫物资当时已经抵达武汉。官方数据显示，截至 2020 年 1 月 30 日，武汉红十字会共接收疫情防控工作急需的各类口罩 9 316 箱、防护服 74 522 套、护目镜 80 456 个，还有其他药品和医疗器械。

"在春节这个特殊的时间节点遭遇疫情这个特殊事件，让物资调配的各个环节难度大增。"有业内人士坦言，疫情初期存在物资管控不到位、错配问题突出、缺少供应链平台中心、物资处理不准确等问题。应急物流的一个突出特点就是短时间内爆发出巨大的业务量。此次疫情中，巨大的物资需求导致供应链发生变化，不管是前端调度、采购，还是后续管理，各个环节都需要有专业人士指导、完成。

短时间内，数万吨不同类别的物资从四面八方汇集到湖北，这些应急物资的储存和管理都是一个复杂的系统工程，给各个物流环节上的运营力量带来了不小的挑战和压力。湖北地方红十字会随后因对应急物资管理不力陷入舆论风波，最终以引入医药流通领域专业企业九州通进行"接管"才告一段落，并形成"医疗物资由市卫健委统一调配，非医用物资由市发改委统一调配，两单位根据九州通上报的统计数据给九州通下达分配指令，最后由邮政完成配送"的管理格局，逐渐缓解了应急物资难以送达抗疫前线的"肠梗阻"问题。

尽快建立健全应急物流体系。"从这次疫情防控的过程来看，很多地方都表现出应急物资供应方面的被动局面。"我国在应急机制的建立、应急物资保障、紧急状态法律法规的制定等方面还存在着一些不足。应汲取疫情防控当中的教训，抓紧研究制定加强我国应急物流体系建设的政策。特别是针对自然灾害、重大突发公共卫生事件、重大安全事故等紧急情况，建立应急物流的分级响应和保障体系，统筹利用国家储备资源和网络，发挥好行业协会、骨干企业的组织协调能力和专业化优势，提高包括快速运转、冷链物流在内的应急物流快速响应和保障能力。从更加中长期的角度研究提升现代供应链水平。支持专业化的供应链管理企业发展，促进制造业与物流业，包括商贸业、金融业深度融合，提高产业链、供应链运行一体化协同水平，提升风险应对和应急保障能力。物流只是应急系统中的一个环节，"物流仅仅只是应急体系的'+1项'，应急物流问题已经超越物流本身的问题，分散处理无法根本提升整个供应链的效率。"

我国各类应急物资的采购、储存、调配、运输、回收等职能分散在不同部门，由于应急物流协调组织大多是在灾害发生时临时抽调组成的临时机构，不利于有效协调、沟通和整合。例如，医疗器械、粮食、帐篷、车辆等救灾物资分别由医药卫生、粮食、民政和交通部门负责，这种模式不利于救灾时快速传递信息，同时在一定程度上增加了救灾保障成本。我国应在国家公共危机控制指挥系统中常设应急物流调度部门，统筹负责全国的应急物资储存和运输，对突发事件及时处理。完善应急物流法律标准体系，将现有法律和规范作为基础，明确各参与主体权责、主要物资的存储及配送标准、基础设施使用标准、救援人员执行工作标准等，以法律的约束性和强制性确保应急物流体系运作。以政府为主导建立多元化的补偿机制，提高资本市场的参与水平，政府出台政策引导"基金"与"保险"作为应急物流补偿的主要模式。充分发挥市场机制调配社会资源的作用。采取行政机制与市场相结合的形式，实现政府储备与社会储备、集中储备与分散储备、生产技术储备与实物储备相结合。同时提高市场储备企业的准入门槛，对相关企业尤其是药品生产厂家等重点领域企业进行定期审查，保证物资质量。

我国应建立应急物流数字化中台，将上下游数据信息整合起来，形成产业导向和产业链的高度整合；对产业集群进行数据分级，深挖产业里的细分领域，引导供应链不同角色、不同环节、不同场景的不同应用；引导供应链基于不同资源和需求做出快速响应和抵抗风险，增强供应链的可视度、反应速度、敏捷性、抗风险能力和应急管理能力。

资料来源：梁倩. 疫情下我国应急物流短板待补：亟待建立分级响应和保障体系 [N]. 经济参考报，2020-04-15，此处有删改。

3.2　应急物流系统设计

3.2.1　应急物流系统的要素构成

应急物流系统是一个复杂的大系统，不仅涉及政府、军队、企业等不同的系统以及采购、仓储、运输、配送等不同功能环节，还涉及信息、法规、人才、技术、资金等不同的组成部分。

应急物流系统应该具有快速反应能力、良好的开放性和可重构性，能够根据具体情况迅速解构或重组体系，并且能够方便地将任何社会团体组织或政府部门纳入其中。系统每个环节应该紧密衔接，信息传递通畅。根据以上要求，我们将应急物流系统设计分为应急指挥机构、应急物流节点及物流信息系统三部分，系统要素结构如图 3-1 所示。

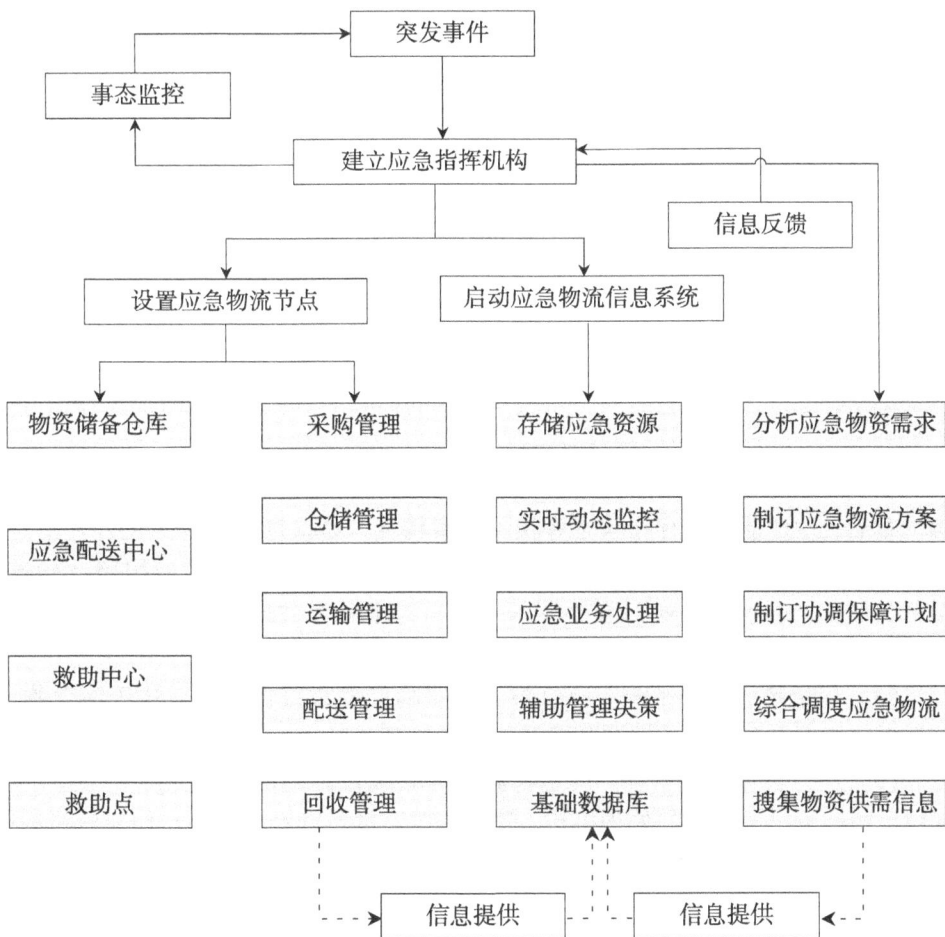

图 3-1 应急物流系统要素结构

应急指挥机构主要职能是分析应急物资需求、制订应急物流方案、制订协调保障计划、综合调度应急物流、收集物资供需信息。应急物流节点主要包括各级政府物资储备仓库、应急配送中心、救助中心、救助点。物流节点主要负责采购管理、仓储管理、运输管理、配送管理和回收管理。应急物流信息系统贯穿所有的物流环节，主要功能是存储应急资源、实时动态监控、应急业务处理、辅助管理决策和基础数据库。

图3-1是按功能模块划分的，如果按职能模块来划分，应急物流系统可细分为应急物流指挥系统、应急物流信息系统、应急物流物资系统、应急物流配送系统、应急物流保障系统、应急物流专业人员系统和应急物流设施设备系统七个子系统。

（1）应急物流指挥系统。应急物流指挥系统是国家或地区在应对自然灾害、事故灾难、公共卫生和社会安全等方面的突发公共危机中，为做好救援物资的筹措、运输、调度、配送等工作而建立的一个特殊物流指挥中心。我国有必要根据政府结构和物流的运作流程，建立一个常设的、专业的应急指挥中心，专门用于救灾指挥工作，保障应急物流高效顺利实施。

（2）应急物流信息系统。应急物流信系统依托政府公共信息平台，建立完善的应急物流公共信息网络平台。此平台可与应急物流指挥系统的中心领导机构、各子系统、政府相关各部门以及各加盟物流中心或企业保持密切的联系。应急物流信息系统还应是政府向公众发布信息的权威平台和公众向政府反馈信息的有效渠道。

（3）应急物流物资系统。应急物流物资系统由应急物资的品种、数量、结构、布局、生产能力、存在状态等相关要素构成，是应急物流体系的作用对象。合理储备对于应急物流物资系统的建设具有非常重要的意义，应按照"国家、军队、地方、市场和家庭"五级储备形式，构建具有中国特色的应急物资储备体系。

（4）应急物流配送系统。应急物流系统功能的最终实现，取决于应急物流配送系统能否及时、准确地将相应的物资输送到目的地。

（5）应急物流保障系统。应急物流保障系统包括基础设施保障和法律制度保障，明确危机发生时的处理机构、责权划分、动员和经费来源，使应急物流有法可依，确保应急物流朝着高效、正规的方向发展。

（6）应急物流专业人员系统。应急物流专业人员系统包括应急物流指挥决策人员、科研工作人员、专业技术人员、操作使用人员等各级各类专业人员，它是应急物流体系的能动力量。我国要通过系统的教育训练和有效的思想政治工作，提高专业人员的业务素质和工作能力，增强他们的大局意识、责任意识和奉献意识。

（7）应急物流设施设备系统。应急物流设施设备系统是指具有应急物流功能的站台、码头、交通航线和路线等各种固定设施，以及运输、库存保管、装卸搬运、包装等相关设备和工具等，它是应急物流体系有效运作的物质基础。其目的是完善和新建一批设计合理、经济适用的固定设施，研究开发用于应急物流的非常规装备，提高其可靠性和先进性，大幅提升应急物流保障能力。

3.2.2　应急物流系统的构建原则

应急物流系统的目标就是以最短的时间、尽可能低的成本获得所需要的应急物资，以适当的运输工具，把应急物资在适当的时间运送到适当的地方，并以适当的方式分发到需求者手中。应急物流系统的构建有如下五条原则：

（1）确保社会稳定，遵循人的生命高于一切的原则。"人的生命高于一切"这一理念在任何应急行动中都扮演着重要角色，是应急行动的根本因素，是影响应急行动的关键，是实现应急行动高效运作的核心。

（2）快速响应，时间效率重于经济效益的原则。应急物流的突发性、流量不均衡性和时间约束的紧迫性决定了在应急物流系统的设计中时间效率重于经济效益。应急物流系统要对应急物资的采购机制、运送机制进行设计，对各种运载工具的运输能力、运输路径和运送方案进行比较并给出满意的方案。

（3）预防为主，防患于未然的原则。应急物流系统应把事前防范与事后应急相结合。应急物流需求的事后选择性决定了高效率的应急物资和运输工具信息系统应该成为应急物流系统的组成部分。在突发事件爆发前，建立全国范围的以应急物资和应急运输工具为主体的大型信息系统或数据库，对于突发事件爆发后应急物流系统的高效运转具有重要意义。

（4）统一指挥、协调一致、动态监控的原则。应急物流多是针对突发性公共事件而进行的物流活动，因此在应急物流系统的设计中不仅依靠市场机制，更要依靠行政机制和法律机制来加强统一指挥、协调一致和动态监控。

（5）市场机制与行政机制、法律机制并存的原则。应急物流的控制主体多为政府，受到突发事件危害的主体不是某个人或某个企业，而是整个社会公众或社会公众的一部分，突发事件所造成的危害随着应急物流速度的加快而减弱，因此在应急物流系统的设计中不仅要依靠市场机制，更要依靠行政机制和法律机制。

3.2.3　应急物流系统的构建过程

首先，应根据已发生的或可能发生的突发事件成立应急物流管理指挥中心，根据以往的经验和对现状的深入分析，确定应急物流需求。其次，通过分析突发事件的环境和现有应急物流中心或组织已具备的物流能力，来选择应急物流系统的组织与成员。最后，将所筛选出来的应急物流组织与成员的总能力与应急物流的总需求进行匹配。如果物流能力小过物流需求，则重新进行应急物流系统组织成员的选择；如果物流能力与物流需求可以进行匹配，则通过资源整合与网络优化对应急物流系统进行优化，并对整个系统进行运作，运作完毕后进行系统反馈与系统评价，构建过程如图3-2所示。

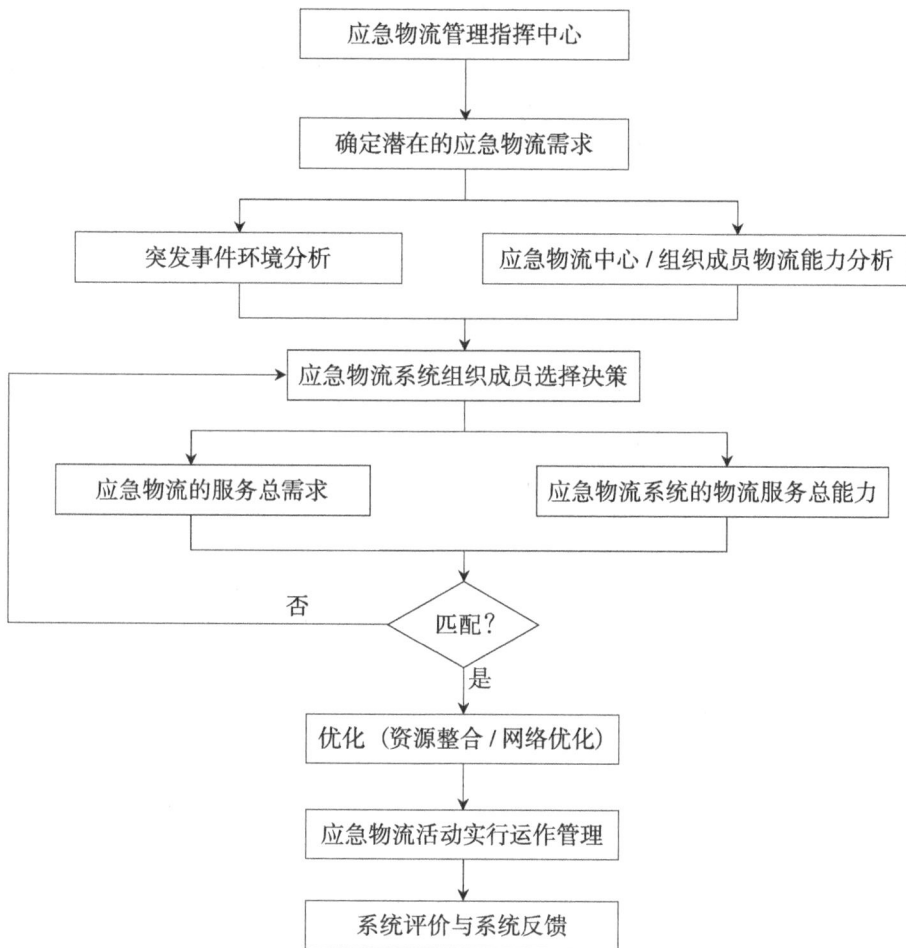

图 3-2 应急物流系统的构建过程

在构建过程中，应注意以下五个方面的问题：

1. 建立应急物流指挥体系，完善我国应急物流联动机制

应急物流的顺利实现是一个系统工程，有必要建立一个常设的、专业的应急

物流指挥中心专门用于应急指挥工作，整合资源和指挥分工协作，并完善应急物流联动机制，使多方力量联合作战，密切配合、同心协力，这样才能够调集社会各方面的资源来处理突发事件，保障应急物流高效、顺利地实施。避免多种渠道、多个部门管理所造成的物资配送分发的不科学、不及时，使应急物资不能按轻重缓急保障到位，不能够充分发挥作用。

2. 建立应急预案是关键

面对突发事件的发生，必须有一套适合实战的应急预案。尤其是在物流运营当中，应加强制定紧急情况的应对预案，有一整套的危机处理办法和机制。平时做好应急培训，储备应急物品，加强网络建设，要有专门的人才来处理应急事务，以便在最短的时间内做出最快的响应。这涉及运作、沟通、资源分配、个人责任、职责分工等。

3. 构建应急物流配送体系，加强应急物流通道建设

在应急物流系统中，应急物流配送体系十分重要。我们要建立高效、发达的应急物流配送体系，根据事件的种类与级别，建立相应级别应急物流配送网络，尽可能精简物流的中间环节，适应来源广、品种多、批量大的应急物资供应特点，在加快物流流转速度的同时，提高供应网络的柔性，快速地对物流条件变化做出反应。此外，我们还要加强应急物流信息保障系统和交通保障体系建设工作。应急物流信息系统建设应满足系统化的原则，要将信息系统建设与指挥等作为一个系统通盘考虑，达到最佳融合。交通保障是应急物流有效运作的关键所在，应完善应急物流交通动员法规体系，使社会交通在统一指挥下，不断扩大和增强应急保障力量，确保应急物流的通畅。

4. 完善物资储备体系

目前我国的应急物资储备相对来讲品种单一、渠道单一，而且布局不合理。在紧急情况下，完全靠政府储备是不能够满足需要的，地方储备、军队储备都是国家应急储备不可或缺的一部分，市场储备和家庭储备也非常重要，应加大这方面的建设力度。我国也应学习借鉴国外的经验，加强国家、地区、军队、市场的一体化储备，进一步完善我国物资储备体系，在应对 2020 年年初的新冠疫情时，政府加强了家庭储备方面的工作，通过网络发布了相应的应急储备物品的名称和数量。

5. 加快法律标准制定、补偿机制建立等配套工作

应对突发事件，政府要颁布一些强制性的规章、措施来调动各方面的资源，协调各方面的力量。只有做好补偿机制，大家才愿意建立或者成为应急保障体系中的一部分，才可能有良性的循环发展。

总之，一个完善的应急物流信息系统应具有以下四个方面的内容：

（1）灵敏的预警反应机制。应急物流产生之前往往会有一些前兆，如在"非典"暴发的初期，深圳市白醋、板蓝根等抗"非典"用品的价格出现非理性上涨。这就给信息系统的预警提供了可能。

（2）规范的应急转换机制。应急物流大量的工作和信息发生在平时向应急状态转换的结合部，这既是信息保障的重点，也是难点。因此，有必要、也有可能建立规范的信息保障转换机制，防止混乱和无序的产生。

（3）科学的决策处理机制。政府应通过分析大量的数据和信息，建立优化模块，优化应急物流的流程和日常管理，从而提高应急物流的保障效率。

（4）及时的反馈评估机制。应急物流各环节的运行是否有效，有无瓶颈或短板的存在，这些问题都有待做出及时、正确的回答。

3.2.4　应急物流系统的运作流程

应急物流系统的运作流程必须设计合理，才能在灾难到来的时候保证人民生命财产的安全，把物流成本控制在最低的范围之内。当重大突发事件爆发后，应急指挥中心根据突发事件的类型与级别，迅速启动相应等级的响应机制，及时向社会公众发布有关灾情的权威信息，评估受灾群众需要的救援物资种类、数量，组织救援物资供应。应急管理指挥调度部门向有关单位下达任务，提出目标要求，明确分工责任，规定时间节点，并对运作执行情况进行不间断的跟踪监督，及时收集整理反馈信息，根据实际情况灵活调整。运作执行部门根据指挥调度部门下达的任务，组织精干力量，采取有效措施，将救援物资经过备货、分拣、配货、包装、贴标签等作业后，根据救援物资需求的紧迫程度组织配送运输，确保应急物流顺利开展。应急指挥中心实时跟踪救援物资的运送情况，及时收集灾情的变化情况，制订新的物资配送方案，最后对整个应急物流活动进行善后处理，总结经验教训，向上级汇报有关情况，并适时转入常态物流运作模式。

根据上述分析，可以将应急物流系统的各个环节与各个部门设定如下，各部门间实现信息的双向传递，实时反馈信息，将物资供给者所提供的物资加工分类后配送到受灾区。其运作流程如图3-3所示。

（1）应急物流协调指挥中心。应急物流系统首先必须立即成立应急物流协调指挥中心，统筹指挥做好救援物资的筹集、运输、调度、配送等工作。

（2）应急物流信息平台/技术支持平台。该平台为应急物资的采购、筹措、运输、配送及线路选择等提供技术支持。应急管理人员通过信息平台统一调度应急物资，指挥应急物流活动，协调各部门的行动，使整个系统更有效率。

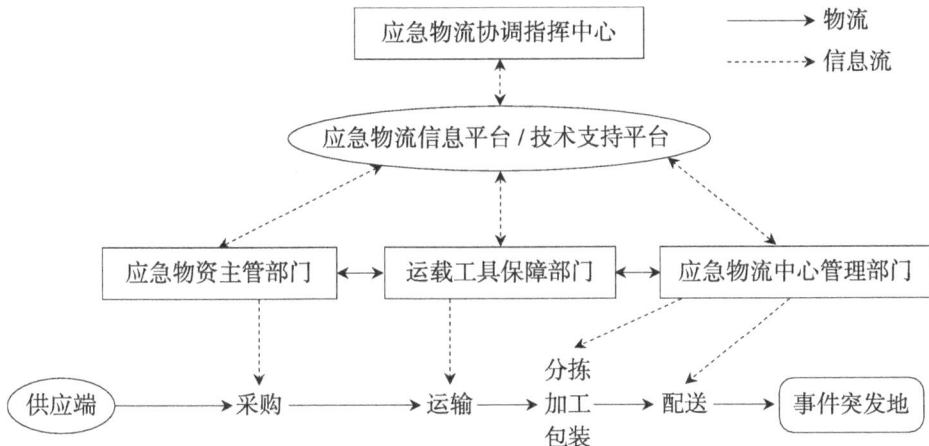

图 3-3　应急物流系统运作流程

（3）应急物流中心管理部门。其功能类似普通物流的配送中心，主要将供给端送来的物资在进行分拣、加工、包装等处理后分别送到各个需求点，减少物资的再度转运、装卸的人力与时间成本，提高应急物资从物流中心到灾区灾民手中的输送效率。应急物流中心应该是一个功能强大、适应性强、反应灵敏的信息网络中心，它由众多的普通商业物流中心、企业加盟而成，可以根据灾情，灵活抽调各加盟物流中心组成一个保障体系。这个保障体系可大可小，如果遇上"非典"这种全国性的灾害，还可以将多个地区性的应急物流中心联网，组成一个区域性、全国性的应急物流体系，实施应急保障，使整个应急物流系统有序、高效、实时、精确地运行。

（4）供应端。企业物流的供应部门一般有固定的合作厂商和上游原料供货商，应急物流则不同，除了备用的应急物资储备，物资的供应端是多元且杂乱的。如果物资未加以整合分类就直接往灾区运送，将造成物资浪费、配送效率低与物资重复运送等问题，因此，如何对供应端进行统筹集结或直接指派是应急物资供应端管理中的一个重要课题。

（5）事件突发地。事件突发地即物资需求端，灾害发生时造成的混乱让信息流通不畅，在第一时间内也许无法得到详细的需求信息，因而必须透过事前的资料收集，针对灾害发生区的地理特性、人口分布、人口结构等相关特性进行分析，预测物资需求量。同时，随着救援活动的进行，物资需求端会逐渐地恢复本身应有的机能，对应急物资需求的急迫性以及需求量会不断地变化，应当及时进行信息反馈，关注需求的变化。

3.2.5 应急物流系统建设的重点

处置突发应急事件是一个持续的多阶段的复杂过程。一般而言，处置突发应急事件的过程可以划分为应急准备期、应急展开期、应急持续期和应急恢复期，在各个阶段实际所要完成的任务和工作是各不相同的。政府应从处置应急事件物流系统实质出发，针对应急前的应急服务设施点选址及应急开始后的应急物资调度问题，结合实际应用情况，构建一个以突发公共事件为背景的应急物流系统。从应急物流系统创建的步骤及过程来看，应急物流系统的创建涉及以下五个方面的问题：

1. 成立应急物流指挥机构

在各种突发性自然灾害或突发事件的紧急状态下，产生了应急物流需求，必然要求政府建立相应的指挥机构和运作系统，对各种国际、国内资源进行有效的协调和调用，及时提出解决应急事件的措施或指示，组织筹措、调拨应急物资、应急救灾款项，根据应急物流需要，紧急动员相关生产单位生产应急救灾物资，采取一切措施协调、疏导或消除不利于灾害处理的人为因素和非人为障碍。因此，各级政府有必要根据各地实际情况，结合政府结构和物流的运作流程，建立一个应急物流指挥中心，对应急物流的建设进行全面指挥。

2. 建立准确、可靠的信息情报系统

在应急物流系统的建设中，及时、准确的信息传递系统非常重要。以2008年受雪灾影响的广州火车站为例，非常突出的一个问题就是信息不畅，没有及时、准确地发布运输信息。在旅客滞留的最初两天，广州火车站广场上的大型电子公告牌上没有发布任何消息，后来车站开通了广播喇叭，进行语音播报。但是可以想象，广场上有十多万人聚集，人声嘈杂，稍微离得远一点，人们就什么也听不到。维持秩序的警察和志愿者也无法为旅客提供实质性的信息，甚至在已经可以预见未来几天无法开车的情况下，铁道部却还在卖票。广州市地方政府呼吁农民工在当地过年，铁道部却说只要几天就能处理完滞留旅客，致使几十万旅客滞留广州站。可见，应急物流指挥中心的信息情报管理系统的建设工作是中心工作的重点，中心能否在突发性的自然灾害和公共事件中发挥应有的作用，全在于该系统的准确性与可靠性。因此，信息情报管理系统的建设不仅仅是指软、硬件或网络的建设，更重要的是信息的获取、处理能力和通过信息对业务的调控能力等。同时，信息情报管理系统需加强公共信息的共享与沟通，促进公共信息系统畅通需要规划并建立一个联合信息中心，对所有的信息进行一元化管理。配置信息官员，同时向媒体发布持续的信息，使公众通过媒体了解政府信息，避免虚假或误导性信息的传播，树立良好的政府形象。做好通信系统的技术支撑和设备更新工作，促进机构间的协作和信息沟通。

3. 运用现代先进科学技术和手段

目前，很多地方还存在减灾装备和储备物资技术水平落后的现象，应急物流系统的建设应强调现代先进科学技术和手段的运用，大力提高抢险手段的机械化水平和隐患的探测手段。对于突发性的重大险情，加大技术方案和技术手段的储备，提高重大风险的应变能力，如避难指挥系统。跨学科、跨领域地研究现代应急理论及其应用，加强重大技术攻关，发挥科技在应急工作中的作用，提高应急管理的科技含量。加强地理信息系统（Geographical Information System，GIS）、全球定位系统（Global Positioning System，GPS）、北斗卫星导航系统、卫星遥感（Remote Sensing，RS）、计算机、通信等先进技术在应急信息系统、指挥决策支持系统中的应用。加强对外交流，引进和吸收国外先进的科技手段和设备，提高防灾减灾工程建设水平。

4. 鼓励公众参与，营造全民参与的良好氛围

应急物流系统的建设不只是政府的事情，必须加强对群众的引导，广泛发动群众，营造一个良好的、全民参与的氛围，同时促进志愿者的参与，加强对志愿者的管理。应当制定与志愿者、社区相衔接的统一管理救援物资和捐款措施，并指定一个专门的机构，增强救济资金的统一管理。

5. 建立应急物流系统中的信息披露机制

应该明确一点，应急物流系统一般情况下都是与灾害事件相关的。在这种特殊时期，人们对于信息的及时发布特别关注。因此，应急物流系统中所涉及的公共信息不同于国家安全信息，应该及时、公开、透明地披露，以达到稳定社会和增强公众信心的目的。同时，开展灾情的信息披露，有助于公众对政府的监督，提高各级政府的灾害管理能力，开展社会公众应对灾害的教育和演练。公众如果了解了各种灾害发生的过程，掌握了一定的灾害自我保护的技能，也有利于增强全社会对于预防灾害的心理、行动和物质方面的应对能力。

3.2.6　应急物流系统建设的难点

1. 应急保障方案的优化选择

应急保障方案是快速解决突发事件的基础，它的选择与评价涉及各方面的因素，如何在众多的应急预案中选择较好的保障方案，这就牵涉到了技术应用。通常情况下，对方案的选择主要有专家评价法、经济分析法、运筹学和其他数学方法。

2. 应急服务网点优化选址

应急服务网点开设的目的是在提供及时、有效的应急服务的同时，使应急费

用最低，如消防设施的开设、医疗机构的开设等。应急服务网点优化选址一般可以分为单个应急服务网点的选址问题、多个应急服务网点的选址问题、给定限期条件下多个应急服务网点的选址问题和所有有意义限期条件下应急服务网点的选址问题等类型。从现有的研究来看，单个应急服务网点的选址问题可转化为求网络图的绝对中心点问题；多个应急服务网点选址问题可转化为求网络图的多个绝对中心点问题；给定限期条件下应急服务网点的选址问题，一般将其转化为集合覆盖问题来解决。

3. 应急物资调度

当突发应急事件发生后，时间因素远远重于成本因素，但也不能完全不考虑成本因素。在进行应急物资调度时，一定要采用科学的态度，尽量使物资调度过程中的成本降低到最低限度。一般地，应急物资调度主要考虑的问题有多点组合的确定型应急物资调度、一次性消耗的应急物资调度、多目标的应急物资调度、连续消耗的应急物资调度和多资源应急物资调度问题。

4. 应急路径优化选择

普通物流的路径选择，主要是在保证安全性的前提下，使行驶的路程和在途时间最短。在突发应急事件中，经常会出现交通的阻塞或中断，如因自然灾害造成的道路破坏或因传染性疾病而进行的对某些地区的隔离等。这就提出了一个在突发事件等复杂情形下如何选择最优路径的问题，而且需要提供能抵抗已有路径中断风险的多条候选路径，也就是相异路径问题。

3.3 应急物流系统的保障机制

应急物流系统的保障机制是指为了保证在突发事件发生后，应急物流系统能够高效运转，完成系统的各项功能，实现系统的目标，整个社会的行政制度、公共政策、法律制度和技术支持设施所应具备的条件。建立应急物流保障机制的目的在于使应急物流流体充裕、载体畅通、流向正确、流量理想、流程简洁、流速快捷，使应急物资能快速、及时、准确到达事发地，主要包括以下九种机制。

3.3.1 政府协调机制

紧急状态下处理突发性自然灾害和公共事件的关键在于政府对各种国际资源、国家资源、地区资源、地区周边资源的有效协调、动员和调用；及时提出解决应急事件的处理意见、措施或指示；组织筹措、调拨应急物资、应急救灾款项；根据需要紧急动员相关生产单位生产应急抢险救灾物资；采取一切措施和办法协调、疏导或消除不利于灾害处理的人为因素和非人为障碍。政府协调机制可通过"突发性事件协调处理机构"来实施，国家可以通过法律、法规的形式给这些机构特定的权利和资源，并建立从中央政府到地方政府相应的专门机构和运作系统及配备专业人员。

在国外，很多国家都制定了国家或地方政府协调机制，美国早在 1979 年就成立了联邦应急紧急事务管理署（Federal Emergency Management Agency，FEMA），它是一个完全独立的组织，其职责就是运用各种减缓、预防、回应和恢复的手段处理各种人为的和自然的突发性灾难。在紧急状态下联邦应急紧急事务管理署的权力甚至比总统和国会还大，可以暂时中止某些法律的效力、没收财产、中断交通系统、迁移居民，可以在未得到任何批准的情况下拘捕公民。

在全球化、区域化日益发展的今天，许多突发性灾难不仅仅只影响一个国家或地区，诸如环境问题、气候灾变、疫病、国际恐怖主义等突发性灾难的全球性风险正日益增加。因此，在应对突发性灾难的过程中，加强国际人员合作和科技交流的重要性日益突显，这也是突发事件中央协调处理机构的主要任务之一。

3.3.2　全民动员机制

动员是一项民众广泛参与，依靠群众的力量，实现特定社会发展目标的群众性运动。它以民众的需求为基础，以社会参与为原则，以自我完善为手段。应急物流中的全民动员机制可通过传媒和通信告知民众受灾时间、地点，受灾种类、范围，赈灾困难情况，工作进展，民众参与赈灾的方式、途径等，这样可以：①推动全民参与、关心赈灾事宜，有效调动民众的主观能动性和创造性，群策群力为赈灾献计献策。②根据需要以有偿或无偿的方式筹集应急物资或采购应急物资的应急款项。③为实现快速应急物流提供各种方便。④为赈灾提供必要的人力资源。⑤最大限度地创造有利的工作环境，掌握救灾工作的主动性。在灾害发生时，不管是突发性的，如地震；还是过程性的，如洪涝灾害，人们的心理都会发生明显变化，其主要表现为惊恐与焦虑不安的心理状态，并表现出不同程度的思维混乱、行为失态等异常心理特征。动员工作就是要在一定程度上针对人们可能出现的心理和行为反应进行教育，最大限度地消除不利影响，为灾时自救和他救创造有利条件。

全方位的动员机制可以分为主动式动员和被动式动员，所谓主动式就是通过宣传等手段使民众的主观能动性充分发挥出来，依靠群众的自觉性和爱心来支持救灾；被动式动员是通过启动征召或征用等机制来应急。

3.3.3 法律保障机制

法律是应急物流的基础保障，在应对突发性灾害的时候，国家相关的法律法规起着重要的作用。一方面，相关法律可以保障特殊时期、特殊地点、特殊人群的秩序和公正；另一方面，法律可以规范普通民众和特殊人群在非常时期的权利与义务。应急物流中的法律机制实际上是一种强制性的动员机制，也是一种强制性的保障机制。如在发生突发性自然灾害或公共卫生事件时，政府有权有偿或无偿征用民用建筑、工厂、交通运输线、车辆、物资等，以解救灾和赈灾之需。加强对应急物流的立法工作，明确危机发生时的处理机构、责权划分、动员依据和经费来源，使应急物流有法可依，确保应急物流朝着高效、正规的方向发展。法律保障对应对、处理重大自然灾害、突发性公共卫生事件及安全事件有着至关重要的作用，它可以规范个人、社团和政府部门在非常时期的权利、职责和义务。各国在此方面都做了大量立法工作，如美国的《国家紧急状态法》、俄罗斯的《联邦公民卫生流行病防疫法》、韩国的《传染病预防法》等。

我国在灾害应对处置及社会保障方面的立法建设走过了近半个世纪的历程，制定过多部相关法律法规，但从总体上看，我国在应对、处理重大自然灾害、突发性公共卫生事件及安全事件等有关的立法仍然相对滞后，难以适应社会发展的要求，这主要表现在以下三方面：

1. 缺乏整体规划，体系残缺不全，立法空白甚多

我国制定的《中华人民共和国公益事业捐赠法》（1999）为应急保障时筹备应急物资、物资的合理利用等工作的规范化和秩序化奠定了法律基础。此外我国也出台了部分专项应急法案，在公共卫生方面有《突发公共卫生事件应急条例》（2011）、《中华人民共和国传染病防治法》（1991）；在地震救灾方面有《中华人民共和国防震减灾法》（2005）、《破坏性地震应急条例》（2018）等。在现有的此类法律中，大多是在改革中出现问题时才应急立法的产物，"头痛医头，脚痛医脚"，不同法规之间、不同制度之间缺少必要的衔接，适用范围不一致，甚至存在冲突。同时，灾害应对处置及社会保障领域还有许多立法空白地带，许多问题无法可依。

2. 行政法规多，立法层次低

整个社会保障工作所依据的大多是行政法规和规章，且很大一部分为"试行""暂行""意见""通知"等，这种局面表明灾害应对处置及社会保障立法的权威性和稳定性严重不足。

3. 法治化水平还不够，执法水平有待进一步提高

应急管理纳入规范化的管理时间还不长，因此，相应法律文本的制定还不充

分和完善、执法人员的素质良莠不齐。

3.3.4 社会公共应急机制

社会公共应急机制是指保证应急物流系统高效运转的行政制度和公共政策。它包括建立国家突发事件预控中心、应急物资的采购或征用机制、应急运载工具的租用机制、应急物资的发放机制、应急资金的筹集和使用机制、应急人员的组织和调度机制。应急物流的"应急"特点决定了应急物流必须着眼于平时的准备，要有一套较为完善的应变机制，才能做到"有备无患，有患不乱"。

3.3.5 快速响应机制

系统通过对突发事件进展情况的实时信息进行搜集和对已采取的应急物流方案实施情况进行评估，对下一步的输出方案进行调整。应急物流系统受到突发事件发生的触发后，要尽快评估事件可能造成的危害，计算出针对突发事件所需要的应急物资的品种和数量。从应急物流系统的目标出发，制订包括应急物资的包装、存储、运输及配送的整套应急物流方案。根据应急采购机制，从应急物资信息系统或数据仓库中确定应急物资供应商，并实施应急物资采购。从应急物流运载工具信息系统或数据仓库中确定应急物流所需运载工具并进行租用。实施应急物资的运送，采用包括北斗卫星导航系统、GIS 手段对整个运输过程进行监控调度。

如此构建的快速反应应急物流系统具有的功能包括：确定应急物资的品种、数量和应急运载工具的计划功能；制订应急物流运送方案的决策功能；实现应急物资采购及运载工具租用的执行功能；对整个应急物流运输过程进行监控调度的控制功能；调整应急物流系统中各参与方的责任、权利和义务的协调功能。

要实现应急物资在受灾时期的快速保障，需要做到应急物资准备快速化、运输快速化、分发快速化。

在受灾地区，若应急物资储备量有限，可以以最快速度通过应急物流中心从邻近地区或中央政府或国外调拨、征集、网上采购缺额物资。对常见的可预见应急物资，可在非灾时期通过应急物流中心，与信誉高、质量好、价格合理的生产厂家或专业公司进行协议采购。在受灾时，这些协议采购单位能在规定的时间内将协议订购的应急物资快速地运达约定地点并快速分发。

3.3.6 监测预警及应急预案机制

监测与预警是一切应急事件救援、处置的基础，各级职能部门应根据国家有关法律法规认真收集、归纳、整理、分析相关信息，并将有关信息上请下达，形成联动。对早期发现的、影响可能较大的潜在隐患，以及可能发生的灾害性突发事件，应通过主管领导或管理部门会同卫生、防疫、地质、气象、消防、防洪、环保等相关专家进行风险预测评估，提供预警意见，尽早采取应对措施。应急物流的最根本的目标就是实现对突发事件的应急保障，但由于应急物流的诸多特点，决定了应急物流必须着眼于平时的准备与演练，提高对应急事件的快速反应能力，做到"来之能战，战之能胜"。可能发生重大灾情地区的县级以上地方人民政府中负责管理救灾工作的部门或者机构，应根据本地区发生重大自然灾害或突发性公共卫生事件的特点和规律，在平时或灾害发生之前就应会同有关部门制定本行政区域内的应急物流保障预案并加强突发事件应急反应队伍和预备队伍的建设，按照预案实施应急演练和信息化建设，对可能参与突发事件应急处理的公务人员、工勤人员及各类专业人员定期进行相关知识、技能和防护培训，定期组织有关部门对应急反应队伍和预备队伍在知识掌握、技能熟练程度、实战应对能力、防护意识、敬业及责任心等方面进行评估，并根据评估结果调整管理策略，优化人员结构。

3.3.7 "绿色通道"机制

"绿色通道"机制可通过国际组织，如国际红十字会，或通过相关政府或地区政府协议实现，也可通过与此相关的国际法、国家或地区制定的法律法规对"绿色通道"的实施办法、实施步骤、实施时间、实施范围进行法律约束。该机制要求铁路、交通、民航等部门保证及时、优先运送应急物资，根据突发事件应急处理的需要，指挥部门有权紧急调集人员、储备物资、交通工具以及相关设施、设备。必要时政府可对人员进行疏散或者隔离，并可依法对重大危害区实行封锁。

3.3.8 应急报告与信息公布机制

突发事件的应急报告是决策机关掌握突发事件发生、发展信息的重要渠道，并以实事求是、科学的态度公布突发事件的信息，是政府对社会、公众负责任的体现，有利于缓解社会的紧张氛围。信息的及时收集和传递是应急物流保障，也是有效救灾的重要手段。

突发事件灾害情况的报告与公布是一个方面，另一方面针对突发事件的应急物流保障，其工作信息也可以公开发布。物流信息的发布，可以使社会各界了解救灾物资的需求与供给状况，调动社会力量筹集应急物资，保障运输。两方面的信息相结合，对于增加救灾工作的透明度起到了重要作用，使民众更加详细地了解应急救灾工作，可以有的放矢地提供帮助，同时也减少了许多中间环节，精简了操作程序，提高了运行效率。

3.3.9　应急基金储备机制

应急物流活动中的资金流管理是不可忽视的环节。从目前我国的经济建设发展需求来说，突发事件的侵袭会对地区甚至全国造成不利影响，尽管国家每年都从财政预算中预留部分资金用于重大突发性事件和自然灾害的应对与处理，但这无疑是杯水车薪。因此，我们应动员全社会力量，以各种方式、从各种途径建立用于重大自然灾害、突发性公共卫生事件及安全事件的应急基金，最大限度地降低灾害损失和对社会经济造成的负面影响。应急基金能否像养老保险基金一样纳入社会保险值得探索，当然接受社会捐赠是各国普遍采用的一种形式。应急基金的筹措和管理无论方式如何，法制化、规范化和经常化都十分重要。

3.4　应急物流子系统

根据第一节的内容，应急物流系统包括应急物流指挥系统、应急物流信息系统、应急物流物资系统、应急物流配送系统、应急物流运输系统、应急物流保障系统、应急物流专业人员系统和应急物流设施设备系统等子系统。各个子系统各司其职，相互沟通。对部分子系统的详细介绍如下。

3.4.1　应急物流指挥系统

1. 系统的结构与职责

应急物流指挥系统是指国家或地区在应对自然灾害、事故灾难、公共卫生和社会安全等方面的突发公共危机中，为做好救援物资的筹措、运输、调度、配送等工作而建立的一个特殊的物流指挥中心。我国有必要根据政府结构和物流运作流程，建立一个常设的、专业的应急指挥中心，专门用于救灾指挥工作，保障应急物流高效顺利地实施。

应急物流指挥中心分为两部分：一是中心本部，包括信息网络中心、专项物资管理中心、技术支持中心；二是各加盟的应急物流中心和物流公司，具体如图3-4所示。中心本部是应急物流指挥中心的核心，是灾害发生时组织各加盟物流中心进行生产运作的指挥机构。

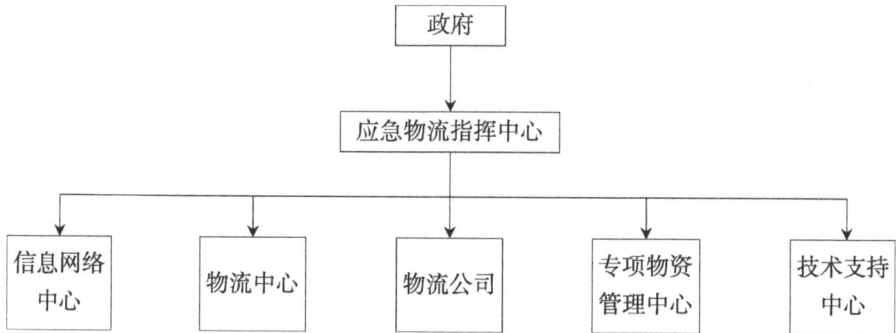

图 3-4 应急物流指挥系统结构

应急物流指挥中心的领导机构主要负责应急物流指挥中心的组织领导工作。对上向主管的政府部门和该地区政府首脑负责并汇报工作，对下负责整个应急物流指挥中心的组织管理工作，保证中心的正常运作。信息网络中心依托政府公共信息平台，建立完善的应急物流公共信息网络平台。此平台可与应急物流指挥中心、地震、气象、卫生防疫、环保、交通等部门保持密切的联系，及时掌握各种自然灾害、公共卫生、生产事故、环境污染、交通状况、应急物资的需求等方面的信息，并保证数据库不断得到补充和更新。专项物资管理中心主要负责单项物资的筹备和管理工作，可分为医药类、食品类、救生器械类等主管部门。

为了保证应急物流的顺利实施，应急物流指挥中心的运作必须依靠强有力的政府职权，因此，其在机构性质上应该是一个政府工作机构。它是政府救灾工作的一个执行机构，根据现代物流运作流程，依靠政策法规行使职能和开展工作，专门负责政府救灾物资的储存和运送。由于自然灾害及公共突发事件的不确定性，应急物流指挥中心应该是一个适应性强、功能强大、反应灵敏的信息网络中心和管理中心。它根据国家的政策法规，组织众多普通商业物流中心、企业加盟，并通过一张覆盖于各加盟物流中心、企业的网络系统将其连接起来，依托政府公共信息平台，组成一个网络应急物流体系，实施信息发布和管理工作。在平时，应急物流指挥中心的工作主要是做好救灾物资的预测和预算，进行网络维护，全面了解各加盟物流中心、企业的情况，并建立供应商档案，了解可用应急物资的生产和分布情况。各商业物流中心、企业进行正常的商业活动，自主经营，在商业活动方面并不受应急物流中心的管理和干涉。在应急时，应急物流指挥中心根据有关政策和应急预案，紧急调用各加盟企业的部分或全部设备、人员组建成一个现实的应急物流中心，投入应急救援工作。

2. 国外应急指挥系统简介

（1）美国的国家事件管理系统（National Incident Management System，

NIMS）。20 世纪 60 年代，美国开始进行城市社会应急联动中心的建设。至今，应急联动中心（简称"911"中心）已遍及美国的每一个城市，"911"中心是合并所有与灾害有关的机构组建而成的，采用警察、消防和急救等部门联合办公的方式处理各类紧急事件。当市民拨打"911"电话后，由"911"中心的接警员统一接警，迅速反应，调度有关警察、消防、医疗急救等部门进行处置，或多个部门联合行动，使得市民可在短时间内得到快速的救援服务。

美国经过多年经营，建立了完善的危机管理体系。这套体系通过法制化的手段，将完备的危机应对计划、高效的核心协调机构、全面的危机应对网络和成熟的社会应对能力纳入其中。美国的危机反应系统由《联邦反应计划》规定，明确地阐明 27 个不同的联邦部门在不同的灾难情况下应该承担的责任。联邦应急紧急事务管理署（FEMA）负责协调各地区对危机的反应，各专项领域的危机反应则由专门的机构负责管理。联邦应急计划将危机反应分为 12 个领域，即交通、通信、公共设施及工程、消防、信息与规划、公众救护、资源支持、卫生与医疗服务、城市搜寻与救援、危险物品、食品、能源。

（2）日本防灾中心。日本按行政系统分别设置中央防灾会议（国家级）、都道府县防灾会议（省部级）和市町村防灾会议（基层）。一旦灾害发生之后，这些"会议"单位作为应急反应机构自动转换为同一级的灾害对策总部（或中心）。

日本于 1947 年制定《灾害救助法》，1961 年出台《灾害对策基本法》。日本于 1991 年成立东京都防灾中心，位于东京都政府办公大楼内，是全区综合防灾行动指挥部，其机构包括：灾害对策本部，由东京都知事和消防、警察等单位领导组成；防灾中心联络室，负责与各类灾害预防、救助部门联络；通信室，负责保障各种通信系统；指挥情报室，负责收集各类灾害情报，传达本部减灾决策指令；夜间防灾联络室，负责夜间和休息日值班警戒任务。

（3）欧盟 e-Risk 系统。欧盟 e-Risk 系统是一个基于卫星通信的网络基础架构，为其成员国实现跨国、跨专业、跨警种、高效及时地处理突发公共事件和自然灾害提供支持服务，该系统于 2000 年建成。在重大事故发生后，救援人员常碰到通信系统被破坏、信道严重堵塞等情况，导致救援人员无法与指挥中心和专家小组及时联系。基于这种情况，e-Risk 利用卫星通信和多种通信手段来支持突发公共事件的管理。考虑到救灾和处理突发紧急事件必须分秒必争，救援单位利用"伽利略"卫星定位技术，结合地面指挥调度系统和地理信息系统，对事故现场进行精确定位，在最短的时间内到达事发现场，开展救援和处置工作。而利用多种通信手段则表现在应急管理通信系统集成了有线语音系统、无线语音系统、宽带卫星系统、数据网络系统、视频系统等多个系统，配合应急管理和处置调度软件，使指挥中心、相关联动单位、专家小组和现场救援人员快速取得联系，并在短时间内解决问题。

欧盟 e-Risk 系统对应急管理的定义包括突发事件发生前、发生中、发生后三个方面。在事件发生前，系统通过搜集和处理影像资料、图片、地理信息等，开展风险预防；在突发事件发生时，通过收集和发布来自现场的资料、图片等，在救援小组、专家小组和指挥中心之间建立起语音、图像、数据的同步链路，通过各部门的"协同作战"，开展现场救援；在救援工作结束后，对突发事件的发生和处置进行分析和交流，并对有关数据库进行更新，制定新一轮的预案。

3. 国外主流应急指挥软件平台的功能特点

国外应急指挥软件大都采用平台式软件，功能特点主要有：

（1）高效的运作支持。通过改进操作流程，有效地提高接处警速度，提高系统的整体效能。系统提供实时的接警信息服务和出警服务，并通过一整套的联动信息表达方法，营造实时的接处警环境，比如，接警员每接听一个报警，系统自动提供报警信息，进行事发地址的验证服务，自动检查相同事件，显示事件周边地理环境和警力状态，提示询问和处置信息，并及时报告事件状态改变信息。

在报警事件全程的处理过程中，系统能够对所有的关键处置步骤定义自动反应计划和触发条件，一旦具备触发条件，系统即可自动推荐处置措施，从而有效地缩短反应时间，提高事件的处理效率。系统可以将接处警过程中常用的操作模式定义成宏，在使用时实现一键调度，进一步提高接处警的操作效率。对于经常出现的报警事件，系统可以定义标准化的处理处置程序，保证事件处理的规范性和高效性。

（2）多机构协同指挥。应急指挥的核心是多部门、多机构协同指挥，整体作战。系统中的机构或实体可以定义、规定其拥有的资源、自动反应计划、事件类型和权限，当出现与这些机构相关的事件，这些机构即可自动被激活，参与事件处理。多机构的概念也体现在同一个机构不同职能部门协同处警方面。

系统提供协同功能支持接警人员与处警人员、指挥中心人员与现场出警人员、上级部门与下级部门、指挥中心与协作单位之间的多层次、多方式协作，实现多人高效地协同事件处理，达到"一点感知，处处可知"的指挥佳境。

（3）强大的系统集成能力。联动部门在其长期运行过程中，积累了大量专业资源和处理系统，这些资源也是应急指挥的基础资源。因此，应急指挥系统允许与其他系统互连、互通、互操作。

接口服务支持接口代理体制，由专用的接口服务器来支持。该接口/通信服务器配有各种接口，并将接口通信与外界系统进行处理。将接口活动设在独立的服务器上，可以优化系统的反应时间，并增强数据库及通信等其他功能。

大型指挥体系中一般都有多级指挥体系（组织）结构，为了实现这些系统之间有效的协作，必须解决好系统之间互操作性的问题。系统提供专门用于实现不同指挥系统之间的互操作模块。

（4）智能化。接处警软件的智能化，指的是系统包含大量业务知识，可根据事件处理的状态，运用这些知识，向指挥人员适时推荐处置程序或对事件处理过程告警，以辅助接处警人员对事件做出高效、准确的反应。由于现代城市高度集约化发展，紧急事件越来越复杂，所需要的专业知识越来越多，从而对指挥人员的专业素质提出了更高的要求。因此，智能化程度是衡量应急指挥系统技术水平高低和适应性的一个重要指标。

系统基于规则驱动的处理逻辑，所有业务控制逻辑均规则化，系统对事件处理场景的反应均通过规则设定即可实现自动反应。系统根据事发地、事件类别、事件性质自动选择事件的处警人员和部门，并推荐事件处理所需的资源。

（5）强大的基于地图/图形的可视化调度能力。应急指挥系统中的电子地图系统不仅用于地理信息、警力的显示，而且还用于可视化的、基于 GIS 图形化的资源管理、行动规划、态势显示与指挥调度等，可以通过图形化的拖拽完成指挥与调度。

（6）可靠的系统维护与抗毁能力。一个成熟的系统，不仅体现在其强大的功能上，也体现在科学维护的能力上。大范围的用户使用相近版本的软件，其维护服务通过众多考验，系统服务与维护的每一个步骤都经过开发人员、实施人员和用户的反复验证，因而减少了因维护人员个人素质的差异带来的风险，并有效地缩短平均修复的时间。

系统维护升级不是通过写代码，而是通过配置参数来实现。这样，系统管理员在系统运行时就可以进行维护升级，而接处警员等应用软件使用操作者执行系统刷新命令，即可实现系统升级，以保证系统在 7×24 小时的环境下无须停机。

为确保可靠性，系统使用冗余数据库服务器。两个服务器保存有数据库的相同拷贝，以便在一个服务器出现故障时，系统能继续运行。

针对应急指挥中心机房可能陷入瘫痪的情况，系统可在另外的场地设立第三台服务器。当应急指挥中心主站不能工作时，系统里其他可以继续工作的工作站切换到备份中心的数据库，继续操作。

3.4.2　应急物流信息系统

高效的信息系统是应急物流不可缺少的神经网。完善的信息系统能够为应急物流获取准确及时的灾害情况、物资的储存和生产情况、运输资源情况等，这将有利于应急物流的辅助决策。充分的信息也可以把应急物流所需的前置期压缩到最短时间。建立完善的信息网络系统包括信息采集、分析、决策三级信息处理，通过信息网络系统联通各级物流机关和各类保障单位，准确搜集系统所需要的基础数据，并保持数据库不断得到补充和更新。在信息传输上，充分利用现代信息网络的优势，使其具有信息快速上报和下传、双向反馈、预警分析、指挥控制和可视等功能。准确、完备、快速的信息处理与信息传递是应急物流组织指挥部门进行科学决策的前提。只有这样，才能对突发事件提供及时处理，通过采取有效的措施使事态得到有效控制。

信息网络中心可以依托政府公共信息平台，与应急物流指挥系统的中心领导机构、各子系统、相关的政府各部门以及各加盟物流中心或企业保持密切的联系，也是政府向公众发布信息的权威平台和公众向政府反馈信息的有效渠道。关于系统的建设问题将在第五章中展开详细分析，本部分不再赘述。

3.4.3 应急物流配送系统

1. 应急配送的作用

从物流来讲，配送几乎包括了所有的物流功能要素，集装卸、包装、保管、运输于一身，通过这一系列活动完成将货物送达的目的。特殊的配送则还要以加工活动为支撑，包括的方面更广。但是，配送的主体活动与一般物流不同，一般物流是运输及保管，而配送则是运输及分拣配货，是配送中有特点的活动，以送货为目的的运输则是最后实现配送的主要手段。

从商流来讲，配送和物流的不同之处在于，物流是商物分离的产物，而配送则是商物合一的产物，配送本身就是一种商业形式。虽然具体实施时，配送也有以商物分离形式实现的，但从配送的发展趋势看，商流与物流越来越紧密的结合，是配送成功的重要保障。

（1）集货。将分散的或小批量的物品集中起来，以便进行运输，配送的作业，是配送的重要环节。为了满足特定客户的配送要求，有时需要把从几家甚至数十家供应商处预订的物品集中，并将要求的物品分配到指定的容器和场所。

（2）分拣。将物品按品种、出入库先后顺序进行分门别类堆放的作业，是配送的一项重要支持性工作。它是完善送货、支持送货的准备性工作，是不同配送企业在送货时进行竞争和提高自身经济效益的必然延伸。分拣是送货向高级形式发展的必然要求，可以大大提高送货服务水平。

（3）配货。使用各种拣选设备和传输装置，将存放的物品，按客户要求分拣出来，配备齐全，送入指定发货地点。

（4）配装。在单个客户配送数量不能达到车辆的有效运载负荷时，就要对不同客户的配送货物进行搭配装载，以充分利用运能、运力，并且可以通过配装送货大大提高送货水平并降低送货成本。

（5）配送运输。与运输中的末端运输、支线运输和一般运输形态的主要区别在于配送运输是较短距离、较小规模、额度较高的运输形式，一般使用汽车做运输工具，与干线运输的区别是路线选择。干线运输的干线是唯一的运输线，而配送运输由于配送客户多，一般城市交通路线又较复杂，因此如何组合成最佳路线，使配装和路线实现有效搭配是一项难度较大的工作。

（6）送达服务。将配好的货物运输到客户处还不算配送工作的结束，这是因为送达的货物和客户要求的货物还可能出现不协调的问题，使配送前功尽弃。因此，配送应圆满地实现运输货物的移交，并有效地、方便地处理相关手续并完成结算，同时还应讲究卸货地点、卸货方式等。

（7）配送加工。这一功能要素不具有普遍性，但是通过配送加工，可以大大提高客户的满意程度。配送加工是流通加工的一种，取决于客户的要求。

2. 应急配送的方式

应急配送的方式有以下六种：

（1）定时配送。按一定的时间间隔进行应急物资的配送，这种方式时间固定，有利于应急指挥机构安排工作，制订计划。定时配送的应急物资多为阶段性的消耗品，如生命支持类、环保处理类、燃料类物资等。

（2）定量配送。每次配送时按固定的数量配送，这种配送方式可将发往不同地方的物资一起配送，有效提高配送效率，既可以是上级指挥机构向下级机构配送，也可由应急物流配送中心直接向前方配送。定量配送的物资多为不易消耗的工程建材、工程设备、救援运载工具、防护用品等。

（3）定时定量配送。这是一种在规定的时间内将固定数量的物资向灾区进行配送的方式，这种配送特殊性强，有一定的难度，应当精心组织、合理筹划。定时定量配送的物资为日常易消耗品，如食物、药品、油料等。

（4）及时配送。根据灾情的变化及时做出安排，灵活机动，可操作性强，但难度较大。这要求各部门、各机构密切配合，共同协作，是应急配送的较高形式。及时配送的物资多为紧急类物资，能够发挥重大效用的短缺物资，如生命救助类的疫苗、药品，专用物资类的特种设备和器材等。

（5）超前配送。灾情发生前，在运用现代科学技术对可能发生的灾害进行预测预报的基础上，根据预测结果按照一定的数量、种类合理安排应急物资并配送到前方的方式，是应急物资配送的高级形式，具有超前性。超前配送的物资多为抗灾减灾物资，如工程建材设备、防护用品、救援工具等。

（6）综合配送。同时运用以上多种配送方式，以实现应急物流目标为根本目的的配送，具有灵活、方便、配送物资范围广、节省时间等优点。

应急物资按用途分为十三类，分别为①交通运输类；②工程建材类；③防护类；④生命救助类；⑤生命支持类；⑥通信广播类；⑦照明设备类；⑧器材工具类；⑨工程设备类；⑩救援运载类；⑪临时食宿类；⑫环保处理类；⑬动力燃料类。按使用的紧急状况分为一般级、严重级和紧急级三级。按使用范围分为通用类和专用类两类，各种配送方式的适用范围与等级如表3-2所示。

表3-2　各种配送方式比较

	定时配送	定量配送	定时定量配送	及时配送	超前配送
配送特点	准时	定量	准时、定量	及时，不确定量	超前性，防备性
配送类型	一般级 紧急级	一般级	一般级 严重级	严重级 紧急级	严重级 紧急级
配送等级	②⑥⑦⑪⑫	①②③④⑤ ⑥⑦⑧⑨⑫	②③⑦⑩ ⑪⑫⑬	②③④⑤⑪⑫	②③⑥⑩

3. 应急配送系统架构

应急物流系统功能的最终实现取决于系统能否及时、准确地将相应物资输送到目的地。在灾害发生时，应快速收集供应点及灾区的相关信息并依其对物资需求的迫切性进行聚类分组。根据对供需状况的评估，确定供需是否平衡，能否满足灾区需求。如供需平衡则建立科学的配送模式进行配送；否则，需要权衡轻重缓急后组织配送。此外，系统还需判断是否所有灾区的需求都得到了满足，若未满足，则需要将本期未满足的需求累积到下一期做规划，直到所有灾区的需求被满足为止，其系统结构如图3-5所示。

（1）灾区需求属性聚类。灾害的发生往往是突发性的，各灾区受灾程度不一，人口结构也有所不同，所有这些都会造成其对物资需求的数量、种类、迫切性不同。为了能够充分表示各个灾区需求的急迫性，可以运用相应的聚类分析方法（如模糊聚类）对灾区需求属性进行聚类分析，在此基础上进行有效配送。

（2）群组排序。将所有灾区聚类分组以后，下一阶段就需要进行排序，确定各群组的紧急程度及配送的优先次序。排序时可以以第一阶段各属性中的原始数据进行变换处理后所得的评分作为评估准则的效用值，并以此值的高低作为其处理的优先级依据。

```
                          ┌──────────────┐
                          │   灾害发生    │
                          └──────────────┘
                          ╱              ╲
              ┌──────────────────┐  ┌──────────────────┐
              │  供应点资料获取   │  │  需求点资料获取   │
              └──────────────────┘  └──────────────────┘
                          ╲              ╱
                     ┌──────────────────┐
              ┌─────▶│   需求属性聚类    │
              │      └──────────────────┘
              │               │
              │          供需平衡
              │      ╱─────────────╲ ─────────────┐
              │     ⟨   供需状况评估  ⟩             │
              │      ╲─────────────╱              │
              │               │  供应不足          │
              │      ┌────────┴────────┐          │
              │ ┌───────────┐   ┌───────────┐     │
              │ │ 运输工具不足 │   │  物资不足  │     │
              │ └───────────┘   └───────────┘     │
              │       │              │            │
              │ ┌───────────┐   ┌───────────┐     │
              │ │   排序     │   │ 决定配送权重 │     │
              │ └───────────┘   └───────────┘     │
              │       └──────┬───────┘            │
              │        ┌──────────┐               │
              │        │  配送模式  │◀─────────────┘
              │        └──────────┘
              │             │
           否  ╱─────────────╲
   └──────────⟨  满足灾区需求  ⟩
               ╲─────────────╱
                     │ 是
                ┌──────────┐
                │   结束    │
                └──────────┘
```

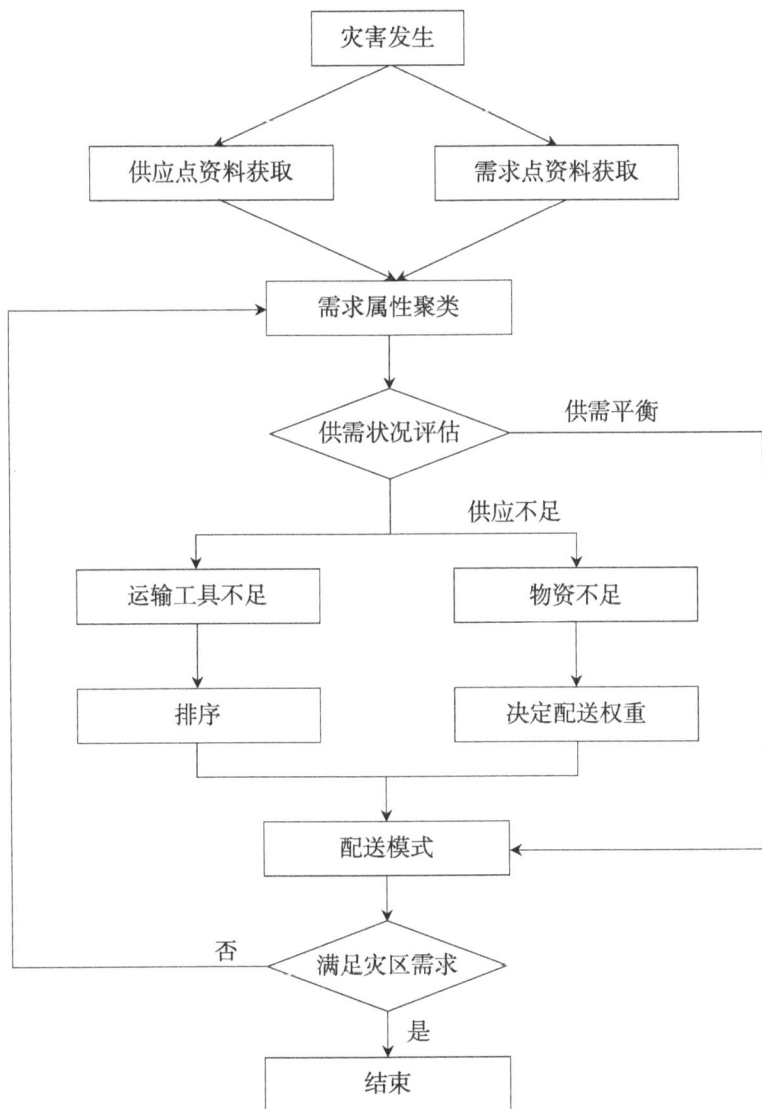

图 3-5 应急物流配送系统结构

（3）供需失衡配送准则。灾害的发生往往是突发而不可预知的。一般灾害发生后，政府从平时的战备储备或民间紧急调派物资时，仍有可能在灾害发生初期面临车队规模及物资集结数量无法满足整体系统所需的问题。为了满足灾区需求的急迫性，需要针对不同的情况制订不同的配送方案。

（4）配送模式构建。灾害发生时，如果没有一个有效的指挥配送系统，可能会造成民众任意配送物资到灾区，大量物资供给、配送及发放作业无专人或专业单位进行有组织地调派，从而导致救援物资供需失衡。同时由于没有专人清理分类救灾捐赠物资，导致到达灾区的物资良莠不齐，这除了会增加物资运输、发放人员负担，也会造成救灾资源的浪费以及灾民的不满，直接影响救灾效果。因此，需要对各供给点及区域型配送中心进行科学合理的规划，建立以各供应点和区域性配送中心之间配送时间最短为目标的物流配送指派模式。

在灾害发生时，各地区受创程度、伤亡人数以及灾区范围大小的不同造成对物资的需求急迫性也有所不同。在这一阶段，应根据急迫性程度，构建相应的物流配送模式，以尽可能满足最急迫灾区的需要。

另外，灾害的发生往往是突发的，易造成社会的混乱并危及人民的生活，并且在这种混乱环境中，紧急救灾中心往往无法在第一时间内完全掌握灾区的信息。因此，在此之前救灾单位应化被动为主动，事先建立相应的基本预测模型，在初期信息不完全时估计各灾区的可能需求，作为各救援单位的配送参考，以便救灾物资的有效配送。

5. 应急配送的对策

（1）采取灵活的配送方式，科学确定配送需求指标体系。对每个预警级别采取相应配送方式，实施有效的配送服务。具体实施应急物流配送时，应结合实际情况采取各种灵活的配送方式。应加强协同式配送，打破条块分割，整合社会资源，变单个企业"孤军作战"为全行业联合配送。整个社会物流配送系统通过个性化的针对性应急物流配送，确保物资供应。

（2）充分利用电子商务平台。可考虑构建最容易和配送紧密结合的电子商务类型，即第三方电子商务。由于第三方电子商务可以统筹多个用户和多个供应商的物流，很容易汇集成较大的流通规模，实现规模效益，从而为应急物流采用多样化的配送方式创造条件。

（3）做好应急物流配送的法制法规建设，加强配送体系的监管力度。实践证明，缺乏健全的法律法规建设，应急物流配送活动就无法正常开展，还有可能造成不可估量的损失，甚至危及国家安全。应急物流配送的法制法规建设应该从以下几个方面来制定和实施。

首先，抓好与应急物流配送相配套的法律法规建设。当前，物流业已有基本完整的法律、法规，但是随着电子商务的快速发展，物流运作程序不断发生变化，应急物流配送由于其特殊性，更是迫切需要制定相关配套的法律、法规来规范。例如，制定应急交通运输法律、法规，应急电子商务法律、法规等。

其次，完善应急物流配送的各项规章制度。"没有规矩不成方圆"，如果没有一整套完善的规章制度作保证，电子商务在应急物流配送中的应用将是"无源之水，无本之木"。应急物流配送无小事，牵一发而动全身，不能把问题留到配送时再处理，针对不同情况制定相应的规章，使应急物流配送体系有法可依，有章可循，保证应急物流配送高效、有序地进行。

最后，加强对应急物流配送的监管力度。对那些利用国家困难大发"国难财"的不法商人要依法处置。平时利用我国的企业及个人信用查询网络，将有不良记录的商家列入黑名单，定期更新数据库，保持与国家数据库的动态更新。

在应对危机时，政府可根据应急工作的需要，通过行政手段和舆论，动员人民群众参与应急工作，通过组织地方干部、民兵、部队、公安、志愿者、防疫人员、医务人员等多方力量，以最快的速度将应急物资发放到受灾地区，保证应急物流配送的速度和广度。

3.4.4　应急物流运输系统

1. 物流运输的各种方式及比较

（1）公路运输。这是主要使用汽车或其他车辆（如人、畜力车）在公路上进行货客运输的一种方式。公路运输承担近距离、小批量的短途运输。公路运输的优点是灵活性强，公路建设期短，投资较低，易于因地制宜，对收货站设施要求不高，且可以采取"门到门"的运输形式，即从发货者门口送到收货者门口，不需要转运或反复装卸搬运。公路运输也可作为其他运输方式的衔接手段。公路运输的经济半径一般在 200 公里以内。

（2）铁路运输。这是使用铁路列车运送客货的一种运输方式，主要承担长距离、大批量的货运，在没有水运条件的地区，几乎所有大批量货物都依靠铁路运输，它是在干线运输中起主力运输作用的运输形式。铁路运输的优点是速度快，不大受自然条件限制，载运量大，运输成本较低。缺点是灵活性差，只能在固定线路上实现运输，需要其他运输手段的配合和衔接。铁路运输经济里程一般在 200 公里以上。

（3）水运。这是使用船舶运送客货的一种运输方式。水运主要承担大数量、长距离的运输，也是在干线运输中起主力作用的运输形式。在内河及沿海，水运也常作为小型运输工具使用，承担补充及衔接大批量干线运输的任务。水运的主要优点是能进行低成本、大批量、远距离的运输。但是水运也有显而易见的缺点，主要是运输速度慢，受港口、水位、季节、气候影响较大，因而一年中中断运输的时间较长。水运有以下四种形式：①沿海运输，这是使用船舶通过大陆附近沿海航道运送客货的一种方式，一般使用中、小型船舶；②近海运输，这是使用船舶通过大陆邻近国家海上航道运送客货的一种运输方式，视航程可使用中型船舶，也可使用小型船舶；③远洋运输，这是使用船舶跨大洋的一种长途运输方式，主要依靠运量大的大型船舶；④内河运输。这是使用船舶在陆地内的江、河、湖、川等水道进行运输的一种方式，主要使用中、小型船舶。

（4）航空运输。这是使用飞机或其他航空器进行运输的一种形式。航空运输的单位成本很高，因此，主要适合运载的货物有两类：一类是价值高、运费承担能力很强的货物，如贵重设备的零部件、高档产品等；另一类是紧急需要的物资，如救灾抢险物资等。航空运输的优点是速度快，不受地形的限制。在火车、汽车都达不到的地区也可依靠航空运输，因而有其特殊意义。

（5）管道运输。这是利用管道输送气体、液体和粉状固体的一种运输方式。其运输形式是靠物体在管道内顺着压力方向循序移动实现的，和其他运输方式的区别在于管道设备是静止不动的。管道运输的优点是，由于采用密封设备，在运输过程中可避免散失、丢失等损失，也不存在其他运输设备本身在运输过程中消耗动力所形成的无效运输问题。另外，管道运输的运输量大，适合于量大且需连续不断运送的物资。各种运输方式的比较如表3-3所示。

表 3-3　各种运输方式对比

	铁路	公路	航空	水路	管道
运载工具	火车	汽车	飞机	船舶、海轮	管道
运速	较快	较快	最快	最慢	快
运量	较大	较小	最小	大	大
运价	较低	较低	最高	最低	低
适合运送物资	运送陆上大宗货物	各种量小的短途货运和客运	客运为主，轻型、贵重或急需的物品	运输时间不受限制的大宗或笨重货物，客运	运输液体和气体，另外粉末状和颗粒状固体也可以
其他	连续运输，运货量比其他方式大	机动性强，可以实现"门到门"的服务，比铁路运输要灵活	造价高，对设备、技术条件的要求高，受气候影响大	受自然条件影响大	连续工作，安全可靠，但设备投资大，灵活性差

2. 应急物流运输的特点、实施原则和目标

应急物流运输是指以提供重大自然灾害、突发性公共卫生事件及公共安全事件等突发性事件所需应急物资为目的，以追求时间效益最大化和灾害损失最小化为目标的特殊运输活动。它是危机发生时对物资、人员、资金等需求进行紧急保障的一种特殊运输活动，与一般的运输行为相比，它具有以下三个特点：

（1）弱经济性。经济效益原则将不再作为应急物流运输活动的中心目标加以考虑，它的目标是在最快将救援物资运输到目的地的前提下实现运输成本最小化。

（2）突发性和不确定性。由于自然灾害与公共突发事件的突发性与规模、种类的不确定性，应急物流运输在启动时间上也具有突发性的特点，而可供使用的运输车辆数量、运输车辆类型等都会随着突发事件的发展而变化，具有不确定性。

（3）非常规性。应急物流运输活动都是由政府组织的非常规性活动，运输中需要的车辆一般是由政府按照应急预案临时征用社会团体或个人的车辆。这主要有两方面的原因：一方面，突发公共事件往往导致短时间内产生大量的应急物流运输需求，仅仅依靠该区域的应急物流运输储备运力无法满足应急运物流输的需求；另一方面，选择和掌握全社会的各种专业运输资源，充分利用专业运输企业的运输力量，能够提高应急物流运输的效率。

以上特点决定了实施应急物流运输应遵循以下两个原则：

第一，时间效率重于经济效益。应急物流运输的突发性和弱经济性决定了在应急物流运输的实施中时间效率重于经济效益。以适当的运输工具，把应急物资在最短的时间运送到需求地，这个过程是为了获得社会效益最大化而不是为获得经济效益最大化。

第二，市场机制与行政机制、法律机制并存。应急物流运输多是针对突发性和灾难性的危害而进行的运输活动，面向整个社会公众或社会公众的一部分，所以在应急物流运输的实施过程中不仅要依靠市场机制，更要依靠行政机制和法律机制。

应急物流运输保障有以下三大目标：安全性、快捷性和节约性。安全性是指在整个运输过程中应保障应急物资损失最小化；快捷性是指在应对重大自然灾害以及突发性公共事件时，应急物流运输应具有较强的快速反应和运输能力；节约性是指在应急物流运输的整个过程中都要考虑其经济效益，避免不必要的浪费。

3.4.5 应急物流的保障系统

应急物流的特性决定了运输环节的重要性和特殊性。在运输方式和运输路径的决策中，成本最低的原则已不重要，有效压缩应急物资的运输时间才是关键目标。应根据物资的价值、数量和对运输条件的要求，选择合适的运输方式，尽量实现直达运输和联合运输。在灾难发生时，可以考虑开辟一些绿色通道，保证物资流动的畅通，如简化检验检疫的手续和实行优先运输等。如果时间允许，可以采取相关的辅助或优化措施，以节约物流成本，保障应急物流系统的高效运作。

1. 应急公路运输保障

（1）应急运输通信与信息保障。在突发公共事件的应急管理过程中，及时地发布信息和整合各种应急资源需要强大的通信与信息系统做保障，高效的通信与信息系统是应急运输保障的重要支撑和神经中枢。通信与信息系统的建设不仅指软硬件或网络建设，更重要的是指获取信息、处理信息的能力和利用信息对突发事件的调控能力：①构建应急通信与信息平台。建立有线与无线相结合、基础电信网络与机动通信系统相配套、公用通信网和交通专用通信网络相结合的应急运输指挥信息系统。应急运输保障通信与信息平台包括通信平台和信息平台。这些平台既可以作为政府决策、应急运输指挥调度和向公众发布信息的场所，也可以作为公众向政府反馈信息的通信平台渠道，包括固定与移动电话、无线通信、传真、短信、可视与卫星电话、卫星定位等，并可以依托交通系统电子政务网络和公共信息网络等政府公共通信信息平台实现信息的交互。信息平台具有信息采集、分析和决策三级信息处理功能。建立应急运输保障基础数据库，并保持数据库不断得到补充和更新，准确、及时、完备地发布政府公告、相关法规、灾害、气象、交通以及应急运输供求情况等方面的最新动态，使公众及时得到全面、可靠的应急运输保障方面的信息。②建立标准化和一体化的应急指挥信息系统。面对公路交通应急保障的四级组织指挥架构和领域广泛、庞大繁杂的信息需求，建设全国统一的标准化、规范化的公路交通应急指挥信息系统，并与其他电子政务系统无缝对接，成为政府电子政务系统的重要组成部分。该系统将有利于应急保障工作的分级响应、联动协作机制的建立。开展应急信息系统软件及其标准的研制工作，以软件和标准化推进应急信息系统的建设。进一步规范各级应急信息系统在体系结构、软硬件平台、数据库结构、应用系统功能。建立统一、规范的系统建设程序和验收规范，指导应急信息系统的开发和建设，实现应急信息系统的互通互联、信息共享，避免重复建设。

（2）应急运输队伍与装备保障。应急运输队伍及其装备是应急运输的重要保障。由于突发公共事件涉及面广，而且往往是相互交叉和关联的，易引发次生、衍生事件。因此，应急运输的种类繁多，需要根据各类突发公共事件的性质和要求，配备相应的运输保障人员和装备，制订不同的应急运输保障方案。根据我国交通运输管理体制和运输特征，构建以地市为基本单元的第一处置、第二处置和增援队伍组成的三级应急运输保障队伍，并结合所辖区域的突发公共事件的特征和地域状况合理布局，以便缩短应急响应时间，提高应急运输的效率，降低突发公共事件造成的损失。部、省级应急运输保障队伍分别从省级和所辖地市级第一处置队伍中选择部分队伍组建。①应急运输人员构成：按其作业性质包括管理人员、运输人员、专业人员等组成。管理人员一般由应急运输保障指挥机构指派相关人员担任，根据该突发公共事件所涉及的区域、领域和级别，由相应部门的行业管理人员、主要的运输保障人员的派出单位和装备征用、物资调用单位的相关管理人员组成，负责执行应急运输保障任务过程中的组织、指挥、协调、管理、后勤保障等工作，并参与应急救援和善后处置等事宜。具体构成包括驾驶员、押运员和装卸员等，负责保持运输车辆良好的技术状况，应急物资运输、装卸和救援等事宜。应急运输驾驶员必须具备高政治素质、良好驾驶技术水平、年龄一般在 20～50 岁、身体健康并熟悉有关政策法规等条件。专业人员一般由应急运输保障指挥机构根据突发公共事件的类别和工程技术特征，从相应的专家库或部门中指派相关工程技术人员担任，其中包括危险品、药品等特种物资的储运、装卸与处置，应急运输工具和装备的维护与运输技术，应急运输人员的现场防护等相关专业人员，负责处置执行应急运输保障任务过程中的各种专业技术和人员与物资的防护事宜。②运输装备及技术状况：各级应急运输保障指挥机构负责所辖区域内应急运输保障车辆的储备工作，50 万人以下人口的地市，第一处置和第二处置队伍应各配备 10 辆 5 吨以上的货车，每增加 50 万人相应增加 5 吨以上货车各 5 辆，以此类推。

应急运输保障车辆的技术等级要求达到二级以上技术标准，车辆使用年限不超过 5 年，或行驶里程不超过 15 万公里。建立应急运输车辆技术档案制度，及时了解和掌握车辆的技术状况。应急运输车辆所属单位负责保持应急运输储备车辆处于良好的技术状况，并强化应急运输车辆的日常养护与保养工作。若在合作期内上述车辆达不到应急运输车辆的技术标准，则应当及时维修或更换车辆，并上报应急运输保障指挥机构核准，以便保持应急运输车辆始终处于二级以上的技术状况。当应急预案启动后，执行应急运输保障任务的单位或个人应对应急运输车辆和设备进行认真检查，确保运输装备可安全运行。应急运输保障指挥机构应结合所辖区域内突发公共事件的特征确定相应的应急物资运输装备，使应急运输储备车辆多样化。储备车辆的类型与结构除了常用的普通货车和厢式车外，还应结合地方特点配置适量的冷藏车、罐车、大件货物车和危险品专用车等特种货运车辆，以满足不同种类的应急物资运输需求。除了按规定储备运输车辆外，还应配置相应的通信、照明、医疗卫生药品与器械、安全防护装备、抗寒、防暑物品、车辆维修与防滑装置等，确保应急运输人员和车辆的安全与正常运行。

（3）技术支撑保障。应急运输所具有的不确定性、多样性和时效性的特征，决定了应急运输的规划、预案、基础数据支撑以及运输保障技术等技术储备，对于提高应急运输效率具有十分重要的作用。①公路交通应急总体规划保障。明确应急保障的宗旨、规划目标、组织架构与职责、资源配置、行动准则和重点任务等，优化、整合各类资源，体现综合性与多层次性、协调性和可操作性、统一性和规范性的特点，统筹规划公路交通突发公共事件预防预警、应急处置、恢复重建等方面的项目和基础设施，以及组织机构、运行机制和政策、法规的建设步伐，科学指导各项应急管理体系建设，实现公路交通应急保障的常态化管理，并纳入交通行业和相关国民经济和社会发展规划中，切实提高公路交通应急保障的能力。②预案保障。应急运输保障指挥机构应结合所辖区域内突发公共事件的类型与特征，制订各种可能发生的突发公共事件应急运输保障预案，既要保持预案的完整性，涵盖应急运输的组织机构、预测与预警、应急响应、善后处置、信息发布、应急保障、监督管理等各个方面，又要做到模拟各种突发事件的情景，并尽量地细化和明确各机构及其运输队伍的职责、权限、响应流程和时效、处置技术与手段、安全防护、应急运输保障队伍的建设等各个方面的内容，使预案更具可操作性。伴随着应急运输保障技术的发展和应急运输实践经验的积累，应及时修订和完善各类应急运输预案，使其更好地满足突发公共事件的要求，提高应急运输保障的科学水平。③基础数据与科技支撑保障。建立和完善应急运输信息数据库，强化应急科研和应用水平，包括各类应急运输预案数据库、应急运输相关的法规、规章、政策和相关知识数据库、应急运输保障队伍及其装备信息数据库、应急物资储备资源信息数据库、与应急运输有关的机构和部门的职责及其通讯录信息数据库、咨询专家信息数据库、应急运输统计与决策信息数据库、基于北斗卫星导航系统和地理信息系统的应急运输监控和调度信息数据库等。

（4）危机决策机制保障。目前公路交通危机决策机制尚未形成，各级交通主管部门基本上采用常规决策的方法处理应急事件。因此，应通过采取各项制度性的改革或创新举措，逐步建立公路交通危机决策机制。改变过去完全依赖政治动员和内部决策应对危机的决策模式，加快公共沟通和社会动员机制的建设步伐，有效地发挥公共信息的诱导和动员作用。加快快速反应机制建设，建立快速有效的信息报告和分享制度，危机预警及其发布制度，制订满足不同突发公共事件的应急预案，规范危机决策的时限责任。①加快科学的危机决策机制建设。成立由公路交通应急保障各相关领域的专家、学者组成的公路交通应急专家委员会；建设公路交通应急专家信息库，实现应急人才资源的共享；明确专家参与应急决策咨询的程序和规定；强化预警决策的科学分析，增强决策方法的技术含量和决策方案的预见性和防范性。②加快危机决策的问责机制建设。建立健全危机决策的法规与制度，明确规定相关行政领导对于各类应急事件的决策权利与职责范围，以及责任追究的相关细则。

（5）宣传培训与演练保障。实现应急运输的非常态管理向常态管理转化是提高应急运输技能和服务水平的重要保障，做到"养兵千日，用兵一时"，切实提高应急运输保障能力：①宣传培训保障：通过平时的宣传与培训工作，强化危机意识，提高应急运输保障能力。根据不同的培训对象，编制相应的培训大纲和教材，并将重要内容编印成通俗读本，做到图文并茂、通俗易懂、携带方便、快速查询，提高宣传与培训效果。培训教材包括：法规与政策、应急小常识、应急运输处置技术、应急响应程序和工作职责等方面。应急运输相关人员应至少每两年接受一次相关知识的培训，并依据培训记录和考试成绩实施应急人员的动态管理，淘汰不合格人员，补充、吸收责任心强、懂业务、熟悉相关政策和法规的人员进入各级应急运输保障队伍，提高应急运输保障人员的素质。②预案演练保障：通过对应急反应行动的实际操作或某种知识、技能的实际运用，从而模拟对危机的处理方法和策略，进一步熟悉应急运输保障机制决策、协调和处理的程序，识别各种应急资源需求，评估应急准备状态，检验各类应急预案的可行性并予以改进和完善，切实提高危机处理能力。应急运输预案演练分为演习准备、演习实施和演习总结三个阶段。突发公共事件的预案演练是危机管理的重要内容，对于形成真正有效的应对和处置危机的能力具有十分重要的作用。它有利于增强忧患意识，实现应急运输的常态化管理，有利于不断地完善应急预案和制度，有利于提高人员的心理素质和运输保障能力。

（6）社会动员机制保障。社会动员机制具有两个方面的优点：一是经常性和社会化，即在全体公民中进行经常性的灾害应对教育和准备；二是机制性，即有一整套覆盖全社会的灾害应对机制，而不是仅依靠临时性政治动员和行政命令。因此，建立广泛、有效的社会动员体系及其机制，充分发挥全社会的救灾力量是提高应急保障能力的重要手段。道路运输应急保障的特征决定了其不可能像地震、火灾和海上救助那样，建立一支完全专业化的救助队伍，只能依靠社会动员机制实现应急运输保障的目标。一方面，利用社会动员机制选择和掌握全社会的各种专业运输资源，通过签订合作协议等方式明确其应急运输的权利、责任和义务，充分利用专业运输企业的运输力量，提高应急运输保障的效率、快速与专业化水平；另一方面，突发公共事件往往会导致短时间内产生大量的应急运输需求，仅仅依靠该区域的应急运输储备运力可能无法满足应急运输的需求。此时，需要发挥社会动员机制的作用，动员全社会的各种运输资源及时地参与和承担应急运输保障任务，迅速地形成应急运输保障的增援队伍，保障应急运输的供给能力。突发公共事件发生时，人们的心理会发生明显的变化，表现为惊恐与焦虑不安的心理状态，甚至表现出不同程度的行为失常等现象。通过社会动员机制可以在一定程度上针对人们可能出现的心理和行为反应进行宣传与教育，消除不利影响，取得全民的理解与支持，为应急运输保障工作的顺利开展创造良好的外部环境。应急运输的社会动员机制可通过广播、电视、报刊、短信等多种渠道告知社会公众应急运输的需求及其工作进展、时间、地点、运力需求的规模和要求、参与应急运输的方式和途径等。

（7）公共财政应急机制保障。应急物资运输保障所需的各项经费应按照现行事权、财权划分原则，分级负担。应急运输各项经费的资金来源渠道包括：中央和地方财政拨款、社会各界的捐赠、国际援助、保险公司的投保理赔和应急物资承运人（经济实体）支付的运费等。对于受突发公共事件影响较大和财政困难的地区，根据事发地实际情况和当地人民政府的请求，中央和上级政府财政应适当予以支持。

公共财政是防范和化解公共风险的最后一道防线，也是应对公共危机的一个必不可少的手段。应急运输是政府防范和化解公共风险的重要保障，毫无疑问中央和地方政府的财政拨款是应急运输经费来源的最重要和最根本的保障。因此，建立以各级政府财政资金为保障的资源征用补偿赔偿机制，并在法律上做出明确界定，切实保护被征用方的合法权益和参与应急保障的积极性，形成公路交通应急保障的长效机制。

建立公共财政应急机制需要加强以下几方面的工作：①建立预备费管理制度。按照现行《预算法》的规定上限提取预备费，并实行基金式管理。每年安排的预备费，在当年没有突发性支出的情况下，或者用于突发性支出后的余额，不得用于其他预算开支，应进入预备费基金。此外，建立应急预算和核销补偿制度，并实施程序化管理，规范应急资金的使用。②建立风险分担的制度框架。在各级财政、政府各个部门以及政府与企业之间构建一个风险分担的制度框架，明确各自的风险责任，确保应急资金的合理分担和及时拨付。

（8）法律机制保障。法律保障对于应对处理突发公共事件有着至关重要的作用。从世界范围来看，许多国家在处理危机事件方面都做了大量的立法工作，如美国的《国家紧急状态法》、日本的《灾害对策基本法》、俄罗斯的《联邦紧急状态法》等。美国、日本等国家的应急法律体系已成型、内容丰富全面、结构系统严谨，不仅形式比较统一，而且法律制度内容也比较统一。

我国在应对处置紧急状态方面的立法建设工作走过了近半个世纪的历程，也制定了多部涉及紧急状态事件方面的法律、法规，如《戒严法》《防洪法》《防震减灾法》《突发性公共卫生事件应急条例》等。但这些法律、法规毕竟只是针对特定领域紧急状态之立法，其专业技术手段、管理措施、应对方案并不具有兼容性，而对涉及如此众多领域和行业的紧急状态应对仍处于无法可依的状态。

2. 应急航空运输保障

（1）加大航空机队建设力度，提升战略投送能力，引进大型战略运输机。

大型战略运输机，主要指载重量在 100 吨左右、具备通透货舱和滚装斜台、对起降场地无特殊要求的货运飞机。因为在应急情况下远程战略投送，仅仅实现速度要求是不够的，还必须在运得快的同时运得多，这样才能够大幅提升部队远程投送的战略效能。在抗震救灾中，保障一架小型运输机和大型运输机的起飞时间、调度指挥、航线协调等方面投入相差无几，但运输机型号不同，载重量不等，单架次飞行的输送能力相差悬殊，救灾中所起的作用也就不言而喻。我国的航空输送能力要想大幅提升，就必须拥有足够数量的大型战略运输机。

（2）着重发展中型运输机。在我国，主力运输机型载重量较小。在抗震救灾行动中，只有少数型号的运输机能够部分承担急需工程装备的运输任务，其余绝大部分工程装备只能通过铁路运输，导致人员与装备的脱节；救灾人员因缺乏相应的机械装备而无法疏通道路，使灾后前两天救援一线重灾区的行动进展缓慢，灾区挖掘工作也由于缺乏重型机械，困难重重。因此，在引进大型战略运输机的同时，还应着重发展中型运输机，加大队伍规模，增加编制数量，利用其数量优势打造我国航空战略投送的中流砥柱。

（3）加强运输直升机队建设。从汶川抗震救灾出动的直升机来看，民用直升机出动 34 架，由于救灾任务飞行区域多高原山地，地理、气象等条件较为复杂，对直升机有特殊要求。因此，能够适应高原飞行的民用直升机实际上已经全部投入，再无动员空间。对比美军，目前约有各类运输直升机 9 000 架，形成了比较完整的重、中、轻型运输直升机体系。而我国军用直升机的数量不仅远低于发达国家，甚至也远低于世界平均水平，专用于执行运送任务的运输直升机数量则更少。这种情形不仅与我国的地域范围、人口规模不相称，也与我军的规模和任务不匹配。尽管参与救灾的机务人员表现出了极大的勇气和高超的技术水平，但恶劣的地理环境和复杂的气象条件，以及专业配套设备的不足和落后，在相当程度上制约了使用直升机救火的效果。因此，在构建我国航空战略投送力量时，应加强运输直升机队的建设，尤其是重点建设能够在复杂环境下飞行的直升机队，以保证应急条件下的特殊需要。

（4）扩充空管系统容量，提高空中管制指挥能力。在"5·12"汶川大地震的抗震救灾组织过程中，为确保航空投送任务的全面进行，多个机场全天开放，多种机型同场起降，使得汶川震区内空域调度指挥压力极大。在这种情况下，不同机种需要协调，不同机场间也需要协调，军、民航之间更需要协调，而震区地处西南，周边机场整体导航设施等级不高，空管系统能力不足。因此，为确保救灾时的飞行安全，空管中心的权宜之举只能是大飞机作业、小飞机停飞或等待。在时间就是生命的灾情面前，此举实际上已经影响了救灾效果。对比国外救灾行动，美国在 2005 年救援飓风袭击的新奥尔良市时，虽然国民警卫队在灾后 80 小时才姗姗来迟，但飓风过后24 小时内就已经进行了超过1 000 架次的直升机起降。其中固然有两地地形地貌、气象条件的差异，但也说明美国的空管系统容量很大，航空管制能力很强，对于大密度、高强度的空运行动指挥自如。

（5）开展飞机改装研究，拓展航空任务输送对象。在抗震救灾中，为满足不同航空任务的需要，出现了两类应急飞机改装工作：一类是客机改货运，另一类是客机改装卫生飞机。由于任务要求紧迫，准备工作不充分，改装多采用应急方法，这也反映出平时飞机改装工作的薄弱，有必要加大研究力度，尤其要加强应急条件下的飞机改装工作。

（6）提前制作预案，避免飞机反复变身。地震发生后的第2 天，国航成都基地开始对执行航班的飞机进行卫生飞机改装，当时民航飞机主要用于运输救灾抢险人员和救灾物资，航班调配变化很大，往往是刚装好担架却因情况变化又马上拆除、恢复座椅，这样的情况平均每天出现4~5次，暴露出在飞机应急改装上的仓促应对。同时也说明对飞机改装工作必须提前做出预案并指定对象，避免应急条件下出现忙乱。一架飞机反复变身，既影响飞机的改装计划，也影响正常运输的速度。

（7）加大技术研究，确保飞行安全。在客改货实施过程中，由于时限紧张，采取的方法是直接卸掉座椅，在客舱地板上堆放货物。这样，改装时间虽大幅缩减，但货物在没有任何系留加固的情况下堆放在舱板上飞行，其中的安全隐患不可低估，一旦出现飞机爬升、降落，货物位移，会直接影响飞机的重心位置，后果不堪设想。因此，为提高应急条件下飞机改装工作的速度和安全系数，必须加强改装工作的技术研究，在确保时限的同时保证安全。

3. 应急水路运输保障

但凡在遭受严重自然灾害和战争创伤之后，大批的救援物资会集中在一个很短的时间内涌入，而港口设施此时可能已被严重破坏，或需要在没有港口的地方紧急登陆，交通运输面临着重重困难甚至危险。对于如何充分利用海岸线资源，快速建立水上运输通道，缓解运输瓶颈的压力，一些国家的经验可供参考。

（1）设立临时中转站。

①印度洋海啸救援中的槟港。2004 年12 月26 日的印度洋海啸使南亚和东南亚部分国家惨遭重创，许多国家和非政府组织都迅速加入了救灾行列。海啸发生后，印尼的班达亚齐港和米拉务港基础设施毁坏严重，运送救援物资的船舶难以靠泊。由于当地沿海地区受灾严重，一时很难找到小船，不能采用锚地过驳的方式卸货。附近虽然有几家港口仍能继续营运，但这些港口多为接卸化肥的散货码头，即使对救援物资开放，也不适于接卸食品、药品等货物以及用于灾后建设的重型设备。因此在现场参与救援的航运专家建议，与其等待数日才能靠泊码

头，然后再用十几天来卸货，不如先将货物转至邦加岛的槟港，再由驳船运往印尼各地。

②科索沃战后重建中使用了希腊的港口。20 世纪 90 年代后期，在以美国为首的北约部队的军事打击下，科索沃地区的交通运输设施遭到严重的破坏。希腊港口在科索沃战后重建中发挥了积极的作用。战争结束后，一些国家的政府、国际救援机构、非政府组织等约 500 家参与了救援与重建行动，运送的物资从面粉等食品到学习文具乃至发动机，后期转为工程材料，种类繁多，应有尽有。仅希腊第二大港口塞萨洛尼基港就在战后短短的几个星期内接卸了 91 艘船，运送了 1.7 万名维和部队人员、1.4 万辆军车、214 辆坦克、1 710 辆装甲运兵车以及 3 067 个集装箱。希腊港口作为战后救援物资的中转站，保证了水上运输通道货物流动的快捷与顺畅。

（2）建造应急人工港。

①诺曼底登陆战役中的应急人工港。诺曼底登陆战役是世界历史上规模最大的两栖登陆战役，此次战役胜利的关键因素之一是充足的物资保障。战前盟军进行了近一年的物资准备，登陆后不间断的补给保障发挥了巨大的作用。诺曼底登陆点距法国北部最大的港口——瑟堡港 80 公里，但当时该港被德军占领，在夺取港口之前，仅靠登陆滩头根本无法保证盟军的后勤供应，因此整个后勤保障计划最大的难题是港口问题。盟军在战前预制了 146 个混凝土沉箱，用拖船拖过英吉利海峡，到达指定位置后，打开沉箱上预留的阀门，将其沉放在海中，作为人工港的基础。人工港使用了 60 万吨水泥，构成 33 个栈桥，并形成约 16 公里的浮动道路供人员和车辆登陆。盟军共建造了 2 个人工港，分别用于英、美登陆滩头，美军的 A 港在安装数日后因遭遇暴风雨几乎全毁，所幸英军的 B 港一直使用到盟军收复了法国瑟堡港和比利时的安特卫普港，其间每天运送的物资大约有 9 000 吨。

②马岛争端中的临时登陆设施。1982 年，英国与阿根廷为争夺马尔维纳斯群岛（英国称福克兰群岛）的主权进行了一场战争。战后急需运送大批物资上岛，为此工程技术人员建造了临时登陆设施。其做法是先将购买的 6 艘趸船拖运至现场，每个趸船长约 90 米，宽约 30 米，然后将所有趸船连接在一起，最后用 4 根桩竖向插入海底固定，构成一个可调节高程的半潜式道路，迅速建立了登陆运输通道，目前这一设施仍保留在那里。

③伊拉克战争中的浮动靠泊设施。早在 2003 年伊拉克战争前，英国国防部就发现，尽管他们拥有大量的滚装船、重型坦克以及其他可滚动的机械，但当时作为科威特最安全的港口舒艾拜港，其码头结构并不适于滚装作业，因此首要问题是如何使大型滚装物资尽快登陆。英军首先在阿联酋首都阿布扎比购买了一艘

趸船，并在 27 个昼夜内制造了引桥、上部舾装设施和由浮箱组成的系泊装置，在迪拜港安装后向北拖运至舒艾拜港，然后选择了一处两侧岸壁呈一定夹角的位置，将趸船系泊在一边码头上，趸船上的引桥搭接到另一边的码头上。当一切安装就绪，滚装船便靠上来，船舶放下跳板搭在趸船上，坦克就顺着坡道滚动上岸。趸船长 28 米、宽 14 米，附带 2 个 4 米×7 米的辅助浮箱，与趸船永久连接。钢制上部结构和路面重达 110 吨，安装在趸船上面。17 米的岸边引桥以铰接方式与趸船相连，整个浮动靠泊设施使用缆绳系统固定在码头上。这一靠泊设施不仅可以接卸战斗装甲车和抢修装甲车等最重型军用车辆，也可以接卸重型设备运输车（HET）等长型军用车辆，以及 4H-47"支努干"运输直升机等对道路的坡度要求非常严格、运输难度较大的军用货物。

④美国军事基地的浮动登陆设施。位于印度洋中部的迪戈加西亚岛是美国的一个大型海空综合性战略基地，该基地拥有水上起重机、趸船、浮箱、拖船等各类军用物资和装备，完全可以作为浮动靠泊系统的制造基地，快速建造一个小型的浮动人工港，然后拖往指定地点用于救援或战时运输。这种浮动登陆装置适用于最普通的突堤式码头，具有结构简单、快速反应能力强等特点，而且造价并不昂贵。

阅读材料 3-2

　　紧急事件爆发的突然性和破坏性使物资需求瞬间增加，而短期可控资源的有限性和物流组织的复杂性使物资筹措供应能力趋于下降，调节供需矛盾，使供需再次回归平衡成为应急物流面临的艰巨任务。紧急事件爆发的不确定性使这一任务的完成更加困难：物流组织涉及面广、跨越行业多、物资品种复杂而且环境恶劣。如何在尽可能短的时间内建立起快速高效的物资筹措和配送系统是应急物流必须解决的核心问题。第三方物流是一种全新的物流运作模式，它能够整合分散的专业化物流资源，提供系列化、集成化、个性化的服务，完全有能力成为应急物流的主力军。充分利用和挖掘第三方物流的优势与潜能，对于建立快速高效的应急物流系统具有重要意义。

　　1. 第三方物流对构建应急物流系统的重要意义

　　从第三方物流的概念内涵和运营原理的分析中可以看出，第三方物流在整合社会游离的物流资源、加快供应链对需求变化的灵敏反应、优化物流流程等方面具有突出的优势。毋庸置疑，第三方物流的这些优势恰恰是应急物流系统构建过程中所必需的。

　　（1）快速整合物流资源。快速整合游离的社会物流资源，对突发事件做出快速反应是应急物流成败的关键。从第三方物流的运营原理可以看出，第三方物流服务商往往是物流各环节专业供应商的连接纽带，联接着仓储、运输、配送、包装等各个专业化物流公司。以第三方物流供应商为龙头的供应链实际上已经整合了物流部分环节的功能模块。由于各物流企业在经营战略重点上的不同，往往使各物流企业分散于各个行业中，形成了对各个行业均有所掌握的物流服务商。"擒贼先擒王"，突发事件爆发后，如果能够有效组织起各个行业的第三方物流服务商（也包括第四方物流服务商）这个龙头，那么通过第三方物流的中介和领头作用，便能够迅速把社会上游离的物流资源动员起来，对突发事件的物资需求也就能够做出快速反应。

（2）缩短物流通道。构建应急物流系统时，政府的强势作用非常明显，但是，政府并不能够清楚地掌握物资从生产、筹措、运输、储备这一物流线的状况。通过第三方物流我们能够避免政府的"无知"而造成的盲目性，有效减少周转时间和存货时间，从而缩短物流通道。按照积木原理，应急物流的构建完全可以把第三方物流作为应急物流的末端模块加以运用，实际上只要有效组织需求，然后通过第三方物流服务商便可实现战略层物流通道的构建。

（3）增加管道透明度。由于竞争的需要和生存特点的影响，第三方物流往往是建立在现代科学技术之上的，尤其是电子信息技术基础之上。现代电子信息技术不仅是第三方物流产生和发展的必要条件和动力，也是第三方物流的运营基础。通过信息技术，第三方物流不仅提高了仓库管理、装卸搬运、采购、订货、配送发运、订单处理等作业的自动化水平，还使订货、包装、保管、运输、流通加工实现了一体化。另外，通过物流信息网络，第三方物流企业能够方便地掌握客户企业的运营情况，实时掌握、跟踪、监控物资信息。因此，通过第三方物流供应商的信息平台，应急物流能够有效掌握应急物资的储备、运输和周转情况，快速构建物流可视化平台。

（4）增加核心运营能力。第三方物流的运用降低了应急物流系统对供应链末端企业（运输、储存等）的依赖，使组织者能够把耗费在它们上的时间、人力、财力和物力节省出来，集中精力研究预测需求、总体筹划与调控等核心业务。这样就为破解突发事件的物资需求迷雾、克服突发事件的破坏作用的影响、制订科学合理的需求和保障计划创造了有利条件。

（5）降低应急物流成本。应急物流由于其特殊性，往往需要投入大量的人力、物力进行保障，事前物资不足、事后物资过剩、组织混乱等造成了应急物流惊人的成本。第三方物流能够有效降低应急物流成本的原因在于两个方面。一方面，第三方物流的业务模式本身就能够降低物流成本，与传统储运企业相比，第三方物流服务的利润本质上并不是来源于运费、仓储费用等直接收入，而是来源于与客户一起，将现代物流管理科学在企业中推广应用所创造的新价值，来源于企业物流经优化和集成后所节约的成本。也就是说第三方物流企业的利润并不是以客户的成本性支出为代价的，而是依赖于为客户节约的物流成本的多少，成本节约越多、利润就越高，这就是所谓的"利益一体化"和"新利润源泉"。另一方面，在应急物流的构建过程中，由于采用了第三方物流这一物流功能模块，减少了在物资筹措、储备等方面的重复劳动，避免因计划不足导致物资过剩而产生损失，从而降低了应急物流系统的构建成本。

2. 运用第三方物流，构建应急物流系统应把握的几个问题

运用第三方物流构建应急物流系统，已经在西方发达国家的军事后勤保障中多有尝试，效果明显。在我国，许多第三方物流商也悄然加入应急物流行列。由于第三方物流的契约特点，我们在运用时必须坚持以建立完善的法规合同体系为核心，以科学有效的评估体系和畅通的信息系统为手段，全面加强对第三方物流的控制和组织。

（1）建立完善的法规体系。运用第三方物流，构建应急物流系统的实质是政府、社会各经济部门、经济实体之间发生交换关系，为了保持这种关系运行的稳定性和活动的规范性，防止随意性，就必须通过一定的法律制度、合同契约进行约束，实现依法运作、按规管理。只有建立完善的法律法规体系才能够有效规范和约束第三方物流的运营和管理，科学地界定责、权、利，减少突发事件的不确定性带来的各种风险，减少机制冲突、管理冲突的冲击。

（2）建立科学的监控评估体系。要有效组织起第三方物流、克服突发性和不确定性带来的各种困难，建立完备的法规体系还远远不够，还必须建立起相关的监控评估机制。这样才能使已经制定的法律、法规和契约合同能够切实有效地得到遵守和实行，才能够有效评估物流商业企业的决策意愿和综合实力（包括资产、信誉度等），并实时监控物流服务的质量以及可能出现的风险，做好应急准备。

（3）建立通畅的物流信息系统。紧急事件爆发时，往往时间地点不确定、性质不确定，需要协调的部门多、事务多，需要的物资种类多、数量多，要在短期内建立起指挥通畅、物流通畅的物资保障系统，信息系统的建设显得极为重要。"临时抱佛脚"肯定是无济于事的，必须坚持从平时做起。只有在平时就注重在物流企业之间、政府之间建立通畅高效的信息系统，"战"时才能保证指挥的畅通，才能做到组织有序，才能随时监控所需物资的状况，真正做到物资保障的全程可视化。

（4）建立和健全补偿回报机制，提高调动社会性物流企业的效率。随着社会和经济的发展，物流行业近年在我国得到了飞速成长，其中的物流企业在规模化、信息化和系统化方面也得到了极大的发展。如何调动和使用好社会性物流企业，将会对应急物流管理起到至关重要的作用。作为营利性的组织，征调和使用社会性物流企业参与灾害救助，必然会对企业的营收带来巨大的影响。如果可以建立一套有效的补偿机制，比如根据参与灾害救助的物流企业投入的人、车等资源使用量，事后进行适当的税费减免、返还、融资信贷优惠等补偿措施，必然会极大提升社会性物流企业参与的积极性，确保企业后续的良性发展。

资料来源：首届军事装备物流技术展暨第二届军事物流学术交流会专题报道，2008-03-29，此处略有删改。

本章小结

应急物流系统是由流体、载体、流向、流量、流程、流速和时间七个要素构成的，具有应急物流服务功能的有机整体，以及具有政府主导性、全民参与性、快速反应性、效率性强于效益性、开放性和可扩展性的特点。应急物流系统由应急指挥机构、应急物流节点及物流信息系统三个大部分组成，运作时遵循人的生命高于一切、快速响应，市场机制与行政机制、法律机制并存的原则。其保障机制主要有政府协调、全民动员、法律保障、社会公共应急等机制。

思考与练习

1. 应急物流系统的构建过程是怎样的？试针对某次突发事件构建一个应急物流系统框架。

2. 应急运输与配送同一般的运输与配送有何区别？试针对某次突发事件设计一个运输或配送方案。

第 4 章　应急物资管理

本章概述

如何应对各种自然灾害并进行有效控制、尽量做到损失最小化、避免灾害扩大化是我国当前面临的难题。因此，提高社会应急管理水平是当今发展的必然要求，而应急物资是应急救援工作顺利进行的基础和保障。充足的储备量、合理的储备结构、规范的库存管理、适宜的储备布局、有效的运输调度，能够充分利用有限的人力、物力、财力来提高应急管理工作的效率和效力，将危害程度降到最低。

4.1　应急物资采购

应急物资采购是应急物流的重要组成部分，在此将物资储备分为实物储备和合同储备，即以政府实物储备为主，而时效性强的物资委托企业进行合同储备，发生突发事件时启动合同储备。

4.1.1　应急物资采购概述

应急采购是指在如抗灾抢险、战时动员等紧急状态下，为完成急迫任务而进行的采购活动。在应急采购活动中对应急物资的供应商进行了解、评价、开发、使用和控制是保证应急物资采购质量的必要工作，应急采购主要具有以下三个特点：

（1）时间上的紧迫性。应急采购活动常常与影响国家安全或人民生命财产安全的紧急事件有关，采购时间紧迫，采购程序紧凑且简单。由于应急采购目的的重要性，它对采购对象的质量等指标要求也很高。如在汶川地震后的采购活动中，大到灾后居民临时居住的房屋，小到卫生口罩，国家卫生及质检部门都制定了较为严格的标准，因此对采购活动本身也提出了较高要求。

（2）采购部门单一，供应部门多元化。应急采购的供应商往往不是单一的某个生产或销售单位，这是由于应急采购的对象不一定是某种特殊商品，这样又为应急采购的最后选择制造了一个难题。

（3）采购方法多变，采购行为规范化。应急物资采购的特点迫使政府必须考虑与企业建立长期的合作关系，严格执行国家有关政府采购的法律法规，坚持公开、公平、公正的原则，实行公开招标采购，对于一般性的自然灾害，其需求的目录相对稳定，可以对供应商进行筛选，健全现有的储备制度，制定严格明晰的标准，提高要求，与应急物资储备相配合。

在进行应急物资采购时，应开辟多种渠道，保证物资的质量。应特别注意加强对应急物资需求规律的分析，在此基础上制订科学合理的采购计划。同时，还要尤其注意应急物资的质量问题，紧急状态下进行先征用、后补偿，与供应商建立长期的合作关系，建立稳固的供需联盟，对于应急物资的快速供应和高品质供应具有重要的保障作用。

4.1.2 应急物资实物储备的供应商选择

在库存中通常把应急物资分为关键物资、重要物资、普通物资、瓶颈物资四类。在储备这四类物资时，需要对提供这些物资的供应商采取不同的策略，如对于关键物资、重要物资，必须与供应商建立长期合作伙伴关系；对于普通物资，应该采用多目标最优化策略，综合考虑交货、质量、价格等因素；而对于瓶颈物资，在多目标最优化策略中更应强调交货的准时性。以下是主要针对普通应急物资实物储备采购而进行供应商选择的原则。

1. 选择供应商的主要影响因素

考虑到应急物流具有追求时间效益最大化和灾害损失最小化的特点，在进行供应商选择时主要对下列三个影响因素进行分析。

（1）交货准时性。应急物流本身追求时间效益最大化，因此交货准时性是非常重要的影响因素。它指供应商按照订货方所要求的时间和地点，将指定产品准时送到指定地点，可以通过按时交货率来反映。如果供应商的交货准时性较低，必然会影响应急物流系统的物资筹措计划和物资调度计划，当自然灾害或公共突发事件发生后，应急物资供应方面会出现非常被动的局面。而这样造成的后果是极其严重的，因此交货准时性是选择供应商时非常重要的因素之一。

（2）质量。质量因素主要是供应商所供给的产品符合应急物流系统要求的质量规范程度，可以用合格品占总供货的百分比来表示。应急物资的质量是开展应急救援工作的基本保障。如果应急物资质量低劣，会使得应急救援工作陷入困境，带来一些消极的影响；而如果能保证应急物资的高质量，则能让应急救援工作开展得较为顺利，高质量的应急物资是取得应急救援工作成功的先决条件。因此，质量也是选择供应商时的一个重要因素。应急物流系统应该建立起一套较为完善的质量考核制度和标准，不仅对供应商提供的产品本身进行严格的检测，还要对其质量体系和保证能力进行全面考核，以确保其具备良好的质量保证能力来提供优质的产品。

（3）采购成本。采购成本主要是指供应商所供给的产品以及运输过程产生的成本。在一般企业中进行供应商选择时，采购成本是最为重要的考虑因素之一。对于应急物流来说，因为应急物资的采购数量一般较大，所以采购成本因素显得十分重要。

除了上述三个主要的影响因素之外，还有其他一些因素，如供应商的技术能力、供应能力、服务水平、信誉以及供应商的地理位置因素等，在具体情况下它们最终也会影响对应急物资供应商的选择。

2. 多目标决策选择供应商的模型

针对普通应急物资的采购情况，即综合考虑交货准时性、质量、采购成本等因素，采用多目标最优化策略，构建模型如下：

目标函数：

$$\min Z = (Z_1, \ Z_2, \ Z_3) \tag{4-1}$$

s. t.

$$Z_1 = \sum_{i=1}^{m} \sum_{j=1}^{n} Q_{ij} X_{ij}$$

$$Z_2 = \sum_{i=1}^{m} \sum_{j=1}^{n} R_{ij} X_{ij}$$

$$Z_3 = \sum_{i=1}^{m} \sum_{j=1}^{n} P_{ij} X_{ij} \tag{4-2}$$

$$\sum_{i=1}^{m} X_{ij} \geqslant D_j$$

$$X_{ij} \leqslant \min(o_{ij}^u, \ C_{ij}^u) V_i$$

$$X_{ij} \geqslant \max(o_{ij}^1, \ C_{ij}^1) V_i$$

$$\sum_{i=1}^{m} V_i = P, \ V_i \in (0, 1), \ i = 1, 2, \cdots, m$$

其中：

Q_{ij} 表示从第 i 个供应商采购第 j 种物资的未按时交货率；

R_{ij} 表示从第 i 个供应商采购第 j 种物资的不合格率；

P_{ij} 表示从第 i 个供应商采购第 j 种物资的成本；

X_{ij} 表示从第 i 个供应商采购第 j 种物资的数量；

D_j 表示应急时期内物资 j 的总需求量；

o_{ij}^u 表示供应商 i 的应急物资 j 的最大订单量；

C_{ij}^u 表示供应商 i 的应急物资 j 的最大产能；

o_{ij}^1 表示供应商 i 的应急物资 j 的最小订单量；

C_{ij}^1 表示供应商 i 的应急物资 j 的最小成交量；

$V_i = 1$，　表示选择供应商 i；

$V_i = 0$，　表示不选择供应商 i；

$X_{ij} \geq 0$，$i = 1$，2，$\cdots$，m；$j = 1$，2，$\cdots$，n。

3. 模型的解法

求解多目标极小化模型的基本思路是构建一个把多目标转化为单一目标的评价函数，一般常用线性加权和法。线性加权和法是根据各个目标在问题中的重要程度，分别赋予它们一个权重作为相应目标的系数，然后把这些带系数的目标相加来构造评价函数。极小化目标由该评价函数所构成的数值函数求得，其最优解即作为原多目标极小化问题的解。

第一步：按各目标 $f_i(i = 1$，2，$\cdots$，$m)$ 在模型中的重要程度，给出一组对应的权系数 w_i，$\cdots$，w_m。

其中 $w_i \geq 0(i = 1$，2，$\cdots$，$m)$，并且 $\sum\limits_{i=1}^{m} w_i = 1$。

第二步：极小化线性加权和函数。

将问题 $u(f) = \sum\limits_{i=1}^{m} w_i f_i$ 转化为问题 $\min \sum\limits_{i=1}^{m} w_i f(x)$，解出最优解 x。

4. 仿真算例

下面是从 4 个供应商中选择 3 个供应商采购应急物资 A 和 B 的例子，基础数据如表 4-1 所示。

表 4-1　各供应商基础数据

	供应商 1		供应商 2		供应商 3		供应商 4	
	A	B	A	B	A	B	A	B
未按时交货率/%	5.8	5.8	1.8	1.8	0.5	0.5	2.3	2.3
不合格率/%	3.2	3.2	2.5	2.5	2.8	2.8	3.0	3.0
成本/元	200	250	230	280	250	260	210	275
最大订单量/件	5 000	4 000	3 000	3 000	6 000	6 000	3 000	3 000

（续上表）

	供应商 1		供应商 2		供应商 3		供应商 4	
	A	B	A	B	A	B	A	B
最大产能/件	5 000	4 000	4 000	4 000	3 000	3 000	2 500	2 500
最小订单量/件	800	800	1 000	1 000	900	900	1 200	1 200
最小成交量/件	1 000	1 000	1 200	1 200	800	800	1 200	1 200
采购量/件	X_{11}	X_{12}	X_{21}	X_{22}	X_{31}	X_{32}	X_{41}	X_{42}

应急物资 A 和 B 的总需求量分别是 6 000 件和 7 000 件，假定权系数如表 4-2 所示。

表 4-2　各目标权系数

目标 f_i	未按时交货率	不合格率	成本
权系数 w_i	0.5	0.25	0.25

模型的目标函数如下：

Obj：min $= 0.5 \times [5.8(X_{11}+X_{12}) + 1.8(X_{21}+X_{22}) + 0.5(X_{31}+X_{32}) + 2.3(X_{41}+X_{42})] + 0.25 \times [3.2(X_{11}+X_{12}) + 2.5(X_{21}+X_{22}) + 2.8(X_{31}+X_{32}) + 3.0(X_{41}+X_{42})] + 0.25 \times (200X_{11} + 250X_{12} + 230X_{21} + 280X_{22} + 250X_{31} + 260X_{32} + 210X_{41} + 275X_{42})$

$= 53.7X_{11} + 66.2X_{12} + 59.025X_{21} + 71.525X_{22} + 63.45X_{31} + 65.95X_{32} + 54.4X_{41} + 70.65X_{42}$

s.t.

$X_{11}+X_{21}+X_{31}+X_{41} \geqslant 6\,000$：　　$X_{11} \geqslant 1\,000V(1)$

$X_{12}+X_{22}+X_{32}+X_{42} \geqslant 7\,000$：　　$X_{12} \geqslant 1\,000V(1)$

$X_{11} \leqslant 5\,000V(1)$　　　　　　　　$X_{21} \geqslant 1\,200V(2)$

$X_{12} \leqslant 4\,000V(1)$　　　　　　　　$X_{22} \geqslant 1\,200V(2)$

$X_{21} \leqslant 3\,000V(2)$　　　　　　　　$X_{31} \geqslant 800V(3)$

$X_{22} \leqslant 3\,000V(2)$　　　　　　　　$X_{32} \geqslant 800V(3)$

$X_{31} \leqslant 3\,000V(3)$　　　　　　　　$X_{41} \geqslant 1\,200V(4)$

$X_{32} \leqslant 3\,000V(3)$　　　　　　　　$X_{42} \geqslant 1\,200V(4)$

$X_{41} \leqslant 2\,500V(4)$　　　　　　　　$V(1)+V(2)+V(3)+V(4)=3$

$X_{42} \leqslant 2\,500V(4)$　　　$X_{ij} \geqslant 0, V(i)=0$ 或 1，$i=1,2,3,4$，$j=1,2$

采用 QM 2.0 软件求解，输入界面如图 4-1 所示。

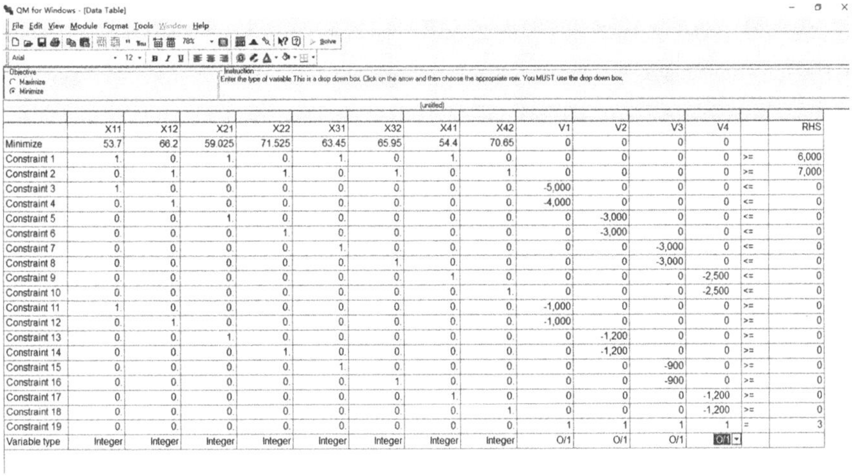

	X11	X12	X21	X22	X31	X32	X41	X42	V1	V2	V3	V4		RHS
Minimize	53.7	66.2	59.025	71.525	63.45	65.95	54.4	70.65	0	0	0	0		
Constraint 1	1	0	1	0	1	0	1	0	0	0	0	0	>=	6,000
Constraint 2	0	1	0	1	0	1	0	1	0	0	0	0	>=	7,000
Constraint 3	1	0	0	0	0	0	0	0	-5,000	0	0	0	<=	0
Constraint 4	0	1	0	0	0	0	0	0	-4,000	0	0	0	<=	0
Constraint 5	0	0	1	0	0	0	0	0	0	-3,000	0	0	<=	0
Constraint 6	0	0	0	1	0	0	0	0	0	-3,000	0	0	<=	0
Constraint 7	0	0	0	0	1	0	0	0	0	0	-3,000	0	<=	0
Constraint 8	0	0	0	0	0	1	0	0	0	0	-3,000	0	<=	0
Constraint 9	0	0	0	0	0	0	1	0	0	0	0	-2,500	<=	0
Constraint 10	0	0	0	0	0	0	0	1	0	0	0	-2,500	<=	0
Constraint 11	1	0	0	0	0	0	0	0	-1,000	0	0	0	>=	0
Constraint 12	0	1	0	0	0	0	0	0	-1,000	0	0	0	>=	0
Constraint 13	0	0	1	0	0	0	0	0	0	-1,200	0	0	>=	0
Constraint 14	0	0	0	1	0	0	0	0	0	-1,200	0	0	>=	0
Constraint 15	0	0	0	0	1	0	0	0	0	0	-900	0	>=	0
Constraint 16	0	0	0	0	0	1	0	0	0	0	-900	0	>=	0
Constraint 17	0	0	0	0	0	0	1	0	0	0	0	-1,200	>=	0
Constraint 18	0	0	0	0	0	0	0	1	0	0	0	-1,200	>=	0
Constraint 19	0	0	0	0	0	0	0	0	1	1	1	1	=	3
Variable type	Integer	Integer	Integer	Integer	Integer	Integer	Integer	Integer	O/1	O/1	O/1	O/1		

图 4-1 模型的输入界面

求解的输出结果如图 4-2 所示。

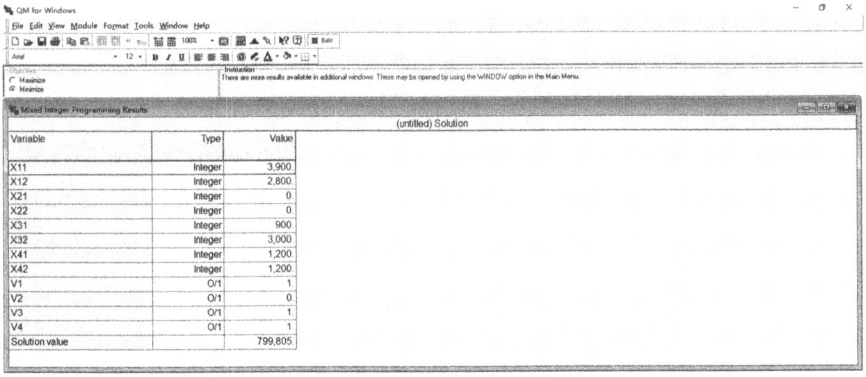

Variable	Type	Value
X11	Integer	3,900
X12	Integer	2,800
X21	Integer	0
X22	Integer	0
X31	Integer	900
X32	Integer	3,000
X41	Integer	1,200
X42	Integer	1,200
V1	O/1	1
V2	O/1	0
V3	O/1	1
V4	O/1	1
Solution value		799,805

图 4-2 模型的输出结果

如果采用以下几种权系数，将得出不同的结果，具体计算结果如表 4-3 所示。其中后面两种情况约束条件不变，改变的只是各子目标的权重，两种情况目标函数整理的结果分别为：

$$34.54X_{11}+42.04X_{12}+36.135X_{21}+43.635X_{22}+38.27X_{31}+39.77X_{32}+33.56X_{41}+43.31X_{42}$$

$$63.28X_{11}+78.28X_{12}+70.47X_{21}+85.47X_{22}+83.6X_{31}+86.6X_{32}+64.82X_{41}+84.32X_{42}$$

表4-3 不同权系数情况下的计算结果

变量	权 重		
	$w_1 = 0.5, w_2 = w_3 = 0.25$	$w_1 = 0.7, w_2 = w_3 = 0.15$	$w_1 = 0.4, w_2 = w_3 = 0.3$
X_{11}	3 900	2 600	3 600
X_{12}	2 800	2 800	4 000
X_{21}	0	0	1 200
X_{22}	0	0	1 200
X_{31}	900	900	0
X_{32}	3 000	3 000	0
X_{41}	1 200	2 500	1 200
X_{42}	1 200	1 200	1 800

4.1.3 应急物资采购的供应商管理

1. 管理供应商的必要性

应急采购的供应商管理是供应链的一个基本而重要的环节，它建立在对应急物资供应商以及与供应相关信息的有效管理和充分运用的基础上，针对应急采购的特点，对供应商的现状、历史、提供的物资、沟通、合同、资金、合作关系以及相关的业务决策等进行全面的管理和支持。应急采购活动产生于非常状态下，其资金流、信息流及物流都存在一定的风险。供应商作为物流的始发点，是资金流的起点，又是信息流的端点，建立有效的供应商管理机制将有助于在应急采购活动中提高效益、规避风险。

（1）有利于在紧急条件下选择正确的供应商。对供应商的评价一般包含两个方面，一是对供应商生产的评审，二是对供应商绩效的评估。随着采购理论的发展与采购活动的深入，物资采购部门对供应商的评价有一套较为科学和完整的程序。但相关程序往往是以充足的时间为基础的，不可能满足应急采购活动的紧迫性和突发性。如何在一种非常状态下选择最佳的供应商已成为应急采购首要解决的问题。可靠的供应商管理机制要求供应商遵循"5R 原则"，适价（Right Price）、适质（Right Quality）、适时（Right Time）、适量（Right Quantity）、适地（Right Place）。其中适价、适质是应急采购的基本要求，适时、适量、适地是应急采购的核心要求，供应商的选择要以此为标准，方能为采购部门在短期内选择正确合适的供应商。

（2）有利于建立长期稳定的合作伙伴关系。应急采购供应商的选择受时间和范围的限制，物资采购部门首先会考虑从现有供应商中选取符合要求的供应商。这样通过必要的供应商管理，有助于采购部门与供应商建立相互信任、长期合作的关系，大大减少日常问题的解决时间，使双方集中精力搞好长期性预测和计划工作，从而有效降低应急采购的不确定性给双方带来的风险。长期稳定的合作伙伴关系还有助于变事后控制为事中控制，能较好地满足应急采购对所需物品的特别要求，保证了供应的连续性和准时性。

（3）有利于及时回应需求变化的要求。应急采购对物资采购部门的采购能力和供应商的生产能力都提出了较高的要求。采购部门在较短的采购周期内，更为看重的是供应商的快速反应能力。而要提高这种快速反应能力，就必须运用供应链管理的思想，使链上各节点组织专注于自身的一两项核心竞争力，最大化地利用其他节点组织的竞争优势，迅速适应不断变化的要求。作为供应商，具有控制资源市场的能力；作为采购部门，要充分发挥采购的职能优势，只有通过有效的供应商管理，使采购方和供应商建立高效的互动关系，才能提高供应商对采购需求反应的敏捷性。

2. 供应商管理的主要职能

首先是确立应急采购供应商管理的组织目标，制定实现目标的策略。由于应急采购任务同一般采购任务相比还有一些不同之处，因此在制定策略时更要侧重与供应商保持双赢的策略。设计一种能最大限度地降低风险的合理的供应结构，并同供应商建立一种能促使供应商成本降低、提高质量的长期合作关系，发展和维持良好的供应商关系，确保供应商在应急采购任务中提供最优秀的服务，同时，还要积极开发潜在的供应商。

其次是确定管理组织机构，分配人力资源。采购部门的根本目的就是实现应急采购的任务和目标。因此，对于供应商的管理也要以此为出发点和归宿点。责任、权力和利益三者之间是不可分割的，要协调、平衡和统一。应急采购任务的特点就是时间短、需求量大、难度高，这就要求供应商管理工作需要进行专业化的分工和协作。分别设立不同的专业部门，有利于提高管理工作的效率，在合理分工的基础上，各部门又必须加强协作和配合，才能保证各项专业工作的顺利开展，以达到组织的整体目标。

再次是组建团队，对供应商进行有效管理。应急采购供应商的管理组织机构在对供应商管理方面也充当了领导的角色，为了应急采购任务的顺利完成，管理组织机构要运用其法定的权利和自身的影响力来影响供应商的行为，将其导向组织目标。管理组织机构要注重对供应商的鼓励和奖赏，发挥其主动性和积极性，改善其工作的客观条件，给予其合理的物质待遇，使供应商既有饱满的工作热情，又有主动负责的精神。当然，对于采购任务的要求要严格，必须按时、保质、保量地完成工作任务。

最后是评估执行情况，控制管理组织资源。对应急采购供应商的有效控制，可以促使管理组织机构的任务按照计划规定的要求展开。管理组织机构要按照应急采购任务既定的目标计划和标准，对采购任务各方面的实际情况进行检查和考察。在评估的过程中发现差距，分析原因，采取相应的措施予以纠正，使采购任务能按原计划进行，或者根据客观情况的变化，对计划做出适当的调整，使其符合实际。在这个过程中要注意以下三个方面：一是要有明确的执行标准，如数量、时间、定额等；二是及时获得发生偏差的信息，如简报、原始记录、口头汇报等；三是纠正偏差的有效措施。只有符合以上三个条件，管理活动才能有效展开。

3. 加强供应商管理的有效措施

（1）实现信息交流与共享。在传统的采购活动中，采购方与供应商往往是在一种信息不对称的状态下进行博弈，结果导致"赢者灾难"，即供应商为了取得供应权而受损。在这种情况下，必然会给采购工作带来许多后遗症。因此要在应急采购中建立合作伙伴关系，信息互动与沟通是首要问题。必要的信息交流有助于降低双方的不信任度，从而减少投机行为，更好地满足应急采购对时效和质量的高要求。一般可从以下两个方面着手此项工作：①在供应商与采购方之间经常进行有关成本、作业规划、质量控制信息的交流与沟通，保持信息的一致性和准确性。②供应商和采购方应经常互访，及时发现和解决各自在合作活动过程中出现的问题和困难，营造良好的合作氛围，使用电子数据交换和互联网技术进行快速的数据传输。

（2）强化监督控制。应急采购由于要求紧、任务急、时间短，很容易造成供应商管理的混乱无序，从而降低采购效益，甚至滋生违法乱纪的情况。搞好应急采购中的供应商管理，具体应完善以下四种制度：①选择制度。负责选择供应商的人员，应在选择之前制订选择计划，并上交有关监管部门，经其批准后作为供应商选择的参考和最后检查的依据。②评价制度。这主要是指对供应商的已有业绩进行评定，通过相应的量化评定，可为其具体行为考核提供详细依据，同时也可为采购监督控制提供信息支持。③标准化作业制度。通过编制一个详细的作业手册，对供应流程进行规范，这既能为供应商提供具体的行动依据，又能实现对供应商的全程监控。④通报制度。应急采购的操作具有较大的弹性，作业过程中会经常出现一些超出双方权限范围的事情，这就需要通过及时的信息互动确保供应活动的有序进行。

（3）优化供应商队伍。应急采购活动具有较强的针对性，采购部门应综合相关供应商的情况，了解入选供应商的情况，综合平衡，择优选用。应急采购供应商的选择可从以下几个方面入手：优先考虑采购部门已掌握的供应商，减少供应商调查和选择的时间；优先考虑在时间、空间上最能满足需要的供应商，减少物资派送时间；优先考虑大型或国有企业作为供应商，其能保证所供物资技术的领先性、质量的稳定性、货源的充足性。

建立多层次的供应商网络，通过逐步减少供应商的数量，优化供应商队伍，提高供应商选择的效率和效益。一般来说，供应商越少越有利于双方的合作。但是，应急采购部门所需的物资是多样的，因此不同的采购方所需的供应商的数目不同。采购方应根据自己的情况选择适当数量的供应商，建立供应商网络，并依据"二八原理"（80%的物资是由20%的供应商所提供的），区别对待不同层次的供应商，逐步减少供应商的数量，致力于和少数供应商建立战略伙伴关系，为应急采购工作打造一个较为稳定的作业环境。

阅读材料 4-1

一、引言

频繁发生的地震、冰冻、雨雪灾害、矿难、传染性疾病等突发性事件不仅给人们生命财产造成巨大的损失，而且还会影响社会安定，甚至危及国家安全，对经济社会发展全局产生重大影响，而我国目前应对这些突发事件的能力还有待提高。综合来看，主要还存在以下四个问题：第一，信息不够畅通。在重大灾害面前，外界对灾区救援进展、物资需求把握不透。第二，人员和物资准备不充分、不及时，时常因外界物资储备不够或运输受阻而影响救灾活动的开展。第三，物流不畅通。灾害面前，尤其是山区灾害，其应急物流面临的困难更大。第四，组织制度不够完善。机构庞杂，使得一些部门运营不及时，灾情前一些公益人士常因物资无力送达灾区而苦恼。但同时也具有如下优势：第一，我国地大物博、资源丰富，能充分发挥"一方有难，八方支援"的力量。第二，拥有中共中央和政府强有力的作战指挥和高素质人民军队的积极配合。因此，克难保优，优化应急物资采购策略以及加强对应急物资采购的管理是目前应急物流研究的重要内容。

二、应急物资与应急采购的特点

1. 应急物资的概念与特点

紧急状态即一种特别的、迫在眉睫的危机或危险局势，影响全体公民，并对整个社会的正常生活构成威胁，相对于紧急状态而产生的对物资需求的应急物资，具有不确定性、不可替代性、时效性等特点。

2. 应急采购的概念与特点

应急采购是指在如抗灾抢险、战时动员等紧急状态下，为完成急迫任务而进行的采购活动。应急采购主要具有以下特点：第一，时间上的紧迫性；第二，采购部门单一、供应部门多元化；第三，采购方法多变、采购行为规范化。

由于应急物资采购具有这些特点，迫使政府必须探讨如何优化采购策略，从而确保应急物资的及时供应和成本与质量的保证。

三、应急物资采购战略模型与策略分析

1. 应急物资采购定位模型

应急物资采购应按不同的等级和标准进行不同的分类，通过采购物资的费用支出水平和采购物资的影响、机会和风险来建立物品采购定位模型，如图4-3所示。然后在物品采购定位模型的基础之上对应急物资进行定位，从而制定应急物资的采购策略。

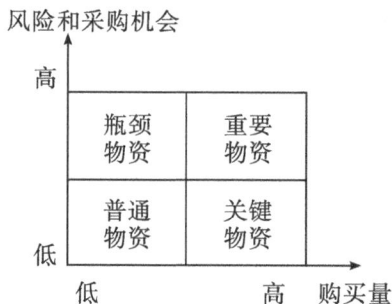

图 4-3　采购定位模型

2. 应急物资的采购策略

（1）地方支援。对于环保处理设备、工程建材、照明设备以及一些方便食品、衣物等物资，由于风险程度小、采购成本低，在采购定位模型中处于普通物资的位置，因此采购的总战略是以地方支援的形式参与救助。当然在接受地方支援（包括企业、组织、团体和个人捐赠）的同时，物资采购部门作为连接市场和灾区的桥梁与纽带，与供应商接触范围较广，信息来源渠道通畅。对此，物资采购部门一方面要发挥面向市场的窗口作用，采取主动靠上去做工作的方法，与地方企业、供应商、政府有关部门及时沟通协调，及时发布灾区所需应急物资的品种和数量，明确接收渠道，积极争取更多的社会资源。另一方面，对于特大灾害，我们也应面向国际，争取国际援助。印度洋海啸和地震发生后，世界各国和地区先后为灾区捐款34亿美元，物资达2 000余吨，承诺捐助的国家和国际组

织达 50 多个。总之在接受地方支援时必须遵循"需求引导，归口管理，统一指挥，公开透明，保障到位"的基本原则，把地方政府企事业单位、民间团体、个人的慰问和关爱之情转达到灾区，并确保地方支援物资是在第一时间送达灾区。

（2）市场采购。对于工程建设和灾后重建以及救援运载、防护类物资，由于采购金额较高，因此这部分物资在物品采购模型中处于杠杆物资或关键物资的位置。因此，通过市场采购（主要是政府采购）的方式一方面可以保证物资的可获得性，另一方面能有效降低采购成本。应急物资市场采购主要通过竞争性谈判、询价、单一来源采购，以及由此衍生出来的协议采购和定点采购的方式进行。竞争性谈判方式在应急采购中主要适用于技术复杂、采购量大、时限要求不高或难以计算价格总额的物资。询价方式主要适用于技术标准统一、价格相对稳定的物资。单一来源方式主要适用于只能从唯一供应商获得产品或来不及从多家企业选择供应商的物资。协议采购是指采购机构按照事先与供应商签订的紧急供货协议而进行的采购。定点采购是指在灾前采购部门就与供应商建立了长期合作伙伴关系，签订合作协议，在一定期限内采购其产品的方式，主要适用于大宗应急物资的应急采购。另外也可以适时采用网上采购的方式进行应急采购。总之它是由政府统一规划，从宏观上利用社会资源，有效达到应急的目的。

（3）应急储备。对于生命救助和工程保障类物资，虽然采购成本相对较低，但由于风险程度较大，在采购模型中处于瓶颈物资的位置，因此采购中的总策略是保持库存。适时适地建立应急物资储备与配送中心，但同时应做好储备采购，即预防性采购或事先采购。这种应急储备采购和一般的储备采购不尽相同，它不仅储备物资，也储备生产能力。在应急储备过程中，可以依照库存控制中的 ABC 分类法将应急储备物资进行分类，然后对于重点控制的 A 类应急储备物资可以采用共享式采购方式进行储备采购，也就是改变以往各个储备中心分散采购的模式，转而向全国各地所有应急储备库统一进行应急储备采购。如图 4-4 所示，甲、乙、丙、丁四个储备库都对应急备用物资 M 有需求。在单一采购模式下，各个储备库制定一个安全库存量，假设分别为 A、B、C、D，然后各自选择供应商进行分散采购，这样其采购总量 $N=(A+B+C+D)$，采购成本高且大量资源被闲置。然而通过共享式联合采购模式可以集中向一家供应商进行大批采购，这样不仅有效降低了储备采购成本，使各个储备库库存成本都有所下降，避免资金积压，而且使得总采购量减少为 $MAX(A, B, C, D) < N^* < N$，如图 4-5 所示。

储备库甲 —————— A —————→ 物资M供应商1

储备库乙 —————— B —————→ 物资M供应商2

储备库丙 —————— C —————→ 物资M供应商3

储备库丁 —————— D —————→ 物资M供应商4

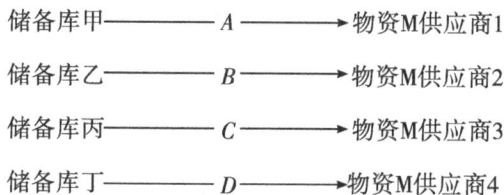

图 4-4 单一分散采购

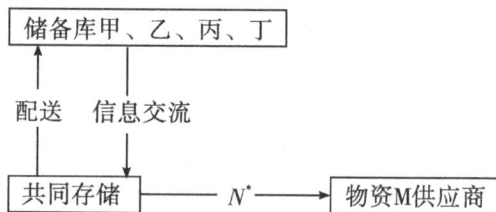

储备库甲、乙、丙、丁

配送　信息交流

共同存储 —————— N^* —————→ 物资M供应商

图 4-5 共享式联合采购

此外各个储备库可以共同出资成立股份公司或委托其中实力雄厚的企业进行备用物资的管理，安排协调各储备库的物资使用情况。同时在政府建立自身专门救灾物资储备库的基础上，可走市场化的道路，遵循"化整为零，分级代储，保障供给"的原则，整合储备资源。

四、应急物资采购后续保障机制

（1）进一步完善我国应急救灾物资采购管理办法与条例，明确各职能部门分工细则，确保渠道畅通，信息公开透明，保障各项应急工作的及时启动和有效运行。

（2）加强统筹领导和分工负责。灾情发生时，中央和地方各级政府应迅速成立救灾抢险指挥部，由专家领导进行统一指挥决策。其次还应设立协调委员会，情报部门，信息网络管理中心，专项物资管理与采购部门等，实行层层负责，有效运转。

（3）加强救灾资金的保障和动态监管。各级财政要按照现行事权、财权划分原则，分级负担应急物资储备与采购资金准备。同时一方面要充分动员社会力量，开展志愿服务，为应急救灾捐款、捐物；另一方面要建立完善的应急物资监测网络和预警机制，强化对应急物资采购的监督、管理和控制，确保专款专用，确保应急物资充分发挥应急作用。

（4）加强运输配送保障。建立覆盖全国的各大交通工具和应急队伍的动态数据库。调动社会各方面的运输能力，形成以陆路运输为基础，空运、水运多种方式相结合的运输体系。各交通线路及时开通应急绿色通道，根据运输任务、地形特征、气象情况，充分发挥各种运力的优点，进行无缝衔接。同时应选择最优运输路线，采用各种现代运输方式，如托盘化运输、智能化运输、甩挂运输，应用北斗、CVPS（车辆运行线路安排系统）等进行运输。

五、结论

应急物资采购方式多样，但如何结合应急物资的特点，进行应急采购是制定应急物资采购战略的关键所在。因此，在突发性灾害发生时，应当首先评定灾情等级，确定应急救灾所需的物资类型，并依据应急物资定位模型进行定位，然后根据其所处物资类型采取相应的采购方式进行应急采购。总之，在应对各种灾情时，应以追求时间效益最大化和灾害损失最小化为目标。结合应急物资采购战略模型，合理选择应急物资采购战略和方式。

资料来源：朱必吨. 我国应急物资采购策略探讨 ［J］. 企业导报，2009（2）：67-68.

4.2　应急物资发放的需求预测

应急物资发放的需求预测是应急物资管理的前提和基础，本节着重分析了应急物资需求的特点，并在此基础上对其做出预测。

4.2.1　应急物资需求概述

1. 应急物资需求

应急物资需求是指国家有效应对公共突发事件时最低的物资要求。所谓有效是指应对突发事件的效益要高，也指物资的使用效率要高；最低是在成功应对突发事件条件下物资需求的最小数量，可见在物资需求的确定中包含着优化的思想，即在突发事件类型、强度等给定条件下，成功应对突发事件的最少物资需求量。

所谓公共突发事件一般是指突然发生，对全国或部分地区的公共秩序、社会安全、公民的生命和财产安全已经或可能构成重大威胁和损害，造成巨大的人员伤亡、财产损失和社会影响，涉及公共安全的紧急公共事件。战争和全国总动员、局部动员所引起的紧急状态是一种最为严重的突发公共事件。

公共突发事件从理论上可以有不同的分类，结合国内外先进的应急管理经验，根据公共突发事件的发生过程、性质和机理，可以将它划分为自然灾害、事故灾难、突发公共卫生事件、突发社会安全事件、经济危机以及战争六大类，具体的分类如表4-4所示。

表4-4 公共突发事件的类型划分

类型	公共突发事件示例
自然灾害	水旱灾害，台风、冰雹、大雪、高温、沙尘暴等气象灾害，地震、山体崩塌、滑坡、泥石流等地质灾害，森林火灾和重大生物灾害等
事故灾难	民航、铁路、公路、水运、轨道交通等重大交通运输事故，工矿企业、建筑工程、公共场所及机关、企事业单位发生的各类重大安全事故，造成重大影响和损失的供水、供电、供油和供气等城市生命线事故以及通信、信息网络、特种设备等安全事故、核辐射事故、重大环境污染和生态破坏事故等
突发公共卫生事件	突然发生，造成或可能造成社会公共健康严重损害的重大传染病疫情、群体性不明原因疾病、重大食物和职业中毒，重大动物疫情，以及其他严重影响公众健康的事件
突发社会安全事件	重大刑事案件、涉外突发事件、恐怖袭击事件、规模较大的群体性突发事件
经济危机	资源、能源和生活必需品严重短缺、金融信用危机和其他严重经济失常、经济动荡等涉及经济安全的突发事件
战争	全面战争、局部战争

从表4-4可以看出，公共突发事件因其性质的不同，可以分成很多类，公共突发事件的种类、烈度、规模以及应对方式等都会对物资需求造成一定的影响。因此，要分析物资需求首先应该明确物资需求包含哪些内容，公共突发事件是如何影响到需求内容的。

2. 应急物资供应需求的内容

应急物资供应需求应该从三个方面来进行表述和衡量，分别是应急物资供应的数量需求、质量需求和结构需求。

（1）应急物资供应的数量需求。数量需求是当突发事件发生后，为了有效地应对这些事件所必需的最小物资需求数量。通常用需要物资数量的大小来描述，如某次地震事件中需要"粮食100吨，棉衣500件"等。物资供应的数量需求大小通常与突发事件的大小和烈度以及突发事件的发生环境有关。一般情况下，突发事件级别越高、影响范围越大、事发周围人口密度越大，造成的经济社会损失就越大，物资供应需求的数量也就越大。

（2）应急物资供应的质量需求。物资供应需求不仅有量的度量，而且还有质的要求。一定量的物资数量需求总是建立在一定质量基础上的。物资供应的质量需求包括对物资供应的准时性、可靠性、成本等方面的要求。对物资供应质量的需求通常选用动员时间、动员风险和动员成本等几个指标来描述。公共突发事件的性质、可能造成的危害、发生的规模、应对方式等都会影响到物资供应的质量需求。

（3）应急物资供应的结构需求。物资供应的数量和质量需求无法完全反映整体需求状况，还必须研究物资供应的结构需求，即需要的各类物资之间的结构比例关系，通常用一个相对的指标来刻画这种关系。如在抗击"非典"的过程中，不仅要考虑到口罩的需求量，同时还要考虑到口罩与棉花的关系，在对伤员进行紧急抢救的过程中，只有药品是不够的，还需要一定比例的配套医疗器械，这些不同类型的物资之间存在着一定比例的相关性。突发事件的类型通常决定着物资供应的结构需求，不同类型的突发事件需要不同种类的物资需求组合。

从上面对物资供应需求的内容分析可以看出，如果综合考虑物资供应的数量、质量和结构需求，对物资供应需求进行分析是相当复杂的。目前，人们在确定物资供应需求时（包括以上三方面的需求），仍以主观经验判断为主，这样容易造成需求不合理，使得后续动员相对过度或者不足，最后造成经济资源的浪费，因此迫切需要借助科学的预测方法实现物资供应需求预测的模型化。

3. 应急物资需求的特点

应急物资需求的特点主要是指应急物资需求同传统物资需求在突发性、不确定性和时效性等方面的区别。

（1）应急物资需求的突发性。公共突发事件的一个显著特点是突发性，在很短的时间内造成巨大的破坏或影响，由于平时不可能储备全部需要的物资，物资需求在很短的时间内由平时正常需求跳跃为不正常需求，物资需求急剧膨胀，出现了物资的相对短缺现象，随着物资动员活动的开展和突发事件的成功应对，物资的需求又回落到平时的正常需求状态。

（2）应急物资需求的不确定性。当突发事件发生后，经常无法用常规性规则进行判断，信息存在着严重的不充分、不及时、不全面或不准确的现象，人们无法在事前准确估计全部可能的物资需求。因此，得出的物资需求也具有高度的不确定性。

（3）应急物资需求的时效性强。由于突发事件本身的特性，要求物资需求必须在较短的时间内得到满足，物资需求有很强的时效性，突发事件可能造成的损失同物资能不能及时满足存在着一定的相关性，这也要求物资动员能够做到快速、及时、准确。突发事件管理属于一种公共行为的管理，是一种特殊类型的社会经济活动，紧急状态下为了应对突发事件制定的物资需求具有一定的法律性和强制性，有别于商业物资需求，应急物资需求更具有社会性的特点。

4.2.2　应急物资需求的传统预测方法

（1）预测发展情况。预测作为一种探索未来的活动早在古代就已经出现，但作为科学的预测学，则是在科学技术高度发达的 20 世纪初才产生的。如今，预测技术已经作为一门较为成熟的技术，被广泛应用到了多个层次和不同的领域。在国外，法国政府采用长期预测来指导国家制订发展计划，为法国经济建设提供了具有重大意义的长远发展依据；美国为研究能源政策，制订能源规划，开展了大规模的能源预测活动，组织专家进行了能源预测研究和评估；日本政府在宏观经济管理中，采用专家咨询法进行大规模的经济发展预测，为日本政府制订长远规划提供了科学依据；印度政府在 20 世纪 90 年代为促进经济社会的发展，在解决食物问题、保健和计划生育方面以及能源开采方面都做了大规模的预测活动。

在国内，我国早在 20 世纪 80 年代就将预测作为一门专门科学和专项工作来发展。多年来，国家高度重视预测在国民经济和科技发展中的重要作用，推动预测研究和预测工作的开展，预测在人口、社会经济、科学技术、能源、工农业以及人才等方面都发挥了巨大作用，而且，随着人们对预测方法研究的深入，智能化的预测方法将成为未来预测发展的一个重要方向。

（2）预测方法分类。预测方法虽然很多，但是到目前为止，还没有一个统一的、完整的和普遍适用的分类体系。目前较为通用的分类方法是将预测方法分为定性预测、时间序列和因果关系三类，其中时间序列和因果关系属于定量方法。

预测方法的选择对最终的预测结果起至关重要的作用，对同一个预测目标，运用不同的预测方法可能会取得大致相同的结果，也可能在相同的假设条件下，获得不同的预测结果，这有赖于决策者的主观经验判断和预测模型的选取。决策者根据对预测结果的评价意见，从各种预测方案中，选择最佳的预测方法或预测值作为最终方案评价和决策的依据。智能化的预测方法成为预测方法中一个重要发展方向，在一些智能决策支持系统中使用了智能化的预测方法，许多学者从不同层次、不同角度对智能预测方法进行了研究，取得了一些研究成果。

当突发事件类型相同、发生环境相似、处理方式相同的条件下，应急物资的需求也是相近的，这也是国民经济动员管理人员和专家根据以往的经验或类似的事件，对应急物资需求进行预测时遵循的一个基本原理。因此，可以把以前同类突发事件发生时所对应的物资需求作为一个物资需求案例，利用相似性原理对物资需求进行预测和推断。

4.2.3　基于案例推理的应急物资需求预测方法

根据应急物资需求预测的特点，把人工智能中的案例推理技术引入应急物资需求的预测中，提出了基于案例推理（Case-Based Reasoning，CBR）的应急物资需求预测方法。把案例推理与规则推理相结合，充分利用显式的规则与隐式的案例知识，建立了基于案例推理的应急物资需求预测模型，提高了应急物资需求预测的科学性。

1. 案例推理技术简介

CBR 起源于 Roger C. Schank（罗杰·C. 尚克）在 1982 年出版的《动态记忆》（*Dynamic Memory*）中所做的工作，并由其学生逐渐应用、验证。从推理方法的角度来看，案例推理是一个案例（旧案例）到另一个案例（新问题）的类比推理。从认识过程角度来看，案例推理是基于记忆，利用过去的经验指导解决问题的一种方法。这一方法在知识难以表达或因果关系难以把握，但已积累丰富经验的领域，如医疗诊断、法律咨询、工程规则和设计、故障诊断等，得到了广泛的应用。

从思维科学的角度来看，人的思维主要有三种形式：形象思维、逻辑思维和创造思维，其中人们使用最多的直觉、顿悟和灵感属于形象思维，它是研究人类思维的突破口。案例推理是人类三种思维的综合表现形式，因此案例推理有助于对人类思维机理的认识，案例推理也符合人的认知心理：当遇到一个新事物时，专家并不仅仅看到一个具体问题，他会产生联想，然后把事物归类，从中找出以往处理类似问题的经验和相关知识，经过一定的修正去处理新的事物，通常并不用繁杂的规则推理，这也是专家解决问题速度快的一个原因。

案例推理是一种直觉思维方式，其基本依据是相似的问题有相似的解。人类在求解问题时，首先采用的是形象思维，获得目标案例的部分信息，联想到过去曾遇到过的类似问题，启发产生新问题的解决办法。而且在复杂的决策环境中，这是一个问题逐步分解，认识不断求精的过程，问题的分析和求解是相互交错、迭代进行的，案例推理很好地模拟了人的联想、直觉、类比、归纳、学习和记忆等思维进行问题的求解和决策。CBR 技术就是采用匹配的方法，找出与问题相似的案例，其理论基础是相似原理。案例推理的工作流程如图 4-6 所示。

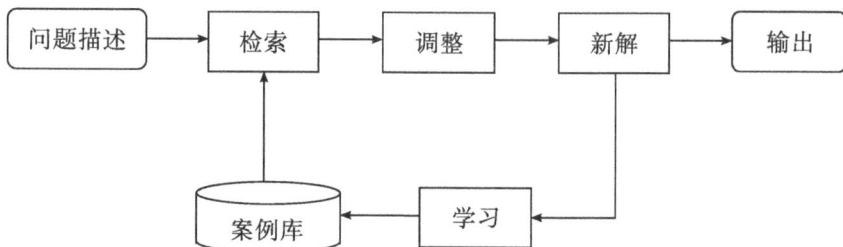

图 4-6　案例推理的工作流程

首先对新问题进行特征描述，根据这些特征从案例库中检索相似案例，比较旧案例与新问题的异同之处，对旧案例进行调整，从而获得新问题的解，案例推理的关键技术如下：

（1）案例的表示与组织：如何抽取案例的特征变量，并以一定的结构在计算机中组织、存储。

（2）案例的索引与检索：如何确定最佳相似案例，如何定义新、旧问题的相似度。

（3）案例的调整：如何根据旧案例得出新解。

（4）案例的学习：将新解增添到案例库中，扩充案例库中案例的种类与数量，进一步从案例知识中提取浅层规则知识或修改深层模型知识。

2. 基于 CBR 的物资需求预测方法

（1）应急物资需求案例的表示与组织。案例是能导致特定结果的一组特征及属性的集合。不同领域的案例的结构虽然有些差异，但是案例的概念是相同的。在智能化的应急物资需求预测方法中，一个完整的案例是对一次需求预测过程中问题定义、问题求解、辅助决策各阶段中相关特征及属性的集合，一系列相关特征及属性的取值描述了此次预测结果的产生、解释和调整的过程。一个典型的案例一般包含三部分的信息：问题的说明信息，即问题的开始条件；问题求解的目标；达到该目标的解决方案。应急物资需求案例也包含三部分的内容信息：①突发事件情景的描述，包括突发事件的类型、烈度、规模、发生地的自然环境、人口密度、经济状态等特征信息，这些特征信息刻画和描述了突发事件的特征属性。②突发事件应对的描述，包括突发事件的应对目标、应对方式、应对工序等应对方面的特征属性，因为同一类突发事件的应对目标、方式、手段和过程不同，物资需求也不同。③应急物资需求的描述，包括应急物资的数量需求、质量需求和结构需求。案例的表达是一种基于知识的表达方式，为了便于后面的检索和适配，案例的表达要遵循一定的规则。一个案例可以由多个属性构成，用集合表达为 $A = \{A_1, A_2, \cdots, A_n\}$，其中的属性 $A_i (i = 1, 2, \cdots, n)$，也可以根据需要进一步细化为 $A_i = \{A_{i1}, A_{i2}, \cdots, A_{in}\}$ 。按照这种属性结构，一个案例由多个层次的属性构成，整个案例库则由不同属性层次上的案例关联而成，形成一个类似于关系型数据库的应急物资需求案例，如图 4-7 所示。

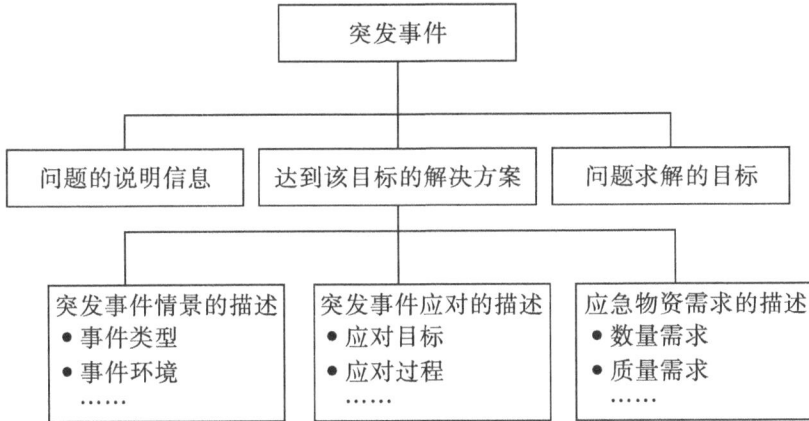

图 4-7　应急物资需求案例的内容与组织结构

（2）物资需求案例的模糊推理过程。根据应急物资需求预测的特点，把模糊推理与 CBR 相结合，在应急物资需求案例的模糊推理模型中，其推理过程如下：①首先对应急物资需求案例进行模糊化描述和处理，并确定新的预测方案在各特征因素下的隶属度，建立起描述问题的模糊集。②对已有案例库中的各案例建立起对各特征因素的隶属度，即每一个案例对应一个模糊集。这样就可以计算新的预测方案与案例库中各案例的相似度，实现模糊匹配，找到在新的环境条件下与已有案例最相近的案例。③比较新的预测结果与检索出的已有案例的差别，并结合专家意见进行反复修正，使之与当前突发事件的特征相一致，得到在特定环境条件下应对某类突发事件应急物资需求的预测方案。④将新的预测结果作为一个案例加入案例库中，以便下次进行决策时使用。

具体的推理过程如下：

第一步：物资需求案例的模糊化描述。

设案例库中有 n 个案例，第 i 个案例记为 $C_i(i = 1, 2, \cdots, n)$ 。其特征因素集记为：

$$F = (f_1, f_2, \cdots, f_m)$$

案例 C_i 对特征因素式 $f_j(j = 1, 2, \cdots, m)$ 的隶属度记为 $u_{C_i}(f_j)$ ，则案例库中案例 C_i 对应的特征向量集为：

$$V_{C_i} = \{u_{C_i}(f_1) , u_{C_i}(f_2) , \cdots , u_{C_i}(f_m)\} = \{u_{C_i}(f_j) \mid j = 1, 2, \cdots, m\}$$

设预测方案的特征向量集为 T，则：

$$V_T = \{u_T(f_1) , u_T(f_2) , \cdots , u_T(f_m)\} = \{u_T(f_j) \mid j = 1, 2, \cdots, m\}$$

第二步：案例贴近度的计算。

贴近度衡量的是两个模糊集接近程度的度量。此处用贴近度来度量预测方案与已有案例的相似度。

设模糊集 $\tilde{A}$，$\tilde{B}$，$\tilde{C} \in \tilde{\psi}(X)$，则下述映射 N 称为贴近度：

$$N: \tilde{\psi}(X) \times \tilde{\psi}(X) \rightarrow [0, 1] \tag{4-3}$$

且满足条件：

相似性的完全自相似性：$N(\tilde{A}, \tilde{A}) = 1$ （4-4）

相似性的相异性：$N(X, \phi) = 0$ （4-5）

相似性的对称性：$N(\tilde{A}, \tilde{B}) = N(\tilde{B}, \tilde{A})$ （4-6）

相似性的包含性：若 $\tilde{A} \subseteq \tilde{B} \subseteq \tilde{C}$ 则 $N(\tilde{A}, \tilde{C}) \leqslant N(\tilde{A}, \tilde{B}) \leqslant N(\tilde{B}, \tilde{C})$

（4-7）

贴近度计算方式有多种，但无论采用哪种模式，都满足上述定义。此处采用测度贴近度，则有：

$$N(A, B) = \frac{\int [\tilde{A}(x) \wedge \tilde{B}(x)] \, \mathrm{d}x}{\int [\tilde{A}(x) \vee \tilde{B}(x)] \, \mathrm{d}x} \tag{4-8}$$

若 x 为有限集合 $\{x_1, x_2, \cdots, x_m\}$，则式（4-8）可表示为：

$$N(\tilde{A}, \tilde{B}) = \frac{\sum_{j=1}^{m} [u_{\tilde{A}}(x_j) \wedge u_{\tilde{B}}(x_j)]}{\sum_{j=1}^{m} [u_{\tilde{A}}(x_j) \vee u_{\tilde{B}}(x_j)]} \tag{4-9}$$

在用案例特征对案例进行相似匹配的过程中，各个特征的影响是各不相同的，因此在相似性判断运算中赋予各特征因素以不同的权重是很有必要的。

令特征因素 $\{f_1, f_2, \cdots, f_m\}$ 的影响权重集为 $\{w_1, w_2, \cdots, w_m\}$，且满足：

$$\sum_{j=1}^{m} w_j = 1, j = 1, 2, \cdots, m$$

则式（4-9）可改写为：

$$N(\tilde{A}, \tilde{B}) = \frac{\sum\limits_{j=1}^{m} w_j \left[u_{\tilde{A}}(x_j) \wedge u_{\tilde{B}}(x_j) \right]}{\sum\limits_{j=1}^{m} w_j \left[u_{\tilde{A}}(x_j) \vee u_{\tilde{B}}(x_j) \right]} \qquad (4-10)$$

第三步：特征因素权重的计算。

通常在不同的决策环境下，同一特征因素对决策输出会有不同的影响。令 $u(f)$ 表示案例在特征因素为 f 时的取值，当 $u(f)$ 在分类 $C = (C_1, C_2, \cdots, C_n)$ 中的分布差异较大时，说明此分类因素对分类判别的作用大，应取较高的权重值；反之，当 $u(f)$ 在分类中的分布差异较小时，说明此分类因素对分类判别的作用不大，应取较低的权重值。

因此，可将案例库中的每一个案例当作一类，案例 C_i 在特征因素 f_j 下的取值 $u(f_j)$ 为该案例在特征因素 f_j 下的隶属度 $u_{C_i}(f_j)$ ，并令：

$$\bar{u}(f_j) = \frac{u_{C_1}(f_j) + u_{C_2}(f_j) + \cdots + u_{C_n}(f_j)}{n} = \frac{1}{n} \sum_{i=1}^{n} u_{C_i}(f_j) \qquad (4-11)$$

所以：

$$\delta(f_j) = \left[\frac{\sum\limits_{i=1}^{n} \left[u_{C_i}(f_j) - \bar{u}(f_j) \right]^2}{n} \right]^{\frac{1}{2}} \qquad (4-12)$$

可求出各特征因素的权重 w_j 为：

$$w_j = \frac{\delta(f_j)}{\sum\limits_{j=1}^{m} \delta(f_j)}, \ j = 1, 2, \cdots, m \qquad (4-13)$$

第四步：案例的相似性判断。

利用式（4-10）和式（4-13），逐步计算出突发事件的特征因素与案例库中各案例特征因素的贴近度，并把贴近度作为相似度，取超过相似度阈值 τ 的案例中的需求作为最终的需求来预测结果。

$$N(\tilde{T}, \tilde{C}_i) = \frac{\sum\limits_{j=1}^{m} w_j \left[u_{\tilde{T}}(f_j) \wedge u_{\tilde{C}_i}(f_j) \right]}{\sum\limits_{j=1}^{m} w_j \left[u_{\tilde{T}}(f_j) \vee u_{\tilde{C}_i}(f_j) \right]} \geqslant \tau, \ i = 1, 2, \cdots, n \qquad (4-14)$$

满足式（4-14）的案例均为相似案例，其中 $N(\tilde{T}, \tilde{C}_i)$ 最大者为最相似案例，取最相似案例中的物资需求，经专家适当修正调整以后，即为此次突发事件发生后物资需求的预测结果。

3. 仿真算例

以某次地震突发事件发生后的应急物资需求预测为例，设地震物资需求案例库中存有 4 个地震事件的物资需求案例，即 $C = (C_1, C_2, C_3, C_4)$，每个案例 C_i 中都包含过去某次地震事件中的物资需求信息，包括物资的数量需求、质量需求和结构需求。假设每次地震事件中的应对目标、应对方式和应对过程都相同，则影响物资需求的因素只与地震突发事件的情景信息有关，在这里假设抽取出主要反映地震情景的 5 个特征因素，$F=\{$震级大小，地震持续时间，地震波及范围，震区人口密度，震区经济状况$\}$，4 个已有地震物资需求案例的 5 个地震情景特征因素的隶属度分别为：

$$u_{C_1}(f) = (0.8, 0.7, 0.4, 0.3, 0.6)^T$$

$$u_{C_2}(f) = (0.6, 0.6, 0.8, 0.9, 0.7)^T$$

$$u_{C_3}(f) = (0.4, 0.6, 0.8, 0.8, 0.6)^T$$

$$u_{C_4}(f) = (0.9, 0.8, 0.8, 0.8, 0.7)^T$$

现在需要对一次新的地震突发事件发生后的物资需求做出预测，设物资的需求预测方案为 T，该次地震 5 个特征因素的隶属度分别为：$u_T(f) = (0.5, 0.7, 0.7, 0.8, 0.6)^T$。

由式（4-11）得：

$$\bar{u}(f_1) = 0.675, \bar{u}(f_2) = 0.675, \bar{u}(f_3) = 0.700, \bar{u}(f_4) = 0.700, \bar{u}(f_5) = 0.650$$

以 $\bar{u}(f_1)$ 计算为例：$\bar{u}(f_1) = \dfrac{1}{4}(0.8 + 0.6 + 0.4 + 0.9) = 0.675$。

由式（4-12）得：

$$\delta(f_1) = 0.192, \delta(f_2) = 0.083, \delta(f_3) = 0.173, \delta(f_4) = 0.235, \delta(f_5) = 0.050$$

以 $\delta(f_1)$ 计算为例：

$$\delta(f_1) = \sqrt{\frac{1}{4}[(0.8 - 0.675)^2 + (0.6 - 0.675)^2 + (0.4 - 0.675)^2 + (0.9 - 0.675)^2]}$$

$$= 0.192$$

由式（4-13）可计算出各特征因素的权重：

$$w_1 = 0.262, w_2 = 0.113, w_3 = 0.236, w_4 = 0.320, w_5 = 0.068$$

以 w_1 计算为例：$w_1 = \dfrac{0.192}{0.192 + 0.083 + 0.173 + 0.235 + 0.050} = 0.262$

根据以上计算结果，由式（4-14）可分别计算出 T 与各案例的相似度：

$$N(\tilde{T}, \tilde{C}_1)$$

$$= \frac{\sum_{j=1}^{m} w_j [u_{\tilde{T}}(f_j) \wedge u_{\tilde{C}_j}(f_j)]}{\sum_{j=1}^{m} w_j [u_{\tilde{T}}(f_j) \vee u_{\tilde{C}_j}(f_j)]}$$

$$= \frac{0.262(0.8 \wedge 0.5) + 0.113(0.7 \wedge 0.7) + 0.236(0.4 \wedge 0.7) + 0.320(0.3 \wedge 0.8) + 0.068(0.6 \wedge 0.6)}{0.262(0.8 \vee 0.5) + 0.113(0.7 \vee 0.7) + 0.236(0.4 \vee 0.7) + 0.320(0.3 \vee 0.8) + 0.068(0.6 \vee 0.6)}$$

$$= \frac{0.262 \times 0.5 + 0.113 \times 0.7 + 0.236 \times 0.4 + 0.320 \times 0.3 + 0.068 \times 0.6}{0.262 \times 0.8 + 0.113 \times 0.7 + 0.236 \times 0.7 + 0.320 \times 0.8 + 0.068 \times 0.6}$$

$$= 0.588$$

同理，可求出 $N(\tilde{T}, \tilde{C}_2) = 0.869$，$N(\tilde{T}, \tilde{C}_3) = 0.912$，$N(\tilde{T}, \tilde{C}_4) = 0.821$。通过比较各相似度的大小，可以得知此次地震事件与已有案例库中的 C_3 案例比较相似，因此，此次地震事件的物资需求预测结果与案例 C_3 中的物资需求比较相似，再在案例 C_3 物资需求的基础上，结合专家意见适当修改、调整，即可得到此次地震事件中物资需求预测结果，其中包含物资数量需求、质量需求和结构需求。

阅读材料 4-2

1. 引言

灾害应急物资需求预测的准确性直接关系到救灾的实施效率。在突发事件类型相同、发生环境相似、处理方式相同的前提条件下，应急物资的需求也具有相近性。因此可以考虑利用历史数据建立案例库，通过选取相似源案例并从中抽取决定物资需要的关键因素，考虑此次灾区基本情况，建立案例推理—关键因素模型进行灾害应急物资需求预测。

2. 案例推理—关键因素模型

案例推理技术首先是对目标案例进行数学特征描述，根据这些特征，采用归一化后的欧氏算法从案例库中检索出最佳相似案例，然后确定出决定物资需要的关键因素，再根据源案例中相关关键因素的数据，构建案例推理——关键因素模型进行目标案例的物资需求预测，该方法的逻辑如图 4-8 所示。

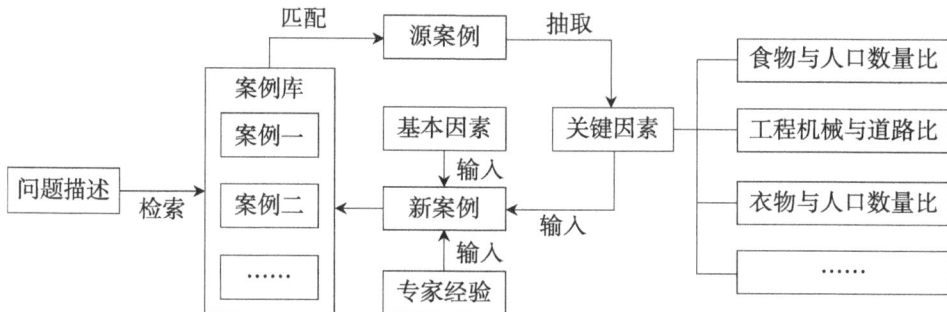

图 4-8 物资需求预测的逻辑

（1）案例的表示。假设案例库中有 n 个案例，记源案例集为 $C = \{C_1, C_2, \cdots, C_n\}$；每个案例有 m 个属性，记属性集为 $F = \{F_1, F_2, \cdots, F_m\}$；属性 F 的影响权重集为 $w = \{w_1, w_2, \cdots, w_m\}$，且满足 $\sum_{j=1}^{m} w_j = 1$，$j = 1, 2, \cdots, m$；记新目标案例为 $T = \{T_1, T_2, \cdots, T_m\}$，构造属性矩阵如下：

$$X = \begin{vmatrix} X_{11} & X_{12} & \cdots & X_{1m} \\ X_{21} & X_{22} & \cdots & X_{2m} \\ \vdots & \vdots & & \vdots \\ X_{n1} & X_{n2} & \cdots & X_{nm} \end{vmatrix}$$

式中，X_{ij} 代表第 i 个案例的第 j 个属性值。

（2）最佳相似源案例的确定。采用相似度计算方法——欧氏距离算法来确定最相似源案例，在运用欧式距离算法之前，把案例属性值按照某种函数归一化到某一无量纲区间并且使所有相关属性归一化到同一数量级内，以便计算结果能更准确地反映源案例与目标案例之间的匹配程度。

第一步：属性值归一化。由于多数情况下各因素量纲不同，有时会存在数量级的悬殊，故需要对原始矩阵的数据进行归一化处理，从而使得每一指标值统一于某种共同的数值特性范围。

$$X^* = \begin{cases} 0, & X_i = X_{\min i} \\ \dfrac{X_i - X_{\min i}}{X_{\max i} - X_{\min i}}, & X_{\min i} < X_i < X_{\max i} \\ 1, & X_i = X_{\max i} \end{cases}$$

上式中，$\begin{cases} X_{\max i} = \max\{X_1, X_2, \cdots, X_m\} \\ X_{\min i} = \min\{X_1, X_2, \cdots, X_m\} \end{cases}$

X_i^* 为指标 i 的无量纲值，X_i 为指标 i 的实际值。$X_{\max i}$、$X_{\min i}$ 指原始指标最大值和最小值。

第二步：属性值权重的计算。

$$\overline{A_j} = \frac{X_{1j}^* + X_{2j}^* + \cdots + X_{nj}^*}{n} = \frac{1}{n}\sum_{i=1}^{n} X_{ij}^*, \quad V_j = \left[\frac{\sum\limits_{i=1}^{n}(X_{ij}^* - \overline{A_j})^2}{n}\right]^{\frac{1}{2}}$$

则各属性值的权重为：$w_j = \dfrac{V_j}{\sum\limits_{j=1}^{m} V_j}$，$j = 1, 2, \cdots, m$

第三步：欧氏距离算法。

欧氏距离公式如下：

$$d_{ti} = \left[\sum_{j=1}^{m} w_j (X_{ij}^* - T_j)^2\right]^{\frac{1}{2}}$$

式中，T_j 为目标案例第 j 个属性的值，d_{ti} 为新目标案例 T 与源案例库中第 i 个案例之间的欧氏距离，d_{ti} 越小说明它们之间越相似，由此可以确定最佳相似案例。

（3）关键因素确定及相关需求预测。

第一步：关键因素确定。确定最近相似源案例后，分析其物资需求的品类和结构，抽取出决定主要物资需求的关键因素，如灾区人口数量、灾区面积等。

假设最近相似源案例中，主要物资需求品类有食品类、衣物类、工程机械类 3 种，其中食品类、衣物类的物资需求量都是由灾区人口数量直接决定的，而工程机械类需求量则由受损的道路面积、房屋面积等决定，因此，关键因素即为灾区人口数量和道路面积。

第二步：目标案例的物资需求预测。假设最近相似源案例中的灾区人口数量为 M，受损道路面积为 S，食物类、衣物类、工程机械类需求数量分别为 N_1，N_2，N_3，食品需求量与人口数量比、衣物需求量与人口数量比、工程机械类需求量与道路面积比分别为 K_1，K_2，K_3，即 $K_1 = \dfrac{N_1}{M}$，$K_2 = \dfrac{N_2}{M}$，$K_3 = \dfrac{N_3}{S}$；目标案例中的灾区人口数量为 M^T，受损道路面积为 S^T，则目标案例中食物类、衣物类、工程机械类的需求数量确定如下：

$$N_1^T = M^T K_1$$
$$N_2^T = M^T K_2$$
$$N_3^T = S^T K_3$$

（4）模型构建。

基于案例推理—关键因素模型，确定应急物资需求预测模型的步骤如下：

第一步：根据案例推理技术，对案例进行数学表示；

第二步：引入归一化效用函数，对属性值进行归一化处理；

第三步：应用欧氏距离算法，确定最佳相似源案例；

第四步：分析最佳相似源案例及灾区实际情况，确定关键因素；

第五步：根据关键因素，对目标案例进行相应的物资需求预测。

3. 实例分析

以某地震发生后的应急物资需求预测为例，设案例库中有 3 个地震事件的物资需求案例，即 $C = \{C_1, C_2, C_3\}$，每个案例 C_i 中都包含过去某次地震事件中的物资需求信息，即物资的数量需求、质量需求和结构需求。假设每次地震事件中应对目标、应对方式和应对过程都相同，则影响物资需求的因素只与地震突发事件的情景信息有关，抽取 4 个主要的情景特征因素，$F = \{$震级大小，地震持续时间，地震波及范围，震区人口密度$\}$。目标案例"5·12"汶川大地震的 4 个属性值分别为 8 里氏、60 秒、10 万平方公里、26 人/平方公里。即 $T = \{T_1, T_2, T_3, T_4\} = \{8, 60, 10, 26\}$。

3 个源案例加上目标案例的属性值矩阵如下：

$$\boldsymbol{X}_{X-T} = \begin{vmatrix} X_{11} & X_{12} & X_{13} & X_{14} \\ X_{21} & X_{22} & X_{23} & X_{24} \\ X_{31} & X_{32} & X_{33} & X_{34} \\ X_{T1} & X_{T2} & X_{T3} & X_{T4} \end{vmatrix} = \begin{vmatrix} 7.8 & 40 & 8 & 30 \\ 8.0 & 55 & 9 & 20 \\ 7.6 & 60 & 6 & 20 \\ 8.0 & 60 & 10 & 26 \end{vmatrix}$$

源案例的隶属度矩阵为：

$$\boldsymbol{X}^* = \begin{vmatrix} 0.50 & 0.00 & 0.50 & 1.00 \\ 1.00 & 0.75 & 0.75 & 0.00 \\ 0.00 & 1.00 & 0.00 & 0.00 \end{vmatrix}$$

目标案例的隶属度：$T^* = (1.0, 1.0, 1.0, 0.6)^T$

由式（4-8）、式（4-9）、式（4-10）可以求得各特征值的大小。属性因素的权重为：

$$w = (0.379, 0.112, 0.306, 0.203)^T$$

通过阅读材料中第三步的计算公式，可计算得目标案例与 3 个源案例的相似度：

$$d_{t_1} = 0.562, \quad d_{t_2} = 0.315, \quad d_{t_3} = 0.871$$

以 d_{t_1} 的计算为例，

$$d_{t_1} = \sqrt{0.379(0.5-1)^2 + 0.112(0-1)^2 + 0.306(0.5-1)^2 + 0.203(1-0.6)^2}$$
$$= 0.562$$

通过比较各相似度的大小，可得该地震事件与案例 C_2 比较相似，因此，此次地震事件的物资需求预测可参照案例 C_2 的关键因素比值。

案例 C_2 中，$M = 50\ 000$（人），$S = 1\ 000$（平方公里），$N_1 = 10\ 000$（吨），$N_2 = 60\ 000$（件），$N_3 = 500$（辆）；$M^T = 60\ 000$（人），$S^T = 1\ 500$（平方公里）。

故目标案例的物资需求预测结果为：$N_1^T = 12\ 000$（吨），$N_2^T = 72\ 000$（件），$N_3^T = 750$（辆）。

以 N_1^T 的计算为例，$N_1^T = M^T K_1 = M^T \cdot \dfrac{N_1}{M} = 60\ 000 \times \dfrac{10\ 000}{50\ 000} = 12\ 000$（吨）

4. 结语

运用归一化处理后的欧氏距离算法寻求最佳相似源案例，并根据目标案例的实际情况确定关键因素，建立了案例推理—关键因素物资需求预测模型。

资料来源：傅志妍，陈坚. 灾害应急物资需求预测模型研究 [J]. 物流科技，2009，32（10）：11-13，此处对该案例的表达进行了一些补充说明，同时，为了便于阅读和理解，补充了相关的计算过程，最后相似度的计算采用了与正文不一样的欧氏距离计算方法。

4.3　应急物资库存管理策略

应急物资的储存直接影响应急物流系统的反应速度和最终成效，储存大量的安全保障物资可以大大压缩从灾害发生到救灾完成的间隔时间，减少采购和运输量，减少相关成本，但同时也会占用大量的流通资金。成本上升，阻碍了资金的周转速度，将造成极大积压与浪费。将现代物流管理中的库存控制方法应用到应急物资的储存策略中，可以科学地确定应急物资储存的规模，有效地实现对应急物资的库存控制。

4.3.1　库存管理的目标及现阶段库存控制的不足

在现代物流管理中，库存管理是对库存的管理与控制，是以控制库存为目的的方法、手段、技术以及操作过程的集合，它是对企业的库存进行计划、协调和控制的工作。库存管理包括仓库管理、物资管理和库存成本管理等。

库存管理有两个目标——降低库存成本和提高服务水平。这两个目标之间存在背反关系，即在其他条件相同的情况下，保持高水平的服务就必须付出高额的成本。同样，降低成本必然以服务水平的下降为代价。库存管理就是要在两者之间寻求平衡，以达到两者之间的最佳结合。

在应急物资的储存中，以地震为例，应急灾害物资品种繁杂、配件数额大，一般需要大量各种类型的专业机械设备，另外，炸药、燃油等消耗品的需求量也特别大。同时，由于受灾环境、地质条件、地理位置的影响，这些不确定性因素损坏了很多配件，因此平时就需要储存大量应急物资以备不时之需。不同于一般的物资，在地震发生后，应急物资的需求是急迫的，必须在第一时间满足，才有可能最大限度地降低损失。

事故发生后还有大量的后续资源需求，如大量的专业设备、医疗和生活用品等物资，通常按照一定的分类与其他应急物资一起进行储存、保管，当需要时再进行调用。然而相对落后的库存管理模式造成目前国内应急物资库存普遍居高不下，其中相当一部分属于长期积压物资，占用了大量的流动资金且总额不断增大，使财务负担不断加大。现有库存结构调整幅度不大，长线物资仍有较大的库存，积压、待报废物资所占的比重较高，老的积压未处理，新的积压又出现，大量的资金沉淀，影响了资金周转。导致这一结果的原因很复杂，主要有以下三点。

（1）库存结构不合理。采购环节多、周期长、程序复杂，使每次采购批量加大、库存量增加，同时也使建设成本和管理成本增加。

（2）库存管理策略简单化。各种类别的物资在价格、需求量及功能上都有着较大的差别，即使被划为同一类别的物资，有些在价格和需求量上差别会很大，而有些被划为不同类别的物资却在价格和用量上很接近。对所有的物资采用统一的库存控制方式和按功能分类的管理方式，未能反映供应与需求中的不确定性，也没有对重点物资进行重点管理。这种粗放的管理方式导致浪费严重并且效率低下。

（3）库存控制方法不合理。在库存控制方面凭经验办事，计划员和采购员无订货准备成本和持有成本的概念，更谈不上对库存控制模型的选择和使用，缺乏系统的库存控制知识。这种完全凭个人主观经验进行采购的方式，缺乏科学客观的依据，随意性很大，导致周转库存远远超过合理水平。

4.3.2 传统与现代库存管理方法

1. 传统库存控制的方法

（1）库存 ABC 分类法。对库存进行合理分类是现代库存控制的重要手段之一。目前广泛应用的库存分类方法是 ABC 分类法。因为库存物资种类繁多，价值和重要性不一，如果将所有的库存同等对待，全面控制，将很难实现。ABC 分类法就是以库存物资的品种累计百分数为基础进行分类，按 ABC 三个类别进行管理。

（2）经济订货量法。经济订货量是指能使单位时间库存总成本最小的一次订货数量，与库存费用（包括订货量、储存费及缺货损失费等因素）有关。这种库存控制方法的原理是将现实系统抽象成一个理想模型，并通过对单位时间库存总费用方程式求解，得出最优订货周期及订货量，在此基础上建立库存控制模型，结合不同的库存策略系统实施库存的优化控制。

（3）统计分析法。对各项库存指标进行统计分析和比较，综合评价一段时间内的库存控制的成效，并以此为依据对今后的库存控制进行改进，统计分析法也是普遍使用的一种库存控制方法。如库存资金周转率分析、库房资金占用分析、积压材料分析等。

2. 现代库存控制的方法

（1）多级库存控制管理方法。传统的库存控制是对供应链局部的优化控制，而要进行供应链全局性优化与控制，则需在单级库存控制的基础上采用多级库存优化与控制方法。多级库存控制系统根据不同的配置方式分为串行系统、并行系统、纯组装系统、树形系统、无回路系统和一般系统等。

（2）供应商管理库存（Vendor Managed Inventory，VMI）。当供应商收到下游伙伴的销售资料和目前库存水平后，再根据预先制订的存货计划来补充其存货。VMI 通过掌握零售商的销售资料和库存量，作为市场需求预测和库存补货的参考，这样供应商可以更有效地计划、更快速地反映市场变化和消费者的需求。

（3）联合库存管理（Jointly Managed Inventory，JMI）。这是一种风险分担的库存管理模式，其核心思想起源于传统分销中心的联合库存管理，传统分销中心既是一个商品的联合库存中心，同时也是需求信息交流与传递的枢纽。联合库存管理的提出是为了解决供应链系统中各节点企业相互独立的库存运作模式导致的需求放大问题。它强调双方共同参与、共同制订库存计划，从而保持供应链相邻节点之间的库存管理者对需求的预期保持一致，力求消除需求放大现象。

（4）协同规划、预测、补给（Collaborative Planning，Forecasting and Replenishment，CPFR）。这是一种协同管理，通过共同管理业务过程和共享信息来改善伙伴关系、提高预测的准确度，力求达到提高供应链效率、减少库存和提高消费者满意度的目标。作为一种协同式库存管理模式，能在降低销售商存货量的同时，增大供应商的销售量，其最大的优势是能及时准确地预测出由于各项促销措施或异常变化带来的销售高峰和波动，从而使销售商和供应商都能做好充分的准备并赢得竞争优势。

4.3.3 应急物资库存的 ABC 分类方法分析

企业库存管理普遍采用的是 ABC 分类法，又称重点管理法，主要是从名目众多、错综复杂的客观事物或经济现象中，应用已有的数据进行分析，找出主次，分类排队，再根据不同情况分别加以管理的方法。它是一种通过抓住事物的主要矛盾，进行相应管理的定量科学分类管理技术，也是现代企业提高效率所普遍采用的管理方法。

ABC 分类法按库存物资"所占总库存资金的比例"和"所占总库存品种数目的比例"这两个指标来分类，如表 4-5 所示。A 类库存品种数目少但资金占用大，品种占库存品种总数的 5%~20%，而其占用资金金额占库存资金总额的60%~70%；C 类库存品种数目大但资金占用小，品种占库存品种总数的 60%~70%，而其占用资金金额占库存资金总额的 10% 以下；B 类库存介于两者之间，B 类库存品种占库存品种总数的 20%~30%，其占用资金金额占库存资金总额的10%~20%，如图 4-9 所示。

表 4-5 按照物资占金额、品种百分比分类列表

类别	品种占有率/%	金额占用率/%	管理方式
A	5~20	60~70	重点管理控制
B	20~30	10~20	一般管理控制
C	60~70	10 以下	简便易行控制

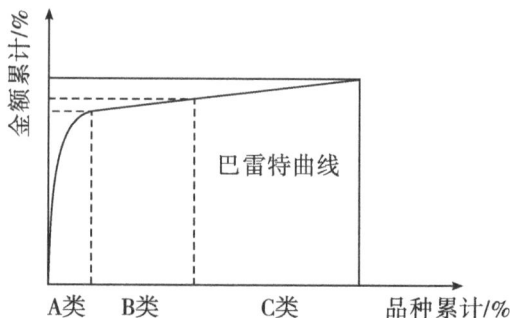

图 4-9 ABC 排列图

　　"关键的是少数，次要的是多数"，运用数理统计的方法，对物资分类排队，抓住主要矛盾，将研究对象按一定的标准区分为特别重要的库存（A 类库存），一般重要的库存（B 类库存）和不重要的库存（C 类库存）三个等级，然后针对不同的级别分别进行管理和控制。根据三类物资的不同特点，如出库数量、出库周期等，分别采取重点、次要和一般三种不同程序的管理，以达到最经济、最有效地使用人力、物力、财力的目的。ABC 分类法操作简单，能够让库存控制做到重点与一般相结合，有利于降低库存和库存投资，加速资金周转。

　　仿真算例

　　某市应急办现在需要的 A、B、C 三种物资如表 4-6 所示。

表 4-6　三种物资的需求情况

类别	品种数	金额/万元
A	30	162.5
B	75	62.5
C	195	25

那么，

A 的品种占有率为 $\dfrac{30}{195+75+30}=10\%$

B 的品种占有率为 $\dfrac{75}{195+75+30}=25\%$

C 的品种占有率为 $\dfrac{195}{195+75+30}=65\%$

A 的金额占用率为 $\dfrac{162.5}{162.5+62.5+25}=65\%$

B 的金额占用率为 $\dfrac{62.5}{162.5+62.5+25}=25\%$

C 的金额占用率为 $\dfrac{25}{162.5+62.5+25}=10\%$

因此，各种物资所应采取的管理方式如表 4-7 所示。

表 4-7　不同物资的管理方式

类别	品种占有率/%	金额占用率/%	管理方式
A	10	65	重点管理控制
B	25	25	一般管理控制
C	65	10	简便易行控制

目前，国内对 ABC 分析的原理、方法研究还不够透彻，同时将 ABC 分类法应用在应急物资库存管理的过程不够灵活，还存在不少问题，主要有下面两点：

（1）应急库存物资由于其自身特性的不同而应被区别对待，笼统地把全部库存分为三类，达不到重点管理的目的。实际上 ABC 分类并非局限在三类，它还可以有许多灵活的分类。应急救援所需的物资品种繁多，数量庞大，库存物资往往数千甚至近万种，需重点管理的物资有几百种。因此，可以对 ABC 各类进一步分层，在大类下面又分小类，以提高分类管理的准确性。另外，还可以根据实际库存品种结构，采取三类以下或以上的分类方法，如分成五类、十类等。

（2）传统的 ABC 分类法只考虑了"占总库存资金比例"和"占总库存品种数目的比例"这两个统计指标，不能综合反映应急库存物资的重要程度。它不考虑其他的指标，没有切实地反映实际中的多种影响因素，不能很好地反映库存物资的相对重要程度，因而在应用上受到了一定的限制。这种方法的最大局限性在于只以物资价值为基础进行分类无法反映物资需求的紧迫性等情况，也无法反映该物资的市场结构。应急库存中需要重点管理的物资，不一定是库存资金占整个库存资金百分比大的单个品种，单纯地按这一标准进行分类，很可能忽视这些物资的管理。

这些问题对于应急物资供应管理策略的制定有很大影响。例如，某一物资也许价值并不高，如果按 ABC 分类法只能算 C 类物资，但是在市场上属于短缺物资，那么在应急物资采购中就应该将该物资放在比较重要的位置；有些物资虽然价值很高，需求量也大，但在市场上很容易得到，采购周期也很短，可以利用社会库存，即采取较简单的管理方法，以节约成本。若不考虑物资的采购难易程度以及是否具有可替代性等问题，这就很可能将年资金占用额不太大，但采购较困难且不具有可替代性的重要物资划为非重点管理对象，同时在复杂情况下要用 ABC 分类法得出较为准确的分类结果几乎是不可能的，这也正是 ABC 分类法的严重弊端。

因此，对应急物资的分类管理，不能够仅仅依赖一个标准，而应当把多种因素综合考虑进去。只有这样，才能在合理分类的基础上对其进行有效的管理。

4.3.4 基于模糊评价的应急物资分类策略

1. 应急物资评价指标研究

物资等级分类是制定采购和库存控制策略的基础，要提高采购和库存控制水平，必须制定一套科学合理的分类评价指标体系。一个复杂的评定体系，必然是多层次的、具有良好扩充性的。其中制定的难点在于如何评定某些非结构因素，比如采购难易度、物资重要度等。因此，在制定评价体系时要坚持客观、公正的原则，要体现定性指标和定量指标相结合的方针。

下面根据上述原则，再结合应急救援物资分类中存在的问题，提出一套适合应急物资的分类方法。该方法将用物资重要度、物资成本、供应难易度、物资质量等多个指标进行评定。图 4-10 是根据上述原则建立的应急物资评价体系。

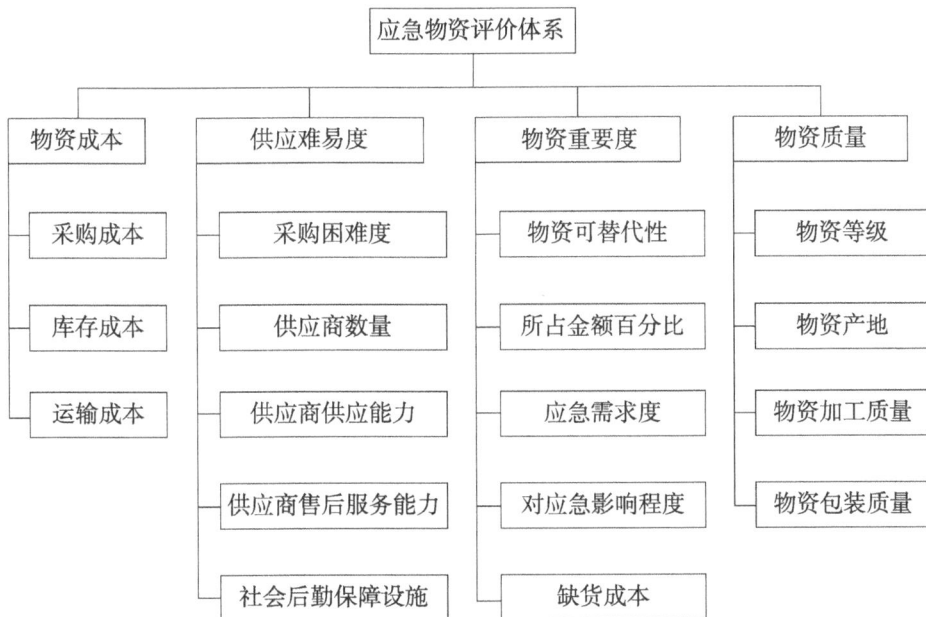

图 4-10 应急物资评价体系

物资重要度和供应难易度主要凭借采购人员的判断，主观性比较强，而在定性与定量相结合的方法中，经常采用层次分析法。在对物资的重要性和市场的复杂度进行评价时，可以采取模糊评价的方法对物资重要度和供应难易度进行评判。

（1）物资重要度：主要参照采购金额占总采购额的百分比、物资短缺给应急救灾造成的损失等。

（2）供应难易度：主要参照物资的可替代性、供应商数量、供应商的可靠性、储备方对该项物资的物流控制能力等。

根据不同的事件特征，可对不同应急物资适当增加或者减少评价指标。另外，随着市场的变化，物资的供应也可能会发生变化，应该不断调整评价策略。具体分析时，许多指标下面还有更细一层的分指标，因此，这实际上构成了一个多层次的模糊综合评价系统。在评价过程中，先对每种物资的重要度与供应难易度分别进行评价，然后再综合评价某物资所属的类别。

图4-10的评价体系中，既有定性的指标，也有可以定量描述的指标。定性指标采用模糊评价方法，由专家打分确定指标值。定量指标如采购金额占总采购额的百分比、供应商数量等，这些可以量化的指标直接用相关数据反映出来。通过对物资进行判断来最终确定该物资的类别，从而采用不同的采购方法和策略。

2. 基于模糊评价的分类方法

库存管理分类中，对物资综合重要性的划分非常重要。然而，物资综合重要性的确定和分类是非常困难的，涉及很多指标的评价（价格、货源的紧缺状况等），且这些指标中大部分是模糊的。因此，为了提高分析指标的合理性及准确性，有必要采用基于模糊理论的聚类分析方法对采购和库存物资进行分类。

应急物资的评价体系是一个多指标、多层次的分类评价体系，因此对该模型的建立也要采用分步法，首先对单因素进行模糊判断，然后对整体进行计算和讨论。

（1）单因素评判：采用加权法建立子决策矩阵，对单因素进行评判。

设给定两个有限论域：

$$U = \{U_1, \ U_2, \ \cdots, \ U_n\}$$
$$V = \{V_1, \ V_2, \ \cdots, \ V_n\} \tag{4-15}$$

其中，U 代表单因素的综合评价子因素，V 代表分类等级。由矩阵 U 和矩阵 V 可以构成评价矩阵 Y。其中的数值是企业根据其评价指标对各分类物资进行评价后的结果，有定量的结果（如价格等），也有定性的模糊结果（如物资的可替代性、加工质量等）。

$$Y = \begin{matrix} U_1 \\ U_2 \\ \vdots \\ U_n \end{matrix} \begin{pmatrix} Y_{11} & Y_{12} & \cdots & Y_{1m} \\ Y_{21} & Y_{22} & \cdots & Y_{2m} \\ \vdots & \vdots & & \vdots \\ Y_{n1} & Y_{n2} & \cdots & Y_{nm} \end{pmatrix} \tag{4-16}$$

显然，各个单因素的子因素影响度有所不同，假设某子因素的影响度为 λ_1，那么由重要度构成的矩阵称为权重矩阵：

$$A = [\lambda_1 \quad \lambda_2 \quad \cdots \quad \lambda_n] \tag{4-17}$$

权重满足归一化要求，即 $\lambda_1 + \lambda_2 + \cdots + \lambda_n = 1$

将矩阵 A 和矩阵 Y 相乘，即可得到该单因素的判定结果阵：

$$K = A \cdot Y$$

$$= [\lambda_1 \quad \lambda_2 \quad \cdots \quad \lambda_n] \begin{pmatrix} Y_{11} & Y_{12} & \cdots & Y_{1m} \\ Y_{21} & Y_{22} & \cdots & Y_{2m} \\ \vdots & \vdots & & \vdots \\ Y_{n1} & Y_{n2} & \cdots & Y_{nm} \end{pmatrix} \tag{4-18}$$

$$= [K_1 \quad K_2 \quad \cdots \quad K_m]$$

最后把要判定的结果阵进行归一化处理，

令

$$j_x = k_x / (k_1 + k_2 + \cdots + k_m) \tag{4-19}$$

则得到最终的判定结果阵：

$$J = [j_1 \quad j_2 \quad \cdots \quad j_m] \tag{4-20}$$

（2）多因素综合判断。重复与单因素类似的步骤，对于每个判定单因素都用第一步所示的方法，得到一个判定结果阵 J_i（假定综合评价体系第一层的单因素数目是 i）将所有判定结果阵 J_i 构成一个决策阵：

$$M = \begin{bmatrix} J_1 \\ J_2 \\ \vdots \\ J_i \end{bmatrix} = \begin{bmatrix} j_{11} & j_{12} & \cdots & j_{1m} \\ j_{21} & j_{22} & \cdots & j_{2m} \\ \vdots & \vdots & & \vdots \\ j_{i1} & j_{i2} & \cdots & j_{im} \end{bmatrix} \tag{4-21}$$

其单因素权重系数矩阵：

$$B = [\eta_1 \quad \eta_2 \quad \cdots \quad \eta_i] \tag{4-22}$$

将矩阵 B 和 M 相乘，即可得到该物资的判定结果阵：

$$N = B \cdot M = [\lambda_1 \quad \lambda_2 \quad \cdots \quad \lambda_n] \begin{bmatrix} j_{11} & j_{12} & \cdots & j_{1m} \\ j_{21} & j_{22} & \cdots & j_{2m} \\ \vdots & \vdots & & \vdots \\ j_{i1} & j_{i2} & \cdots & j_{im} \end{bmatrix} = [l_1 \quad l_2 \quad \cdots \quad l_m]$$

$$\tag{4-23}$$

$$N = B \cdot M = \begin{bmatrix} \eta_1 & \eta_2 & \cdots & \eta_i \end{bmatrix} \begin{vmatrix} j_{11} & j_{12} & \cdots & j_{1m} \\ j_{21} & j_{22} & \cdots & j_{2m} \\ \vdots & \vdots & & \vdots \\ j_{n1} & j_{n2} & \cdots & j_{nm} \end{vmatrix} = \begin{bmatrix} l_1 & l_2 & \cdots & l_m \end{bmatrix}$$

$$(4-24)$$

将 N 进行归一化处理，得到矩阵：

$$S = \begin{bmatrix} s_1 & s_2 & \cdots & s_m \end{bmatrix} \qquad (4-25)$$

其中，$s_i = \dfrac{l_i}{\sum\limits_{i=1}^{m} l_i}$

为了利于比较，将等级分类的各个等级 t 由低到高分别赋值，这样构成等级矩阵：

$$T = \begin{bmatrix} t_1 \\ t_2 \\ \vdots \\ t_m \end{bmatrix} \qquad (4-26)$$

通过等级矩阵就能凸显 S 矩阵中高评价元素，而同时弱化了低评价元素在 Q 值中的比例，

$$Q = S \cdot T = \begin{bmatrix} s_1 & s_2 & \cdots & s_m \end{bmatrix} \begin{bmatrix} t_1 \\ t_2 \\ \vdots \\ t_m \end{bmatrix} = \sum_{i=1}^{m} s_i t_i \qquad (4-27)$$

最后得到物资的综合评定值。

Q 值的大小标志着该物资的综合评定值，客观反映了物资的重要程度，根据 Q 值的大小来决定是否对该物资进行重点管理。

3. 基于模糊评价的分类方法的算例

以某应急物资评定为例，首先对图 4-10 所示评价体系的单因素——物资成本进行评判。

论域 $U = \{$ 采购成本 (u_1)，库存成本 (u_2)，运输成本 $(u_3)\}$

评论域 $V = \{$ 低 (V_1)，中 (V_2)，高 (V_3)，很高 $(V_4)\}$

可以通过采购人员、库存人员等多个人员对某物资成本的子因素进行打分，构成评价域。例如，40% 的人认为该物资采购成本很高，40% 的人认为高，而另外 20% 的人认为中等，则对采购成本的评价为：

(0, 0.2, 0.4, 0.4)

同理也可以得到对库存成本的评价为:

(0, 0.3, 0.4, 0.3)

对运输成本的评价为:

(0.5, 0.25, 0.25, 0)

于是就可以写出评价矩阵:

$$Y = \begin{bmatrix} 0 & 0.2 & 0.4 & 0.4 \\ 0 & 0.3 & 0.4 & 0.3 \\ 0.5 & 0.25 & 0.25 & 0 \end{bmatrix}$$

在统计数据的基础上,由专家评审组给出权重比例,给出应急救援物资的权重系数,得出物资成本的权重系数矩阵为:$A = [0.35 \quad 0.45 \quad 0.2]$

将矩阵 A 和矩阵 Y 相乘,可以得到物资成本的判定矩阵:

$$K = A \cdot Y = [0.35 \quad 0.45 \quad 0.2] \begin{bmatrix} 0 & 0.2 & 0.4 & 0.4 \\ 0 & 0.3 & 0.4 & 0.3 \\ 0.5 & 0.25 & 0.25 & 0 \end{bmatrix}$$

$$= [0.10 \quad 0.255 \quad 0.37 \quad 0.275]$$

将矩阵 K 归一化后,可以得到最终的判定矩阵:

$$K = [0.10 \quad 0.255 \quad 0.37 \quad 0.275]$$

假设用同样的方法得到供应难易度,最终判定矩阵为:$[0.15 \quad 0.36 \quad 0.24 \quad 0.25]$

物资质量最终判定矩阵为:$[0.32 \quad 0.25 \quad 0.23 \quad 0.20]$

物资重要度的最终判定矩阵为:$[0.22 \quad 0.40 \quad 0.28 \quad 0.10]$

这四个维度最终判定矩阵构成一个矩阵:

$$M = \begin{bmatrix} 0.10 & 0.255 & 0.37 & 0.275 \\ 0.15 & 0.36 & 0.24 & 0.25 \\ 0.32 & 0.25 & 0.23 & 0.20 \\ 0.22 & 0.40 & 0.28 & 0.10 \end{bmatrix}$$

假如专家给出的四个维度的权重系数为:$B = [0.3 \quad 0.3 \quad 0.25 \quad 0.15]$

将矩阵 B 和矩阵 M 相乘,就可以得到该物资的判定结果阵,然后进行归一化处理,即

$$S = [0.188\,0 \quad 0.307\,0 \quad 0.282\,5 \quad 0.222\,5]$$

为了利于直观判断,将等级评定取值:

等级	低	中	高	很高
数值	-1	0	1	2

故等级矩阵为：$T = \begin{bmatrix} -1 & 0 & 1 & 2 \end{bmatrix}^T$

由式（4-27）最后求得该物资的综合评定值：

$$Q = S \cdot T = \begin{bmatrix} 0.188\ 0 & 0.307\ 0 & 0.282\ 5 & 0.222\ 5 \end{bmatrix} \begin{bmatrix} -1 \\ 0 \\ 1 \\ 2 \end{bmatrix} = 0.539$$

计算所得 Q 值即为该物资的综合评定值，如果约定 1.2 以上为 A 类，0.35 以下为 C 类，则该物资可以属于 B 类，应按照一般方法对其进行管理。

4.3.5 应急物资库存控制模型和算例

应急物资的库存储备是一种特殊用途的物资储备形式，但应该符合经济规律，因此要考虑储备的经济性。大量的库存能提高救灾的保障程度，但是在灾害未发生期间，过度的储备会占用大量的资金，增加仓储费用。物资长期储存的自然消耗、老化或性能的改变会降低其可用性，也会造成一种潜在的浪费。灾害物资储备的经济性要求把备灾的需要和避免不必要的浪费结合起来。

为了保证整个物资流动过程的连续性和均衡性，必须在不同的环节储备一定数量的物资，在适应救灾实际需要的情况下，建立经济合理的储备物资数量界限标准。依据大量的、可靠的历史统计数据对具体的应急储备问题加以概括和抽象，建立相应的数学模型并进行优化处理，从而做出正确的物资库存决策。

1. 应急物资库存控制模型的建立

（1）模型假设：从具体的物资形态中抽象出来普遍适用的模型，模型假设如下：①各种消耗是同步的；②物资的消耗和补充是逐渐进行的；③自然灾害在各地发生的概率是相等的；④在短时间内突发事件平均再现周期 T 是固定不变的。

（2）模型建立：在应急物资库存模型建立时应考虑物资储备的经济性和应急救灾物资的特殊性。

由图 4-11 可见，应急物资库存分为两个层次：常规库存（保险储备）和非常规库存（机动储备）。常规库存量 Q_k 基本保证不变，考虑到小型突发事件发生频率很高，物资必须常年保证供应，足以应付各地区的轻微灾害和小型突发事件。因此，要建立完善的补充、更新制度。对于灾害常发区应该保持一个较高的常规库存水平。

机动储备 Q_l 是以 T 为周期，以 Q_k 和 Q_m 为上下限上下波动 t 的函数。其中 T 是灾害平均再现周期，Q_m 是机动储备的最大值。这部分储备主要应付重大灾害。它可集中存储在较少的几个灾害多发地区。

模型方程为：

$$Q_k = A, \quad Q_m = f(t) \tag{4-28}$$

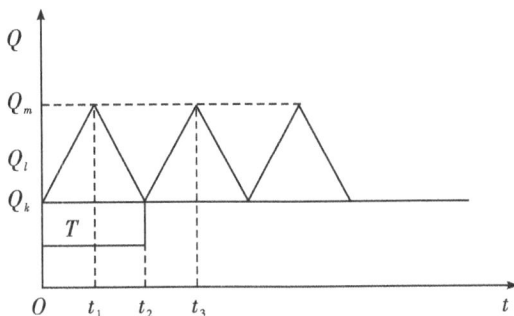

图 4-11　物资储备消耗图

机动储备呈波动性的主要原因是：较大灾害发生的概率小，没有必要建立大规模的固定储备；库存基本理论要求强调储备的经济性；波动性正是经济性的体现；建立库存更新机制和补充机制的需要；库存物资有保值和增值的需要。

式（4-28）中，A 为无量纲常数，$f(t)$ 可以表示为：

$$f(t) = \begin{cases} \dfrac{2(Q_m - Q_k)}{T}t - 2n\,Q_m + (2n+1)\,Q_k, & nT \leqslant t \leqslant nT + \dfrac{T}{2} \\[3mm] -\dfrac{2(Q_m - Q_k)}{T}t + 2(n+1)\,Q_m - (2n+1)\,Q_k, & nT + \dfrac{T}{2} \leqslant t \leqslant (n+1)\,T \end{cases} \tag{4-29}$$

式中，n 为周期数，则有：

$$Q_k = A$$

$$f(t) = \begin{cases} \dfrac{2(Q_m - A)}{T}t - 2n\,Q_m + (2n+1)A, & nT \leqslant t \leqslant nT + \dfrac{T}{2} \\[3mm] -\dfrac{2(Q_m - A)}{T}t + 2(n+1)\,Q_m - (2n+1)A, & nT + \dfrac{T}{2} \leqslant t \leqslant (n+1)T \end{cases} \tag{4-30}$$

为了简化，只讨论一个灾害周期内的方程，即得到物资库存模型方程：

$$Q_k = A$$

$$f(t) = \begin{cases} \dfrac{2(Q_m - A)}{T}t + A, \ 0 \leqslant t \leqslant \dfrac{T}{2} \\ -\dfrac{2(Q_m - A)}{T}t + 2Q_m - A, \ \dfrac{T}{2} \leqslant t \leqslant T \end{cases} \qquad (4\text{-}31)$$

式（4-31）为物资库存模型方程。

2. 突发事件发生的不确定性对模型的改进

突发事件发生具有很强的偶然性和突发性，当自然灾害在一个灾害重现周期内提前发生或未发生，那么物资库存也应随之做相应的变动。

物资库存最大值为 Q_m，图 4-12 中实折线为理想化的物资库存、消耗模型。当物资的库存量达到最大值 Q_m 之后的一段时间内未发生突发事件，那么应急物资应采取租、转、卖等方式慢慢消耗，消耗量不可过大，并且到下一周期的峰值位置时应保证物资的更新和充足补充，如图 4-12 所示。t_0 时刻物资库存达到最大值 Q_m，经过 t_0 到 t_1 时间段未发生突发事件，物资可做缓慢的少量消耗，达到一定程度（如 Q_l 时直接补充至最大库存）或达到一定期限（如 t_2 进行缓慢补充）时，物资就要进行必要的补充，到 t_3 时应补充到应有的最大数量 Q_m。

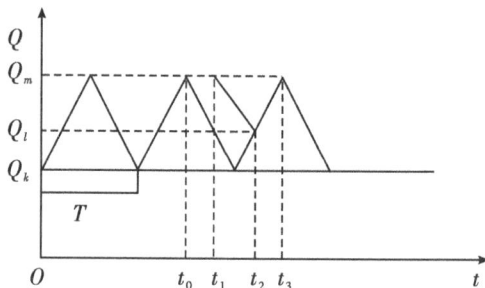

图 4-12　灾害未发生情况下的减灾物资储备消耗图

若物资的库存量还没有达到 Q_m 值时就发生较大的突发事件或自然灾害，可动用所有的常规库存和机动储备用于抗灾救灾，必要时还可以调动上一级储备用以援助。

3. 应急物资库存控制模型的算例

这里以我国突发事件中自然灾害较为严重的重灾省份——云南省为例进行实例分析。

云南是一个多灾害的省份，有"灾害年年有，无灾不成年"之说，抗灾防灾的任务极其繁重。云南省内灾害的发生具有种类全、频率高、范围广、危害大等特点。云南省在应对各种突发事件方面形势非常严峻，突发事件的发生有时不可避免，但是如何确立最优物资库存量，以便在灾害发生时及时有效地调动物资储备，应建立适合的应急库存控制模型。

（1）常规储备量的确定。

这里仅以粮食储备为例，首先从粮食储备入手，抽象出一个储备定额，然后依据不同物资的实际需求量确定常数。云南省在某十年的历史时间段中，因地震自然灾害所造成的缺粮人口和数量统计如表 4-8 所示。

表 4-8　云南省某十年因灾缺粮人口和缺粮数量表

	1	2	3	4	5	6	7	8	9	10
缺粮人口/万人	2 063.8	3 031.7	1 624.4	2 983.0	1 508.0	1 060.4	2 758.5	2 952.3	1 451.6	2 251.1
缺粮数量/万吨	77.8	185.1	81.1	152.4	246.4	56.8	135.4	137.3	86.4	136.1

从表 4-8 可求出十年缺粮数量的算术平均值，结果为 129.5 万吨。因此，可设 $Q_k = A = 129.5$ 万吨。

（2）机动储备方程的确定。

存储 129.5 万吨粮食明显少于许多年份的缺粮数量，应建立机动储备。

① T 的确定。用泊松（Poisson）分布描述不同等级自然灾害发生的概率比较符合客观实际。泊松分布为 $P\{x = k\} = \dfrac{\lambda^k e^{-\lambda}}{k!}$（$\lambda > 0$，$k = 0$，1，2，…）。

为模拟自然灾害在一个地区发生的频度与等级的关系。设分布参数 λ 为 1。即 $P\{k\} = \dfrac{1}{ek!}$，其倒数可作为灾害重现周期 T。$T(1) = \dfrac{1}{P(2)} = 5.4$（年），$T(2) = \dfrac{1}{P(3)} = 16.2$（年），$T(3) = \dfrac{1}{P(4)} = 64.8$（年）。

云南省小灾害每年不断，大灾害 5～6 年一次，特重大灾害几十年一次。同时，考虑物资储备的经济性和灾害分级管理的目标和原则，在此仅考虑大灾害的重现周期，因此，可将 T 定为 5.4 年。

②最高储备量的确定。考虑到经济因素和救灾需要，最高储备量不可定得过高或过低，用十年的缺粮统计数量确定高储备量比较合理。故利用表 4-8 查出这十年内最大灾害的缺粮数量为 246.4 万吨。最高储备量是最低储备量（129.5

万吨）的 1.9 倍，由此可以定 $Q_M = 1.9A$ 。机动储备方程确定为：

$$Q_M = \begin{cases} \dfrac{2(1.9A - A)}{5.4}t + A = \dfrac{A}{3}t + A \\[3mm] -\dfrac{2(1.9A - A)}{5.4}t + 2 \times 1.9A - A = -\dfrac{A}{3}t + 2.8A \end{cases} \tag{4-32}$$

将 $A = 129.5 \times 10^4 t$ 代入式（4-32），得到：

$$Q_k = 129.5 \times 10^4$$

$$Q_M = \begin{cases} 43.2 \times 10^4 t + 129.5 \times 10^4, \ 0 \leqslant t \leqslant 2.7 \\ -43.2 \times 10^4 t + 362.6 \times 10^4, \ 2.7 \leqslant t \leqslant 5.4 \end{cases} \tag{4-33}$$

式（4-33）为云南省粮食储备方程。其中 Q_M 的单位为吨，其储备量下限是 129.5 万吨。其他灾害物资储备量可以按同一方法进行计算。

4.4　应急仓库的选址及决策

在应急物流系统中，应急物流中心的选址十分重要。同时，应急物流中心一经建立就将长时间运营，它不仅与运行费用直接相关，而且会对工作效率及控制水平产生很大的影响。为了减少建设成本、降低运行费用、提高工作效率，在设置应急物流中心之前，要充分考虑应急物流中心的合理布局，正确地选择应急物流中心的地理位置是十分重要的。

4.4.1　五种常用的物流中心选址决策方法

近年来，随着选址理论的发展，很多种物流中心选址的方法被开发出来，归结起来主要可以分为五种方法：解析方法、最优化规划方法、启发式方法、仿真方法以及综合因素评价方法。

（1）解析方法。解析方法通常是指地理重心方法。这种方法通常只考虑运输成本对配送中心选址的影响，而运输成本一般是运输需求量、距离以及时间的函数，因此解析方法根据距离、需求量、时间或这三种因素的结合，通过在坐标上显示，以配送中心位置为因变量，用代数方法来求解配送中心的坐标。

解析方法考虑的影响因素较少，模型简单，主要适用于单个配送中心的选址问题。对于复杂的选址问题，解析方法常常难以解决问题，通常需要借助其他更为综合的分析技术。

（2）最优化规划方法。最优化规划方法一般是在一些特定的约束条件下，从许多可用的选择中挑选出一个最佳方案。

随着 20 世纪 70 年代计算机计算能力的增强，以最优化规划方法求解大型物流中心选址逐渐成为可行方法。最优化规划方法中的线性规划技术以及整数规划技术是目前应用最为广泛，也是最主要的选址方法。据统计，目前美国各种选址软件中 90% 的解决方案都是应用最优化规划方法得到的。最优化规划方法的优点是它属于精确式算法，能获得精确的最优解。不足之处主要在于对一些复杂情况很难建立合适的规划模型；或者模型太复杂，计算时间长，难以得到最优解；还有些时候得出的解虽然是最优解，但在实际中不可行。

（3）启发式方法。启发式方法是一种逐次逼近最优解的方法，大部分在 20 世纪 50 年代末期以及 60 年代期间被开发出来。采用启发式方法进行物流选址及网点布局时，首先要定义计算总费用的方法，拟定判别规则，规定改进途径，然后给出初始方案，迭代求解。

启发式方法与最优化规划方法最大不同是：它不是精确式算法，不能保证给出的解决方案是最优的，但只要处理得当，获得的可行解与最优解是非常接近的。而且启发式方法相对于最优化规划方法计算更简单，求解速度更快。

（4）仿真方法。仿真方法是试图通过模型重现某一系统的行为或活动，而不必实地去建造并运转一个系统的方法，因为那样可能会造成巨大的浪费，或根本无法实地进行运转实验。在选址问题中，仿真方法可以十分显著地通过反复改变和组合各种参数，多次试行来评价不同的选址方案。这种方法还可以进行动态模拟。例如，假定各个地区的需求是随机变动的，通过一定时间长度的模拟运行，可以估计出各个地区的平均需求，从而在此基础上确定配送中心的分布。

仿真方法可以描述多方面的影响因素，因此具有较强的实用价值，常用来求解较大型的、无法手算的问题。其不足之处在于仿真技术不能提出初始方案，只能通过对各个已存在的备选方案进行评价，从中找出最优方案，因此在运用这项技术时必须首先借助其他技术找出一个初始方案，而且预定初始方案的好坏会对最终的决策结果产生很大影响。

（5）综合因素评价方法。综合因素评价方法是一种全面考虑各种影响因素，并根据各影响因素重要性的不同对方案进行评价、打分，以找出最优选址方案的方法。

4.4.2　应急物流中心选址模型的建立

应急物流中心选址所涉及的因素极为复杂，例如经济因素、技术因素、社会因素、安全因素等。这些影响因素可以分成定性因素和定量因素，因此，应急物流中心的选址应该综合运用定性和定量分析相结合的方法。层次分析法（Analytical Hierarchy Process，AHP），是美国数学家萨提（T. L. Saaty）在 20 世纪 70 年代提出的，它是一种定性分析和定量分析相结合的系统分析方法，适用于多准则、多目标的复杂问题的决策分析。

这种方法弥补了经典的多目标规划理论方法的不足。但是规划者在进行应急物流中心选址的过程中，必须考虑诸如建立应急物流中心的固定费用、服务设施的运行费用等现实中必须考虑的有限资源约束问题。

1. *层次分析法*

AHP 是通过分析复杂问题包含的各种因素及相互关系，将问题分解为不同的要素，再把这些要素分为不同的层次，建立一个多层次的分析结构模型。在每一层次中按一定的准则，对该层各要素进行逐项比较，建立判断矩阵。通过计算判断矩阵的最大特征根及相应的特征向量，得到该层要素对于上一层某一要素的权重，进而计算出各层要素对总体目标的组合权重，从而得到不同方案的权值，为选择最优方案提供依据。

层次分析法的步骤：

（1）建立评价对象的层次分析结构，如图 4-13 所示。

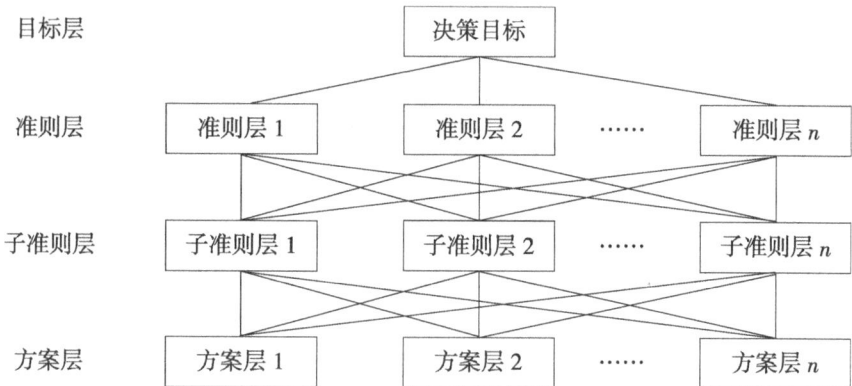

图 4-13　递阶层次结构

（2）同层次权重的求解。在图 4-13 中，目标层为最优选址方案；准则层为评价应急物流中心地址方案优劣的准则，包括安全因素、技术因素、经济因素、社会因素；方案层为各待选的应急物流中心位置。

（3）构造各层判断矩阵。判断矩阵是针对上一层某要素而言，表示本层与它有关联的各要素之间的相对优越程度。

（4）各层单排序和一致性检验。层次单排序即把本层各要素对上一层比较排出优劣顺序，求出权重，当 $CR<0.1$ 时，则认为判断矩阵满足一致性要求，否则需要调整判断矩阵的值。

（5）层次总排序，取得决策结果。利用层次单排序的计算结果，即每一层元素对其上一层各要素的相对权重，进一步计算出层次分析模型中每一层中所有要素相对于目标层的组合权重。这一步是由上而下逐层进行的，最终结果是得出最低层（方案层）元素相对于目标层的组合权重。根据权重的大小即可得到各方案的优劣，从而选择最优方案。

2. 基于层次分析法的递阶层次结构

运用层次分析法解决实际问题的一个关键是评价指标的选择。本节介绍的是应急物资储备仓库的选址，在考虑评价指标的过程中，必须从整个应急物流运行的要求考虑，即准确、高效。应急物资的储备必须能够为应急物流的运行起到最强的保障作用，因此本节选取的评价指标如下：

（1）安全因素。由于应急物资储备的地位特殊，不容许在储备过程中出现闪失，因此在应急物资储备仓库的选址决策中，安全性是一个非常重要的指标，必须能够保证应急物资的质量和数量。

（2）与所属区域内危险源特性的匹配程度。虽然某一特定区域内的某个突发事件的发生有不可预测的特点，但是分析该区域内重大危险源的特性可以从整体上掌握该区域突发事件的发生趋势，估计各种突发事件发生的可能性，从而判断该区域不同地区对应急物资仓库的需求程度，为应急物资储备仓库的选址提供依据。

（3）辅助性基础设施。应急物资储备仓库能否正常运转与选择地区的辅助性基础设施密切相关，选址时必须考虑的辅助性基础设施有通信、能源、土建、安全和消防等。

（4）政策与法规。应急物资储备仓库的建立受选址所在地政策法规因素的影响，主要包括地区用地规划类型、相关政策等。

于是，我们构建了如图 4-14 所示的评价模型。

目标层

方案层

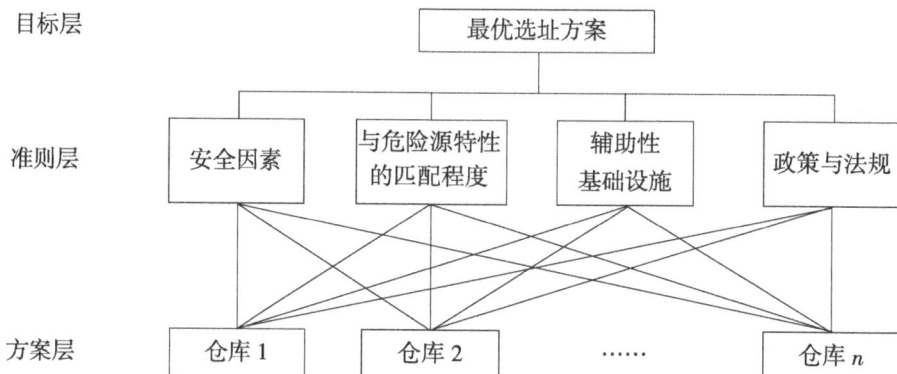

图4-14 应急物资储备仓库选址层次结构

3. 实际算例

应急物资储备仓库的位置对于城市防御灾害是十分关键的。某城市的规划部门根据该城市的地理位置特点，确定了 D1、D2、D3、D4、D5、D6 六个建立应急物资储备仓库的候选地点，然后从中选择两个地点建立应急物资储备仓库。

考虑到应急物资储备仓库地址的选择所涉及的因素极为复杂，在查对资料和实际调查研究的基础上，使用层次分析原理，形成了图4-14所示的递阶层次结构。目标层为择优选取的（最优）应急物资储备仓库地址；准则层为评价地址优劣的准则，包括安全因素、与所属区域内危险源特性的匹配程度、辅助性基础设施、政策与法规；方案层即各待选的应急物资储备仓库地址。通过计算分析来确定其最优应急服务设施地址。通过调查研究，深入实地考察，并征求决策部门领导及专家的意见，结合待选应急物流中心地址的具体情况，构造出各层次判断矩阵。准则层（C）对决策层（G）的判断矩阵如表4-9所示。

表4-9 G-C层判断矩阵

	安全因素	与危险源特性的匹配程度	辅助性基础设施	政策与法规
安全因素	1	4	5	9
与危险源特性的匹配程度	1/4	1	1	4
辅助性基础设施	1/5	1	1	3
政策与法规	1/9	1/4	1/3	1

方案层对第一个准则（安全因素）的判断矩阵如表4-10所示。

表 4-10　C_1-P 层判断矩阵

	D_1	D_2	D_3	D_4	D_5	D_6
D_1	1	3	9	3	6	4
D_2	1/3	1	3	1	2	1
D_3	1/9	1/3	1	1/3	1/2	1/3
D_4	1/3	1	3	1	2	1
D_5	1/6	1/2	2	1/2	1	1
D_6	1/4	1	3	1	1	1

　　方案层对第二个准则（与危险源特性的匹配程度）的判断矩阵如表 4-11 所示。

表 4-11　C_2-P 层判断矩阵

	D_1	D_2	D_3	D_4	D_5	D_6
D_1	1	2	9	2	5	9
D_2	1/2	1	7	1	3	4
D_3	1/9	1/7	1	1/7	1/2	1
D_4	1/2	1	7	1	3	5
D_5	1/5	1/3	2	1/3	1	2
D_6	1/9	1/4	1	1/5	1/2	1

　　方案层对第三个准则（辅助性基础设施）的判断矩阵如表 4-12 所示。

表 4-12　C_3-P 层判断矩阵

	D_1	D_2	D_3	D_4	D_5	D_6
D_1	1	3	6	2	5	4
D_2	1/3	1	2	1/2	1	1
D_3	1/6	1/2	1	1/3	1	1/2

（续上表）

	D_1	D_2	D_3	D_4	D_5	D_6
D_4	1/2	2	3	1	2	2
D_5	1/5	1	1	1/2	1	1
D_6	1/4	1	2	1/2	1	1

方案层对第四个准则（政策与法规）的判断矩阵如表4-13所示。

表4-13　C_4-P 层判断矩阵

	D_1	D_2	D_3	D_4	D_5	D_6
D_1	1	2	1/2	1/2	2	9
D_2	1/2	1	1/3	1/3	1	5
D_3	2	3	1	1	4	9
D_4	2	3	1	1	3	9
D_5	1/2	1	1/4	1/3	1	5
D_6	1/9	1/5	1/9	1/9	1/5	1

应用层次分析法软件（或对应的计算公式），可以分别计算出各层次排序权值和一致性检验，每个矩阵检验的结果 CR 值都小于0.1，即都可以通过一致性检验，结果如表4-14至表4-16所示。

表4-14　P-C 层排序权值

候选地点	安全因素	与危险源特性的匹配程度	辅助性基础设施	政策与法规
D_1	0.456	0.399	0.410	0.180
D_2	0.145	0.217	0.114	0.101
D_3	0.046	0.038	0.067	0.306
D_4	0.145	0.225	0.207	0.292
D_5	0.085	0.078	0.093	0.096

（续上表）

候选地点	安全因素	与危险源特性的匹配程度	辅助性基础设施	政策与法规
D_6	0.123	0.044	0.109	0.024
总计	1.0	1.0	1.0	1.0
CR	0.008	0.006	0.009	0.013

表 4-15　G-C 层排序权值

安全因素	0.626
与危险源特性的匹配程度	0.171
辅助性基础设施	0.150
政策与法规	0.053
总计	1.0
CR	0.017

表 4-16　G 层总排序权值

候选地点	总权值 W	排序
D_1	0.425	1
D_2	0.150	3
D_3	0.062	6
D_4	0.176	2
D_5	0.086	5
D_6	0.102	4
总计	1.0	
总体的一致性检验 CR	0.008	

计算得到的排序结果见表 4-16。如果选择两个储备库，可以选择排序第 1 和第 2 的 D_1 和 D_4。如果需要选择更多的储备库，则可以根据表 4-16 的排序结果按从高到低的顺序进行选择。

4.5 应急运输调度决策模型

在上一节中介绍了应急物资储备仓库的选址问题，这为应急物流系统发挥作用奠定了基础。本节将介绍当事故发生时应急物资的调度方法。

4.5.1 应急物资调度问题的研究基础

1. 图的基本概念

在现实生活中，用图形来描述许多事件很方便。这种图形是由一些点和这些点中某些点之间的连线构成的。例如，可以用点表示城市、连线表示城市之间的铁路线。事实上，为了特别表述这些点与线之间的关系，便产生了图的概念。一个图 G 是指一个有序的三元数组 (V, E, φ)，其中，V 是非空的节点集，E 是边集，而 φ 是关联函数，它使 G 的每条边对应于 G 的无序节点对。若 e 是一条边，而 v_i、v_j 是使得 $\varphi(e) = (v_i, v_j)$ 的节点，则称 e 连接 v_i、v_j；节点 v_i、v_j 被称为 e 的端点，有时也可省略关联函数 φ，这样 $e = [v_i, v_j]$。一条边的端点被称为与这条边关联，反之亦然。与同一条边关联的两个节点被称为相邻的，与同一个节点关联的两条边也被称为相邻的。端点重合为一点的边被称为环，两条或两条以上的边与同一对端点关联，称这些边为重边，既没有环又没有重边的图称为简单图。

为方便起见，一般用 $G = (V, E)$ 表示一个图。

给定一个图 $G = (V, E)$，一个点、边的交错序列 $(v_{i_1}, e_{i_1}, v_{i_2}, e_{i_2}, \cdots, v_{i_{k-1}}, e_{i_{k-1}}, v_{i_k})$，如果满足 $e_{i_t} = [v_{i_t}, v_{i_{t+1}}]$，$t = (1, 2, \cdots, k-1)$，则将其称为连接 v_{i_1} 和 v_{i_k} 的一条链，记为 $(v_{i_1}, v_{i_2}, \cdots, v_{i_k})$，如果链中的节点都不相同，则称该链为路。

2. 最短路问题

给定一个赋权图 G，对每一条边，对应权 $w_e = w_{ij}$，又给定 G 中的两个节点 v_s、v_t，设 P 是 G 中从 v_s 到 v_t 的一条路，定义路 P 的权为 P 中所有边权之和，记为 $w(P)$，即 $w(P) = \sum_{e \in p} w_e$，求一条从 v_s 到 v_t 的最短路，即求从 v_s 到 v_t 的一条权最小的路 P_0，使 $w(P_0) = \min P$。

4.5.2 应急物流系统物资调度数学描述

事故发生时，通常的应急反应思路是让最近的应急物流中心（出救点）参与应急。这里暗示了一个假设，即平息事故所需的应急资源量不能大于每个应急物流中心供应能力。但是，当大的灾难发生时，仅一个应急物流中心不能完全提供应急所需的大量物资，于是产生了多应急物流中心的物资调度组合优化问题。本节针对这种情况进行了分析。通常用最短路方法来估计从每一个应急物流中心到应急地点（事故地点）的时间，问题可表示如下：

设 A_1，A_2，…，A_n 为 n 个应急物流中心，A 为应急地点，它们分布在网络 $G = (V, E)$ 的节点上，x 为应急物资需求量，A_i 的资源可供应量为 $x_i(> 0)$，$i = 1, 2, …, n$，$\sum_i^n x_i > x$，网络 G 中，对 $\forall e \in E$，其权值表示为 $w(e)$，设 R_i 为从 A_i 到 A 的所有通路（链）的集合，若 P 是 G 中连接任意两点的一条路，定义路 P 的权为 P 中所有边的权之和，记为 $w(P)$，即 $w(P) = \sum_{e \in p} w_e$。要求给出一个方案，使其具有最早的应急开始时间。

（1）方案的表示。

将任一方案 φ 表示为：

$$\varphi = \{(A_{i_1}, x'_{i_1}), (A_{i_2}, x'_{i_2}), …, (A_{i_m}, x'_{i_m})\} \tag{4-34}$$

其中，$0 < x'_{i_k} < x_{i_k}$，$\sum_{k=1}^m x' = x$，$i_1, i_2, …, i_m$，为 $i = 1, 2, …, n$ 的一个排列。方案 φ 给出了参与应急的物流中心及各自的出救物资数量。

（2）方案对应的最早应急开始时间表示为：

$$T(\varphi) = \max_{j=1,2,…,m} t_{i_j}，\text{其中 } t_{i_j} = \min_{P_{i_j} \in R_{i_j}} w(P_{i_j}) \tag{4-35}$$

（3）最优方案模型。

用 χ 表示所有形如 φ 的方案的集合，则最优方案可写成：

$$\min_{\varphi \in \chi} T(\varphi) \tag{4-36}$$

4.5.3 一次性消耗系统物资调度方案

在详细讨论一次性消耗系统前，先看一看这样一个事例：某地发生地震，急需本地提供一定数量的某种物资，物资首先需要运输到码头（应急地点）以备尽快船运，本地有若干应急物流中心，这时船的起航时间显然为所需物资全部到达码头的时间（假设用一条船运，并且不计装船时间）。把物资全部到达才能进行应急活动的系统称为一次性消耗系统。

1. 单目标问题的描述

设 A_1，A_2，…，A_n 为 n 个应急物流中心(可出救点)，A 为应急地点，x 为某种应急物资需求量，A_i 的资源可供应量为 $x_i(>0)$，$i=1$，2，…，n，$\sum_{i}^{n} x_i > x$，从 A_i 到 A 需要的最短时间为 $t_i(>0)$，要求给出一个方案，即确定参与应急的物流中心及各自提供的应急资源数量，在保证应急资源需求的条件下，应急开始时间最早，如图 4-15 所示。

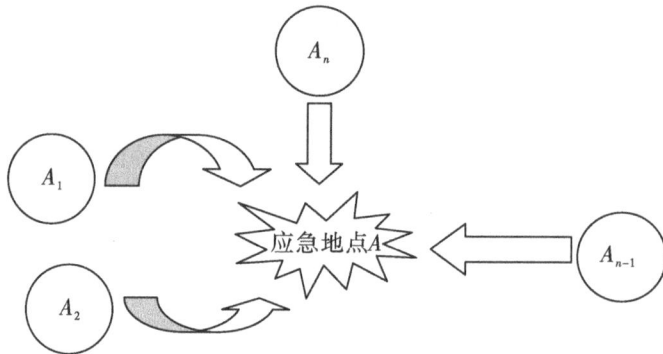

图 4-15 多个出救点应急图

例 4.1 考虑具有 4 个应急物流中心的网络，其中 $x = 40$，如图 4-16 所示。

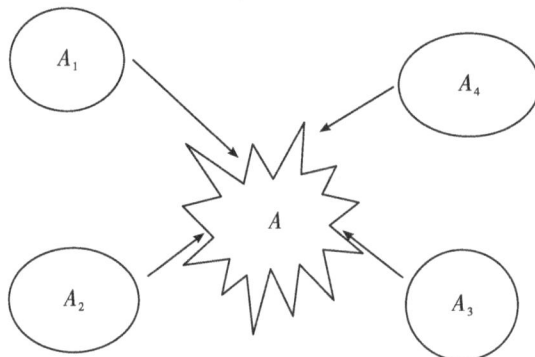

图 4-16 具有 4 个应急物流中心的网络图

$$x_1 = 20,\ x_2 = 30,\ x_3 = 25,\ x_4 = 40$$
$$t_1 = 10,\ t_2 = 15,\ t_3 = 22,\ t_4 = 30$$

以下都是方案：

$$\varphi_1 = \{(A_1, 15), (A_2, 25)\}$$

$$\varphi_2 = \{(A_1, 18), (A_3, 22)\}$$

$$\varphi_3 = \{(A_2, 30), (A_4, 10)\}$$

$$\varphi_4 = \{(A_1, 10), (A_2, 10), (A_3, 10), (A_4, 10)\}$$

以下表示的都不是方案：

$\{(A_1, 30), (A_3, 10)\}$，因为 $x'_1 (= 30) > x_1 (= 20)$

$\{(A_1, 18), (A_3, 20)\}$，因为 $x'_1 (= 18) + x'_3 (= 20) < x (= 40)$

$\{(A_1, 18), (A_3, 20), (A_4, 30)\}$，因为 $x'_1 (= 18) + x'_2 (= 20) + x'_3 (= 30) > x (= 40)$

用 x 表示所有方案构成的集合，为便于说明，在下面的讨论中假定 $i_0 = 0$，$t_0 = 0$，$x_0 = 0$，对于问题（4-36）：

$$\min_{\varphi \in \chi} T(\varphi)$$

不失一般性不妨假定 $t_1 \leqslant t_2 \leqslant \cdots \leqslant t_n$。

下面给出一种重要的方案表达形式 φ^*。

设存在 P 满足 $\sum_{k=0}^{p-1} x_k < x \leqslant \sum_{k=0}^{p} x_k$，则有：

$$\varphi^* = \left\{ (A_1, x_1), (A_2, x_2), \cdots, \left(A_p, x - \sum_{k=0}^{p-1} x_k \right) \right\} \tag{4-37}$$

该方案的特点是：选取离事故地点 A 最近的应急物流中心 A_1 参与应急，如果它的全部物资量 x_1 小于需求量 x，则再让第二近的应急物流中心 A_2 参与应急，如果 A_1 和 A_2 的全部物资量之和 $x_1 + x_2$ 还小于需求量 x，则让第三近的应急物流中心 A_3 参与应急，依次类推，直至满足应急物资的需求为止。

对于例 4.1 来说，$p = 2$ 时，有

$$\varphi^* = \{(A_1, 20), (A_2, 20)\}$$

2. 方案的求取

单目标问题只考虑在保证应急资源需求的条件下，使应急开始时间最早。因为 $t_1 \leqslant t_2 \leqslant \cdots \leqslant t_n$，在 t_P 之前能够到达的全部物资量肯定小于 x，故最早应急时间一定不小于 t_P，因此，可得出以下结论。

结论 4.1 φ^* 为问题（4-36）的最优解（方案），并有：

$$T(\varphi^*) = \max_{j=1,2,\cdots,p} t_j = t_p \tag{4-38}$$

3. 仿真算例

单目标问题仿真数据如表 4-17 所示（其中 $x = 50$）。

表 4-17 单目标问题仿真数据

	A_1	A_2	A_3	A_4	A_5	A_6	A_7	A_8	A_9	A_{10}
t	1	2	2	3	4	6	6	8	10	15
x	5	10	8	9	7	12	14	9	15	10

由表 4-17 可以看出，

$$\varphi^* = \{(A_1, 5), (A_2, 10), (A_3, 8), (A_4, 9), (A_5, 7), (A_6, 11)\}$$
$$T(\varphi^*) = t_6 = 6$$

4.5.4 两阶段目标问题的求解

以时间最短作为目标的方案可能很多，无论是从费用还是系统稳定性的角度出发，在时间最短的前提下考虑出救点数目最少的两阶段问题更有实际意义，因为出救车辆（广义）的多少直接关系到应急物流系统的稳定性及可靠性。并且，从费用角度来看，出救车辆的多少还直接关系到系统的总设置费用。

由结论 4.1 可知：φ^* 为（4-36）的最优解，并且 $T(\varphi^*) = t_p$，若用 $N(\varphi)$ 表示方案 φ 对应的出救点数目，两阶段问题可表示为：

$$\min N(\varphi)$$
$$\text{s. t.} \begin{cases} T(\varphi) = t_p \\ \varphi \in \chi \end{cases} \tag{4-39}$$

对序列 x_{i_1}，x_{i_2}，$\cdots$，x_{i_m}，（i_1，i_2，$\cdots$，i_m 为 $i = 1$，2，$\cdots$，n 的一个排列，$m \leqslant n$），若存在 k，$1 \leqslant k \leqslant m$，使得 $\sum_{j=1}^{k-1} x_{i_j} < x \leqslant \sum_{j=1}^{k} x_{i_j}$，则称 k 为该序列对 x 的临界下标。

考虑到运输时间不大于 t_p 的可出救点数目可能超过 p 个，不妨设为 q 个，则 $t_p = t_{p+1} = \cdots = t_q$，$q \geqslant k$，若 $q < n$，应有 $t_q < t_{q+1}$，很显然两阶段问题的最优解（方案）对应的应急物流中心一定是 A_1，A_2，$\cdots$，A_q 的一个子序列［因为任何包含其他应急物流中心的方案 φ 一定使得 $T(\varphi) > t_q$］。由于相对于应急物流中心 A_1，A_2，$\cdots$，A_q 的物资可供应量分别为 x_1，x_2，$\cdots$，x_q，可设 $x_{i_1} \geqslant x_{i_2} \geqslant \cdots \geqslant x_{i_q}$，其中 i_1，i_2，$\cdots$，i_q 为 $i = 1$，2，$\cdots$，q 的一个排列，p、q 的意义不变。

由于出救点数目小于 k 且时间不大于 t_p 的任何组合，其物资可供应量之和一定小于 x，不能构成方案，因此有以下定理：

结论 4.2 k 为序列 x_{i_1}，x_{i_2}，$\cdots$，x_{i_q} 对 x 的临界下标，则 A_{i_1}，A_{i_2}，$\cdots$，A_{i_k} 作为出救点的相应方案：

$$\varphi = \left\{ \left(A_{i_1},\ x_{i_1} \right),\ \left(A_{i_2},\ x_{i_2} \right),\ \cdots,\ \left(A_{i_k},\ x - \sum_{j=1}^{k-1} x_{i_j} \right) \right\} \qquad (4-40)$$

使得问题（4-39）达到最优，并且 $N(\varphi) = k$。

由表 4-17 可看出：

$$\varphi = \{ (A_7,\ 14),\ (A_6,\ 12),\ (A_2,\ 10),\ (A_4,\ 9),\ (A_3,\ 5) \}$$

为问题（4-39）的最优解，并且 $T(\varphi) = 6$，$N(\varphi) = 5$。

4.5.5　连续消耗系统物资调度方案

上面研究了在应急物资需求下，一次性消耗系统最优方案的求解。接下来将讨论连续性条件下的应急开始时间最早问题。连续性条件就是要保证在任何时刻已到达物资量满足应急所需的物资消耗，即不能出现因物资供应不足引起的应急活动停止。

1. 问题的描述

设 A_1，A_2，$\cdots$，A_n 为 n 个应急物流中心（可出救点），A 为应急地点，x 为某种应急物资需求量，A_i 的资源可供应量为 $x_i (>0)$，$i = 1, 2, \cdots, n$，$\sum_{i}^{n} x_i > x$，应急活动开始后，应急物资的消耗速率为 v，从 A_i 到 A 需要的时间为 $t_i (>0)$，不妨设 $t_1 \leqslant t_2 \leqslant \cdots \leqslant t_n$，要求在保证连续性的条件下给出方案，使应急开始时间最早。一般称该问题为连续消耗问题。

同一次性消耗系统相比，这里引入了消耗速率 v，事实上，连续消耗问题是一次性消耗问题的推广，因为只要令 $v = \infty$，这两个问题就是等价的。

设 s 为应急起始时间，f 为应急结束时间，如果对 $\forall t \in [s, f]$，有：

$$\sum_{k \subset \{j \mid t_{i_j} \leqslant t,\ j = 1,\ 2,\ \cdots,\ m\}} x_{i_k}' \geqslant (t - s) v \qquad (4-41)$$

则称方案 φ 关于起始时间 s 是连续可行的。

上式左边表示 t 时刻已经到达的物资量，右边表示到 t 时刻物资的已消耗量。上述方案 φ 把关于起始时间 s 连续可行描述为在任何时刻的已到达物资量不小于以 s 为应急起始时间到 t 时刻的物资持续消耗量。

设所有关于起始时间 s 是连续可行的方案的集合 χ_s，这时问题可描述为：

$$\min_{\chi_s \neq \varphi} s \qquad (4-42)$$

2. 方案的选取

（1）单目标问题的最优方案。

结论 4.3　φ^* 为相应于问题（4-42）的最优方案，相对于 φ^* 的最早应急开始时间 s^*，可用下式求出：

$$\max_{k \in \{1, 2, \cdots, p\}} \left(t_k - \sum_{i \in \{i \mid t_i < t_k, \, i = 0, 1, \cdots, p\}} x_i/v \right), \quad t_0 = 0, \quad x_0 = 0 \qquad (4\text{-}43)$$

仿真算例：

表 4-18 给出了本节所讨论问题的仿真数据，其中 $x = 280$，应急物资消耗速率 $v = 10$。

表 4-18 单目标问题仿真数据

	A_1	A_2	A_3	A_4	A_5	A_6	A_7	A_8	A_9	A_{10}
t_i	2	3	3	15	16	17	21	22	22	29
x_i	20	10	80	80	30	120	70	60	220	100

根据结论 4.3，显然有：

$$\varphi^* = \{(A_1, 20), (A_2, 10), (A_3, 80), (A_4, 80), (A_5, 30), (A_6, 60)\}$$

再根据公式（4-43）：

$$s^* = \max_{k \in \{1, 2, \cdots, 6\}} \left(t_k - \sum_{i \in \{i \mid t_i < t_k, \, i = 0, 1, \cdots, 6\}} x_i/v \right) = \max \{2, 1, 1, 4, -3, -5\} = 4$$

其中：$s_1 = 2 - \dfrac{0}{10} = 2$；$s_2 = 3 - \dfrac{0 + 20}{10} = 3 - 2 = 1$；

$$s_3 = 3 - \frac{0 + 20 + 10}{10} = 3 - 3 = 0;$$

$$s_4 = 15 - \frac{0 + 20 + 10 + 80}{10} = 15 - 11 = 4;$$

$$s_5 = 16 - \frac{0 + 20 + 10 + 80 + 80}{10} = 16 - 19 = -3;$$

$$s_6 = 17 - \frac{0 + 20 + 10 + 80 + 80 + 30}{10} = 17 - 22 = -5;$$

$$f^* = s^* + \frac{x}{v} = 4 + \frac{280}{10} = 4 + 28 = 32$$

（2）两阶段目标问题的求解。

前面的研究解决了连续条件下的应急开始时间最早问题。给出了一个以应急开始时间最早为单目标的最优方案 φ^* 的求取方法和相应的最早应急开始时间 s^*。下面解决应急开始时间最早前提下，出救点数目最少这一两阶段目标问题。

因为 $s^* = \min\limits_{\chi_s \neq \phi} s$，这时，问题就变为：

$$\varphi^{**}: \min_{\varphi \leq \chi_{s^*}} N(\varphi) \qquad (4\text{-}44)$$

在前文，已经知道 $\varphi^* \in \chi_{s^*}$，现在的任务是寻找比 φ^* 更好的方案 φ^{**}，即求解（4-44）。

下面通过求解更具普遍性的问题（4-45）来对问题（4-44）进行求解：

$$\hat{\varphi}: \min_{\varphi \leq \chi_{s^*}} N(\varphi), (\text{当} \chi_s \neq \phi) \qquad (4\text{-}45)$$

显然（4-44）是（4-45）的特殊情况，完成对（4-45）的求解即完成对（4-44）的求解。

具体算法过程如下（$\chi_s \neq \phi$）：

第一步：$u = s$，$k = 1$，$T = 0$，$I = \phi$；

第二步：求解 i_k：$\max\limits_{i \in \{j \mid t_j \leq u, j \in I\}} x_i = x_{i_k}$，$I = I + \{i_k\}$，转第三步；

第三步：若 $T + x_{i_k} < x$，则 $T = T + x_{i_k}$，$u = u + \dfrac{x_{i_k}}{v}$，$k = k + 1$，转第二步，否则 $x'_{i_k} = x_{i_k} - T$，转第四步；

第四步：所求方案 $\hat{\varphi} = \{(A_1, x_1), (A_2, x_2), \cdots, (A_{i_k}, x_{i_k} - T)\}$ （4-46）

仿真算例：

一个两阶段问题的仿真数据如表 4-19 所示（其中，$x = 280$，$v = 10$，$s = 9$）。

表 4-19　两阶段问题的仿真数据

	A_1	A_2	A_3	A_4	A_5	A_6	A_7	A_8	A_9	A_{10}
t_i	1	3	8	8	11	16	19	21	35	37
x_i	100	50	80	110	90	90	80	60	210	110

求解过程如下：

首先找出到达时间 t_i 不大于 $u(= s = 9)$ 的所有应急物流中心 $\{A_1, A_2, A_3, A_4\}$，对应的可供应量为 $\{100, 50, 80, 110\}$，选取数量最大的应急物流中心 A_4：由于 $110 < 280$，让 $u = 9 + \dfrac{110}{10} = 20$，找出到达时间不大于 $u(= 20)$ 的除 A_4 外所有应急物流中心 $\{A_1, A_2, A_3, A_5, A_6, A_7\}$，对应的可供应量为 $\{100, 50, 80, 90, 90, 80\}$；选取数量最大的应急物流中心 A_1：由于 $110 + 100 = 210 < 280$，让 $u = 20 + \dfrac{100}{10} = 30$，找出到达时间不大于 $u(= 30)$ 除 A_4、A_1 外的所有应急物流中心 $\{A_2, A_3, A_5, A_6, A_7, A_8\}$，对应的可供应量为

{50，80，90，90，80，60}；选取数量最大的应急物流中心 A_5：由于 110 + 100 + 90 = 300 > 280，让 $x'_5 = 280 - (110 + 100) = 70$。

所求的方案为：

$$\hat{\varphi} = \{(A_4，110)，(A_1，100)，(A_5，70)\}$$

下面对单目标问题及两阶段目标问题进行比较，以表4-20给出的数据为例（其中，$x = 280$，$v = 10$）。

表4-20 单目标问题仿真数据

	A_1	A_2	A_3	A_4	A_5	A_6	A_7	A_8	A_9	A_{10}
t_i	2	3	3	15	16	17	21	22	22	29
x_i	20	10	80	80	30	120	70	60	220	100

①保证应急资源需求条件下，应急开始时间最早，求解的结果为：

$\varphi^* = \{(A_1，20)，(A_2，10)，(A_3，80)，(A_4，80)，(A_5，30)，(A_6，60)\}$

②保证应急资源需求条件下，出救点数目最少，求解的结果为：

$$\varphi^* = \{(A_6，120)，(A_3，80)，(A_4，80)\}$$

③保证应急物资连续性条件下，出救点数目最少的方案：

A. 应急开始时间（前文计算结果）：

$\varphi^* = \{(A_1，20)，(A_2，10)，(A_3，80)，(A_4，80)，(A_5，30)，(A_6，80)\}$
$$s^* = 4$$

B. 首先找出到达时间 t_i 不大于 $u(= s^* = 4)$ 的所有应急物流中心 $\{A_1，A_2，A_3\}$，对应的供应量为 $\{20，10，80\}$，选取数量最大的应急物流中心 A_3，由于 80<280，让 $u_1 = s^* + \dfrac{x_3}{v} = 4 + \dfrac{80}{10} = 12$。

C. 找出到达时间 t_i 不大于 $u_1(= 12)$ 除 A_3 以外的所有应急物流中心 $\{A_1，A_2\}$，对应的供应量为 $\{20，10\}$，选取数量最大的应急物流中心 A_1，由于 80+20=100<280，让 $u_2 = u_1 + \dfrac{x_1}{v} = 12 + \dfrac{20}{10} = 14$。

D. 找出到达时间 t_i 不大于 $u_2(= 14)$ 除 A_1，A_3 以外的所有应急物流中心 $\{A_2\}$，对应的供应量为 $\{10\}$，选取应急物流中心 A_2，由于 80+20+10=110<280，让 $u_3 = u_2 + \dfrac{x_2}{v} = 14 + \dfrac{10}{10} = 15$。

E. 找出到达时间 t_i 不大于 $u_3(= 15)$ 除 A_1，A_2，A_3 以外的所有应急物流中心

$\{A_4\}$，对应的供应量为 $\{80\}$，选取应急物流中心 A_4，由于 $80+20+10+80 = 190<280$，让 $u_4 = u_3 + \dfrac{x_4}{v} = 15 + \dfrac{80}{10} = 23$。

F. 找出到达时间 t_i 不大于 $u_4(=23)$ 除 A_1，A_2，A_3，A_4 以外的所有应急物流中心 $\{A_5，A_6，A_7，A_8，A_9\}$，对应的供应量为 $\{30，120，70，60，220\}$，选取数量最大的应急物流中心 A_9，由于 $80+20+10+80+220=410>280$，则 $x'_9 = 280 - 190 = 90$。

则最后所求的最优解为：

$$\hat{\varphi} = \{(A_3，80)，(A_1，20)，(A_2，10)，(A_4，80)，(A_9，90)\}$$

$\hat{\varphi}$ 为两阶段目标问题（4-44）的最优解，同 $\hat{\varphi}$ 相比，方案 $\hat{\varphi}$ 的出救点数目较少，目标 $N(\hat{\varphi}) = 5$，$N(\varphi^*) = 6$，而 φ^* 和 $\hat{\varphi}$ 都关于最早应急开始时间 $s^*(=4)$ 连续可行，显然方案 $\hat{\varphi}$ 优于方案 φ^*。

阅读材料 4-3

一、规划背景

（一）仓库资源与管理现状

S 电网公司在海南有 18 个一/二级仓库，现有的仓库多年来一直是进行增量建设保留下来的，缺乏统一、规范、合理和科学的规划。仓库平均建筑面积 432 平方米，单个仓库面积偏小，存储能力不足，仓库的服务范围划分模糊。因此，现有仓库的布局在科学性、合理性、可扩建性、前瞻性以及仓库功能定位等方面有所欠缺。另外，原有仓库的交通条件、可扩建条件、商圈、地价等都发生了很大的变化，公司对配送时效也提出了新的要求，现有仓库面临着搬迁、改建、扩建，甚至改变用途的局面。

（二）规划目标

S 电网公司在"一体化、集约化"的管理思路下，提出了构建具有管理特色的供应链管理体系，与国际一流物资管理模式接轨。通过区域仓库布点规划，从"一级仓库+二级仓库+急救包"的三级管理模式逐步过渡到"区域仓库+急救包"的二级管理模式，减弱牛鞭效应，精减仓库管理人员，提升电力抢险快速响应的能力。

按照公司对社会承诺的相应时间要求，规划区域仓库的布点方案，确定区域仓库的最优数量及位置。

二、规划原则及功能定位

（一）规划原则

S 电网公司区域仓库的布点规划数学模型的建立与分析需要满足以下五个原则：

（1）社会责任与承诺。公司承诺在服务范围内提供 24 小时电力故障报修服务，城市地区供电抢修人员到达现场的时间平均是 45 分钟，农村地区 90 分钟，特殊边远地区 2 小时。物资部门接到抢险物资需求后，城区范围内 2 小时送达，郊区范围内 4 小时送达，山区范围内 6 小时送达。

（2）跨区域、全覆盖原则。区域仓库布点以省区为规划范围边界，进行跨区域的规划。

（3）经济性原则。区域仓库的布点规划在可行的基础上进行最优布点，精减仓库数量，降低仓库总的运营成本。针对零星位于偏远地区的急救包，把这些特殊的急救包作为规划的奇异点分离出来，同时根据现实情况适当加大该急救包的库存水平。

（4）便于管理的原则。一是在有多个优选方案的情况下，尽可能选择一/二级仓库作为规划的区域仓库；二是共同被多个区域仓库覆盖的急救包，按急救包从属的管辖单位来划分，不进行跨县市管理。

（5）与时俱进原则。随着社会经济的发展和城市化进程的推进，区域仓库要尽可能靠近高速公路，具备改建或扩建的可能性，以适应未来经济的发展需要。

（二）仓库功能定位

在"区域仓库+急救包"二级管理模式下，区域仓库是物资仓储中心、物资调配中心、物流信息处理中心。急救包是"区域仓库+急救包"配送网络中的定期补货终端，存储和保管低值易耗的运维物资和少量营销物资。

三、技术路线选择与建模思路

（一）技术路线的选择

布点规划有很多方法，如 Baumol-wolf 模型、线性规划、非线性规划、整数规划、混合整数规划、动态规划和网络规划算法等，以及与启发式算法的结合。

（1）本次规划是尽可能充分利用原有的一/二级仓库，通过布点规划确定选址后，根据需要再加以改造、新建或扩建。因此，适合用 0-1 规划进行布点建模。

（2）S 电网公司向社会承诺服务抢险全覆盖，在不考虑地理位置特性和交通差异的情况下，就是以区域仓库为圆心，以 2 小时、4 小时、6 小时车程为半径的同心圆区域。在有地理位置和交通差异的情况下，则以道路交通时限进行划分，这是其他规划方法不能做到的。

（3）区域仓库布点规划不仅要满足日常维护物资的需要，还要满足发生事故时的应急物资需求，兑现社会承诺。本规划是应急布点规划，有别于常规情况下的仓库选址。

（二）建模基本思路

（1）目标：在满足公司对社会承诺的事故抢修时间内，使区域仓库数目最少。

（2）约束：在建立数学模型时，区域仓库选择范围是对 S 电网公司物资仓库编码系统中的一/二级仓库进行取舍，即需要为 1，不需要为 0。急救包是为满足实际生产班组生产和抢险需要而成立的，区域仓库就是要对全部的急救包进行覆盖。

（3）虚拟点：为了使选定的区域仓库能够更好地覆盖需求区域，仅仅考虑"2、4、6"的响应时效要求是不够的。因此，要在每个区域仓库的最大覆盖边缘确定若干虚拟急救包，这样可以满足覆盖整个区域的抢险时效要求。

（4）特殊情况。在实际情况中，规划单位从实际的运行维护需要出发，已经列入 S 电网公司规划的新建仓库，经公司层面确认保留的，约束条件中被赋值为 1；明确被确认不适合作为区域仓库的，在模型中赋值为 0。

（三）数据规范与处理

（1）仓库定位。在导航地图上把一/二级仓库、急救包的经纬度全部进行定位标示。

（2）数据提取。在导航地图上提取每个一/二级仓库到急救包（包括虚拟点）的距离与时间参数。

（3）数据转换。城区、郊区、山区的分类：城区为商业、机构、文化、行政以及人口高度集中的区域；参照导航地图，划出山区范围；除此以外的地区为郊区。

按照 0-1 规划和覆盖理论的要求，以急救包为主体（包括虚拟点），如果能在一/二级仓库的覆盖范围内（2、4、6 小时的响应时间），它们对应的交叉点的模型参数值就为 1，否则就为 0。

（四）建模

模型的目标函数是区域仓库数目最少，约束条件是所有的急救包至少要被一个一/二级仓库所覆盖，具体的数学表达如下：y_i 表示第 i 个候选仓库（即原有的一级仓库或二级仓库）；x_j 表示第 j 个急救包；c_{ij} 表示第 j 个急救包是否被第 i 个候选仓库覆盖，若被覆盖为 1，否则为 0，根据公司的服务水平要求得到：

$$c_{ij} = \begin{cases} 1，分别能在 2、4、6 小时内从 i 候选仓库送达位于城区、郊区、山区的 j 急救包 \\ 0，不能在 2、4、6 小时内从 i 候选仓库送达位于城区、郊区、山区的 j 急救包 \end{cases}$$

因此可以得到规划模型：

目标函数：$\min Z = \sum_{i=1}^{n} y_i$，即区域仓库的数目最少

约束条件：$\sum_{i=1}^{n} c_{ij} y_i \geqslant 1$

$$y_i = \begin{cases} 1, & \text{候选仓库被选为区域仓库} \\ 0, & \text{候选仓库未被选为区域仓库} \end{cases}$$

另外，还有两种特殊约束：

（1）$y_i = 1$，纳入公司规划的新建仓库；

（2）$y_i = 0$，公司确认过的交通和改扩建受限需要撤销的仓库。

四、海南省区域仓库规划

海南电网公司是 S 电网公司的全资子公司，下辖海口、三亚、五指山、保亭、乐东、陵水、白沙、东方、昌江、琼中、万宁、儋州、屯昌、琼海、陵高、澄迈、定安县市，拥有一级仓库和二级仓库共 18 个，急救包 146 个。

（一）数据规范与处理

（1）海南虚拟点设置：为了满足区域仓库覆盖区域内的需求点，拟设置虚拟点，这些点分布在版图区域的顶点位置，如表 4-21 所示。

表 4-21　海南省虚拟点设置情况

虚拟点 1	虚拟点 2	虚拟点 3
20°9′36.37″	19°40′45.90″	19°44′15.27″
110°41′4.41″	111°1′1.76″	109°12′42.30″

（2）数据提取。在导航地图上提取每个一/二级仓库到急救包（包括虚拟点）的距离与时间参数，部分数据见图 4-17。

所属地市	纬度	经度	急救包名称	y1 18°17′22.00″ 109 三亚鸭仔塘仓库	y2 19°57′12.28″ 109 琼海市万泉河仓库
	19°53′6.8″	109°44′29.1″	木棠供电所仓库	299 公里，4 小时 9 分钟	34.4 公里，1 小时 2 分钟
	19°52′53″	110°24′59″	兰洋供电所	257 公里，3 小时 49 分钟	72.2 公里，1 小时 40 分钟
	20°00′28.98″	110°17′35.65″	八一供电所物资仓库	277 公里，3 小时 59 分钟	59.6 公里，1 小时 21 分钟
	19°54′47.2″	110°25′35.8″	东成供电所仓库	267 公里，3 小时 57 分钟	78.7 公里，1 小时 33 分钟
	19°54′34.32″	109°40′35.73″	那大供电所仓库	297 公里，4 小时 7 分钟	42.0 公里，1 小时 14 分钟
	19°50′1.6″	109°40′42.8″	西联供电所	286 公里，4 小时 3 分钟	37.1 公里，53 分钟
	19°56′4.7″	109°33′5.8″	新州供电所	311 公里，4 小时 34 分钟	62.3 公里，1 小时 35 分钟
	19°46′40.3″	109°46′36.3″	洋浦供电公司临时仓库	300 公里，4 小时 15 分钟	34.3 公里，1 小时 3 分钟
	19°42′25.3″	109°42′0.6″	两院供电所物资仓库	301 公里，4 小时 14 分钟	52.1 公里，1 小时 17 分钟
	19°54′38.5″	109°40′32.3″	马井供电所	297 公里，4 小时 7 分钟	47.8 公里，1 小时 8 分钟
儋州	19°53′55.4″	109°32′13.8″	马头供电所	299 公里，4 小时 26 分钟	59.7 公里，1 小时 41 分钟

图 4-17　海南省路径和时间数据提取

（3）0-1 数据转换。

海南岛为一穹形山体，中间高四周低，山区比例约为 25%，地理范围呈椭圆形。结合海南的地理特征和对照导航地图对城区、郊区、山区进行分类，部分结果见图 4-18。

儋州	19°54′ 38.5″	109°40′ 32.3″	马井供电所	城区
	19°53′ 55.4″	109°32′ 13.8″	海头供电所	郊区
	18°30′ 19.19″	110°01′ 59.27″	翰林供电所物资仓库	城区
定安	19°28′ 37.57″	110°26′ 39.26″	黄竹供电所物资仓库	郊区
	18°26′ 23.23″	110°03′55.17″	雷鸣供电所物资仓库	郊区
	19°14′ 40.71″	110°27′ 58.14″	博鳌供电所仓库	郊区
	19°14′ 31.13″	110°24′ 33.87″	长坡供电所仓库	郊区
	19°12′ 34.74″	110°26′ 03.24″	大路供电所营业室仓库	郊区
	19°14′ 40.71″	110°27′ 58.14″	嘉积供电所仓库	郊区
	19°08′ 51.69″	110°28′ 16.90″	潭门供电所仓库	郊区
	18°47′ 45″	109°38′ 37″	阳江供电所小仓库	山区
	18°57′ 33.93″	109°52′ 48.14″	中原供电所仓库	郊区
	19°15′ 15.00″	110°28′ 4.50″	检修所仓库	城区
	19°14′ 30.66″	110°27′ 30.06″	线路所仓库	城区
琼海	18°49′ 11″	109°38′ 50″	万泉供电营业所仓库	山区

图 4-18 海南省区域划分结果

转换的局部模型数据见图 4-19。

所属地市	纬度	经度	急救包名称	城区/郊区/山区	y1 三亚鸭仔塘仓库 18°17′22.00″ 109°...	y2 琼海市万泉河仓库 19°57′12.28″ 109°...
	19°53′ 6.8″	109°44′29.1″	木棠供电所仓库	郊区	0	1
	19°52′ 53″	110°24′ 59″	兰洋供电所	郊区	1	1
	20°00′ 28.98″	110°17′ 35.65″	八一供电所物资仓库	城区	1	1
	19°54′ 47.2″	110°25′ 35.8″	东成供电所仓库	郊区	1	1
	19°54′34.32″	109°40′ 35.73″	那大供电所仓库	郊区	0	1
	19°50′ 1.6″	109°40′ 42.8″	西联供电所仓库	郊区	1	1
	19°56′ 4.7″	109°33′ 5.8″	新州供电所	郊区	0	1
	19°46′ 40.3″	109°46′ 36.3″	洋浦供电公司临时仓库	郊区	0	1
	19°42′ 25.3″	109°42′ 0.6″	两院供电所物资仓库	郊区	0	1
儋州	19°54′ 38.5″	109°40′ 32.3″	马井供电所	城区	0	1
	19°53′ 55.4″	109°32′ 13.8″	海头供电所	郊区	1	1
	18°30′ 19.19″	110°01′ 59.27″	翰林供电所物资仓库	城区	1	0
定安	18°13′ 13.68″	110°50′ 48.01″	黄竹供电所物资仓库	郊区	1	1
	18°26′ 23.23″	110°03′55.17″	雷鸣供电所物资仓库	郊区	1	1

图 4-19 海南省一/二级仓库到急救包的模型数据转换

（二）海南省初始方案

通过 Excel 对海南仓库进行 0-1 规划求解，有十多组最优解，得出一致最优解为 4，即海南省区域仓库数目最少为 4 时能覆盖区域内所有需求点，并满足"2、4、6"对应时间要求，下面列举其中三组。图 4-20 至图 4-22 为其中三组方案的求解结果截图。

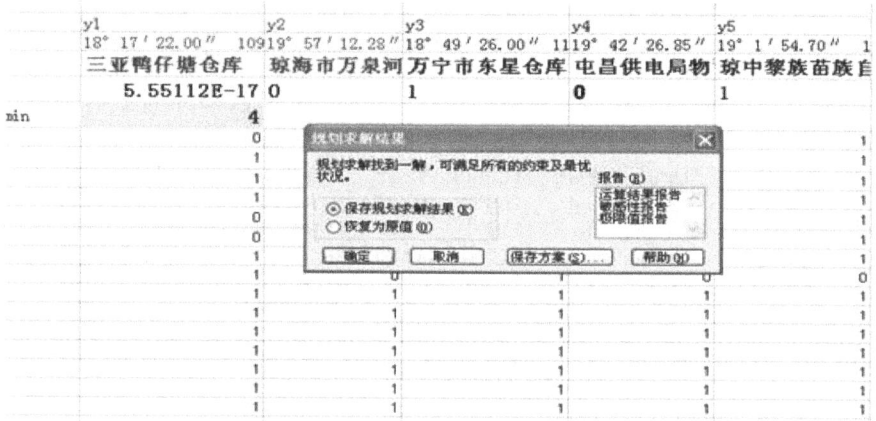

图 4-20　Excel 求解结果截图示例 1

图 4-20 库组合为：海口秀英仓（一级）+万宁东星仓（二级）+琼中百花岭仓（二级）+官娘脊仓（二级）。

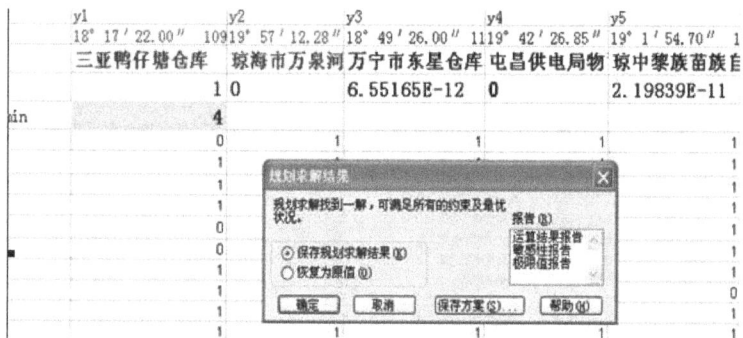

图 4-21　Excel 求解结果截图示例 2

图 4-21 库组合为：三亚鸭仔塘仓（一级）+儋州美扶仓（一级）+海口秀英仓（一级）+官娘脊仓（二级）。

	y1	y2	y3	y4	y5
	18°17′22.00″	109°57′12.28″	18°49′26.00″	1119°42′26.85″	19°1′54.70′
	三亚鸭仔塘仓库	琼海市万泉河	万宁市东星仓库	屯昌供电局物	琼中黎族苗
	0	0	0	1	
min	4				

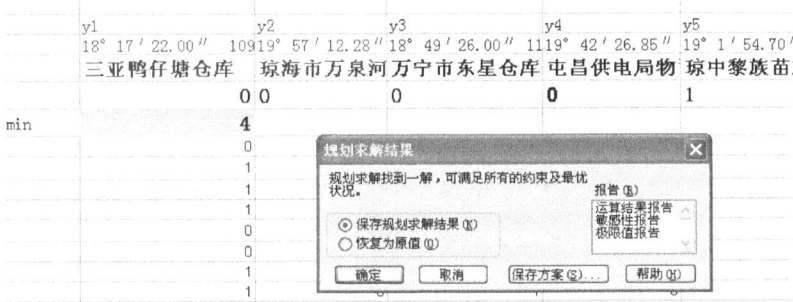

图 4-22　Excel 求解结果截图示例 3

图 4-22 库组合为：海口秀英仓（一级）+琼中百花岭仓（二级）+陵水高坡顶仓（二级）+官娘脊仓（二级）。

（三）海南省调整方案

在 Excel 求解的基础上，通过几次的方案讨论，确认了以下调整方案，如表 4-22 所示。

表 4-22　海南省调整方案列举

方案 1	方案 2	方案 3	方案 4
海口秀英仓	三亚鸭仔塘仓	海口秀英仓	海口秀英仓
万宁东星仓	儋州美扶仓	琼中百花岭仓	万宁东星仓
琼中百花岭仓	海口秀英仓	陵水高坡顶仓	琼中百花岭仓
官娘脊仓	官娘脊仓	官娘脊仓	东方新北仓

（四）海南省最终方案

经过和 S 电网公司的沟通和实地调研，从地理位置、交通状况、用电负荷的分配以及综合海南经济的发展，建议采用调整方案 1。同时考虑到官娘脊仓、海口秀英仓都在海口附近，而仓库本身处于城区，因此建议将两个仓库合并，并将合并后的仓库移到靠近高速公路附近的定安建设新仓库。这样一来，由于土地出让金的级差，在定安建设新仓库可以节约几千万元。同时，由于三亚鸭仔塘仓原有的局限性，改在陵水进行新建，根据当地已经征地的规划，重新确定这两个新建仓库的经纬度（删除原来的官娘脊仓、海口秀英仓、三亚鸭仔塘仓）。

按照上面的数据处理方式与模型的建构思想，改用 LINGO 重新计算规划结果（如图 4-23 所示），最后得到三个区域仓库的最优方案，即儋州仓、陵水仓、定安仓。具体情况如表4-23所示。

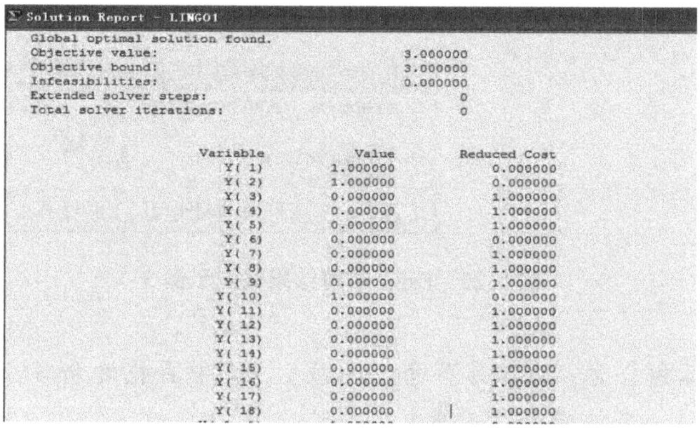

图4-23 海南省最终方案求解结果截图

表4-23 海南省区域仓库调整后的规划方案 (1)

仓库名称	所在县区	仓库类型	仓库属性	占地面积/m²	建筑面积/m²	仓库级别
海南南部区域仓	陵水（南部）	混合仓库	自有	41 300	4 000	一级
海南北部区域仓	定安（北部）	混合仓库	自有	53 300	5 000	一级
海南西部区域仓	儋州（西部）	混合仓库	自有	10 000	4 200	一级

根据海南规划仓库的地理位置、仓库功能定位、配送服务半径、交通环境等要素，结合海南岛椭圆形的地理特征，全省将原规划4个一级仓库优化调整为3个，最终确定在陵水、定安、儋州布点规划3个区域仓库，见表4-24。

表4-24 海南省区域仓库调整后的规划方案 (2)

序号	仓库名称	所在县区
1	海南南部区域仓	陵水（南部）
2	海南北部区域仓	定安（北部）
3	海南西部区域仓	儋州（西部）

　　该方案的优化调整可节省建设资金近亿元。其中海口、琼海区域仓库在定安合建，征地 80 亩；三亚区域仓库在陵水选址建设，征地 60 亩，儋州美扶仓库改建区域仓库建筑面积 50 000 m²，在现有仓库占地内改建，不征地。

　　根据模型反向梳理各个区域仓库覆盖的情况，可以得到各局管辖的急救包。

　　资料来源：S 电网公司区域仓库规划（本书主编完成的企业委托项目）。

本章小结

　　本章介绍了应急物资采购管理的关键问题以及应急物资发放需求预测的关键方法；应急物资库存分类方法以及库存控制模型；基于 AHP 法的仓库选址方法的应用；一次性和连续消耗系统的物资调度方案，以及应急运输调度的决策模型。

思考与练习

　　1. 思考不同重要性物资对应的满足率、周围储备区之间的调运量等，使应急物资需求预测模型更完善。

　　2. 在应急物资的调度模型决策法中，思考多种资源的调度问题以及各出救点应急车辆行驶路径的选择问题。

　　3. 如果应急物资的调运是以多种运输方式共同完成的，那么应急仓库该如何选址？

　　4. 在不同类型和特点的公共突发事件（火灾、化学品泄漏、地震等）发生时，与之相对应的应急物资管理有什么相同点和不同点？

　　5. 在应急仓库选址中综合运用 AHP 法和目标规划法时，约束条件可以如何完善，建立的模型又有哪些不同？

第5章　应急物流的信息系统和支撑技术

本章概述

本章首先对物流信息系统的定义和体系结构进行了较为详细的介绍；其次提出构建应急物流信息系统的框架，包括设计原则、设计内容、建立应急物流信息系统的整体架构；再次介绍了应急物流信息系统开发原则和三种开发方法，包括结构化系统开发方法、原型法、面向对象开发方法；最后对应急物流的信息技术进行了介绍，如集成技术、自动跟踪与定位类技术、自动识别类技术和新一代通信技术等。

5.1　物流信息系统的体系

物流信息系统是一个以人为主导，利用计算机软硬件、网络通信等信息技术，进行物流信息的收集、存储、加工、传输、维护和使用等活动，以提高物流组织的战略竞争优势、提高效益和效率为目的的集成化人机系统，具有分析、计划、预测、控制和决策等功能，支持物流组织的高层决策、中层控制和基层运作。面向管理、系统的观点、数学的方法和计算机应用是物流信息系统的几个基本要素。

在经济全球化趋势下，信息技术日新月异，随着管理理念的不断更新，企业信息系统将得到全面应用，现代物流信息系统具有以下五个主要特点：系统功能的集成化、模块化；信息采集的自动化、在线化；信息传输的网络化、标准化；信息处理的智能化；信息处理界面的日益友好化。

体系结构的研究起源于军事领域。在海湾战争前，美军的 C⁴ISR 系统（指挥、控制、通信、计算机、情报及监视与侦察）主要由各军兵种自行设计。由于设计的内容不统一、文档不规范、引用的术语不一致，妨碍了决策人员、设计人员和开发建设人员对系统方案的理解和交流，导致了很多"烟囱式"系统的建立。这些"烟囱式"系统的存在，严重影响了海湾战争中各军兵种之间的数据共享和对战局的实时掌握与控制。海湾战争后，美国国防部针对原有各军兵种设计的"烟囱式"指挥系统，进一步规范 C⁴ISR 系统设计，以实现各层次、各部门、各军兵种系统的互连、互通、互操作和数据共享。1995 年 10 月，美国国

防部成立了 C⁴ISR 一体化任务委员会，负责研究体系结构框架，并先后发布了
《C⁴ISR 系统体系结构框架》1.0 版和 2.0 版，该框架首次统一了美军 C⁴ISR 系
统的描述方法，规定了用作战视图、系统视图和技术视图描述系统的体系结构。
在此基础上，美军除了建立作战领域的信息系统体系结构外，还先后建立了与物
流领域相关的信息系统体系结构，如联合全资可视系统体系结构、全球战斗保障
系统体系结构。2004 年 2 月，美国国防部发布了《国防部体系结构框架》
(*Department of Defense Architecture Frame*，DoDAF) 1.0 版。该文件描述了体系结
构的概念、作用、视图、产品、数据模型、数据库系统、指导原则、发展方向
等，为描述、开发和集成国防部体系结构确立了通用方法，为美军各部门研发、
应用企业体系结构制定了新的标准和具体指南。《国防部体系结构框架》的应用
已深刻影响了美国国防部的多数业务过程，包括需求与能力的确定过程、采办过
程和成本规划与投资过程等，明显提高了信息系统之间、国家安全系统之间以及
信息系统与国家安全系统之间的相互操作能力，缩短了采办周期。

　　物流信息系统体系由业务视图、系统视图和技术标准体系视图组成，各视图
又包含了多个具体产品，如图 5-1 所示。

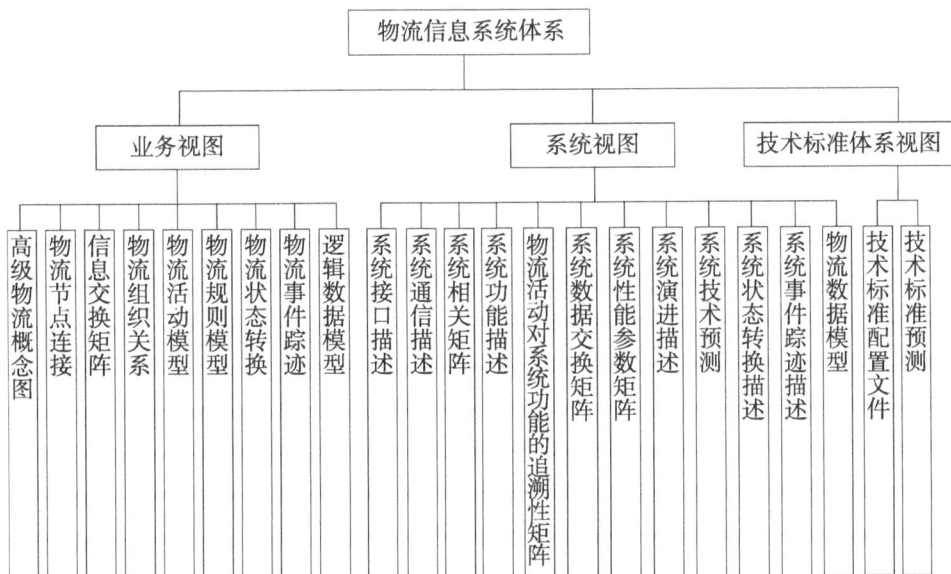

图 5-1　物流信息系统体系结构视图

　　因此，物流信息系统主要是由硬件、软件、相关人员及物流组织的管理制度
及规范等组成的一个统一整体。

5.1.1　业务视图

业务视图（Outline View，OV）主要用于描述物流任务、业务流程与物流活动、物流要素以及进行物流活动所要求的信息交换。该视图确定了物流参与者的关系和信息需求，提出了必须达到的需求、谁完成这些需求和为完成这些需求而要求的信息交换。业务视图包含以下产品。

（1）高级物流概念图（OV1）：采用图形、文字等方式描述物流使命、任务和模式，包括有什么任务、谁完成该任务、完成任务的顺序、完成任务的方式、完成任务的目的以及与外部环境、外部系统的相互作用。

（2）物流节点连接（OV2）：是高级物流概念图进行物流功能分解后的描述，是其他产品的基础，主要描述物流节点有什么活动、节点之间的连接关系和交互信息的特征。其中，业务节点是体系结构的一个元素，它产生、使用和处理的信息可以是人、组织或机构，如仓库、销售商场、送货员等。

（3）信息交换矩阵（OV3）：物流业务中产生的交互信息如申请、订货，其详细设计在信息交换矩阵中描述，主要从信息内容、格式、密级、紧急性等方面描述。

（4）物流组织关系（OV4）：描述在体系结构中起关键作用的物流人员、组织之间的业务关系，如指挥关系、指导关系、协作关系等。

（5）物流活动模型（OV5）：主要是对 OV2 中定义的物流业务活动进行详细说明。设计时一般采用分层结构的设计方法，自顶向下对活动进行逐级分解，直到满足体系结构目标要求为止，如物流业务中的仓储活动可分解为入库、保管、出库三个子活动。

（6）物流规则模型（OV6）：描述物流的运作规则，例如先进先出规则、最短失效期优先规则。

（7）物流状态转换（OV7）：描述物流的状态，如库存、在途、等待验收、入库等状态。

（8）物流事件踪迹（OV8）：描述物流业务活动顺序和时间特性。

（9）逻辑数据模型（OV9）：描述业务视图中的数据要求，如与物流相关数据类型、属性特征以及它们之间的相互关系。

5.1.2　系统视图

系统视图（System View，SV）描述支持物流业务功能的系统及其连接，主要作用是根据已确定的标准和要求，设计系统的组成结构与能力。

（1）系统接口描述（SV1）：是联系业务视图与系统视图的纽带。它通过对分配给 OV1 中节点和系统及其接口的描述，把业务视图与系统视图结合到一起。

（2）系统通信描述（SV2）：描述通信系统、通信链路和通信网络的相关信息。该产品主要是针对 OV2 中所描述的信息必需线路的物理部分，如采用光缆、有线电话、微波、卫星通信等方式进行节点间的数据传输。

（3）系统相关矩阵描述（SV3）：描述在 SV1 中给出的系统接口的详细特征。

（4）系统功能描述（SV4）：表示在系统功能之间的数据流、系统之间或系统功能之间的关系，以及节点上的活动。

（5）物流活动对系统功能的追溯性矩阵（SV5）：通过描述物流活动对系统功能的多对多的映射关系，进一步帮助在业务与系统体系结构之间建立连接。在矩阵中，一个业务活动可以由多种系统功能支持，一个系统功能可以支持多种业务活动。

（6）系统数据交换矩阵（SV6）：描述节点内系统之间的信息交换和从这些系统到其他节点的系统的信息交换，重点是数据交换如何被实现。

（7）系统性能参数矩阵（SV7）：描述各系统的现行硬件、软件的性能特征和适应技术标准预测或必需的性能特征。

（8）系统演进描述（SV8）：记录系统或系统嵌入的体系结构如何长期演进。

（9）系统技术预测（SV9）：描述现在确实掌握的和可期待掌握的支持技术。

（10）系统状态转换描述（SV10）：描述系统沿着时间坐标轴上不同阶段的状态。

（11）系统事件踪迹描述（SV11）：描述系统功能顺序和时间特性。

（12）物流数据模型（SV12）：描述逻辑数据模型中的物流信息是如何在系统视图中实现的。

5.1.3　技术标准体系视图

技术标准体系视图（Technology View，TV）描述了系统的标准和规范，提供了基本的技术支撑能力与新的技术能力，确保一个系统能满足规定的一系列业务要求。其视图产品和创建方法如下所述。

（1）技术标准配置文件（TV1）：描述系统的标准规则，如物流信息系统的操作系统、用户接口、数据管理、传输交互等技术标准。

（2）技术标准预测（TV2）：描述与 TV1 产品列出的与技术有关的标准和协议的预期变化。

5.2 应急物流信息系统的功能

5.2.1 应急信息化体系

2018 年 12 月，应急管理部印发了《应急管理信息化发展战略规划框架（2018—2022 年）》，提出要构筑应急管理信息化发展"四横四纵"总体架构，形成"两网络""四体系""两机制"。"两网络"指全域覆盖的感知网络、天地一体的应急通信网络。"四体系"指先进强大的大数据支撑体系、智慧协同的业务应用体系、安全可靠的运行保障体系、严谨全面的标准规范体系。"两机制"指统一完备的信息化工作机制和创新多元的科技力量汇集机制，见图 5-2。

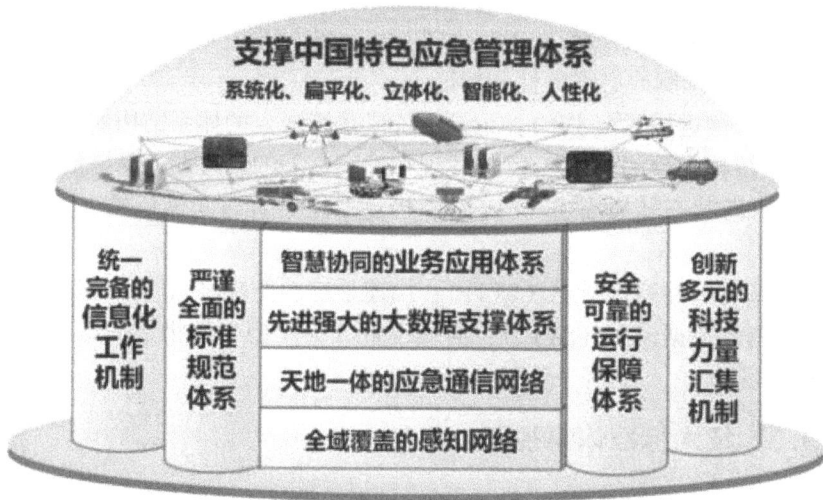

图 5-2 应急管理信息化总体架构

（1）全域覆盖的感知网络：通过物联感知、卫星感知、航空感知、视频感知、全民感知等途径，汇集各地、各部门感知信息，构建全域覆盖的感知网络，实现对自然灾害易发、多发、频发地区和高危行业领域全方位、立体化、无盲区动态监测，为多维度、全面分析风险信息提供数据源。

（2）天地一体的应急通信网络：采用 5G、软件定义网络（SDN）、IPv6、专业数字集群（PDT）等技术，综合专网、互联网、宽窄带无线通信网、北斗卫星、通信卫星、无人机、单兵装备等手段，建成天地一体、全域覆盖、全程贯通、韧性抗毁的应急通信网络。

（3）先进强大的大数据支撑体系：建设全国应急管理数据中心，构建应急管理业务云，形成性能强大、弹性计算、异构兼容的云资源服务能力；构建全方位获取、全网络汇聚、全维度整合的海量数据资源治理体系，满足精细治理、分类组织、精准服务、安全可控的数据资源管理要求。

（4）智慧协同的业务应用体系：建设统一的全国应急管理大数据应用平台，形成应急管理信息化体系的"智慧大脑"，通过机器学习、神经网络、知识图谱、深度学习等算法，利用模型工厂、应用工厂和应用超市等为上层的监督管理、监测预警、指挥救援、决策支持、政务管理五大业务领域提供应用服务能力，有力支撑常态、非常态下的事前、事发、事中、事后全过程业务开展；构建统一的门户，为各级各类用户提供集成化的应用服务入口。

（5）安全可靠的运行保障体系：建立全面立体的安全防护体系和科学智能的运维管理体系。实现对应急管理信息系统的多层次、全维度的安全防控，部署智能化运维管理系统，建立完善的运维管理制度和运维反应机制，保障应急管理部信息网络以及应用系统安全、稳定、高效、可靠地运行。

（6）严谨全面的标准规范体系：各标准之间相互联系、相互作用、相互约束、相互补充，构成一个完整的统一体，指导应急管理信息化建设全过程。

（7）统一完备的信息化工作机制：建立应急管理部全国统一领导、地方各级部门分工协作的信息化工作组织领导体系，建立覆盖项目建设全过程的协调联动制度机制、项目管理制度，完善应用考核机制。

（8）创新多元的科技力量汇集机制：培育专业化的技术研究团队，打造应急管理信息化专业人才培养体系，加强各类先进技术的攻关、融合与集成创新，建立开放的"政产学研用"技术创新机制和产业生态，调动全社会力量共同参与应急管理信息化建设。

5.2.2　应急物流信息系统的定位

应急物流信息系统是突发事件背景下应急信息系统的重要子系统，主要作用是为发生突发事件时应急资源的筹措、运送、配送等环节提供准确的信息，力争在尽可能短的时间内将其运送到事发地的指定地点。因此，应急物流信息系统是处于应急信息化体系中的智慧协同的业务应用中的应急资源管理范畴，是应急资源管理的重要一环，直接关系到应急救援任务的完成质量。应急物流信息系统的建设应依托统一的应急管理数据中心或应急指挥中心，利用新型的信息技术，构建快速响应、灵活调度、畅通无阻的应急物流体系，以满足突发性应急事件如自然灾害、安全生产事故灾害、突发性卫生事件等的应急物资仓储、中转、配送等需求，提高应急物流效率。

（1）应急物流信息系统能为应急信息化体系提供支撑作用。从我国的人口分布和经济主体布局等情况来看，将应急物流信息系统分为三级进行建设，分别是国家应急物流系统、区域应急物流系统以及县级应急物流系统。国家应急物流系统的构建可以形成全局的规划和保障，而区域和县级的应急物流系统则是从做好局部出发，提高应急物流系统的及时性、有效性。目前，我国应急资源一般分散在不同部门和不同地方，如民政部门负责衣被等生活类救灾物资，医药卫生部门负责管理药品类救灾物资，粮食部门负责粮食物资。应急物流信息系统集中管理各类救援物资物流信息，在灾害发生时，能整合汇聚不同部门和地区的资源的分布、存储、分配、运输等各环节物流信息，利用条码术、RFID、GPS/北斗、GIS、互联网、现代通信等技术，实现对应急物流过程中的物资可视性的跟踪和溯源，保障应急物资供应的数量和质量，并对应急物流车辆进行导航、定位，提高应急物流运输和配送的效率，使应急物资及时到达目的地，方便应急物流的信息采集、传递、分配，以及对物流体系中采购、仓储、运输、配送等环节进行统筹管理。应急管理数据中心或应急指挥中心能及时把控物资信息，如物资种类、配送速度、配送时间、配送起终点，形成"应急资源一张图"，做到"底数清、情况明"，同时也可借助大数据技术，对物流信息数据进行深入的挖掘分析，为物资规划、计划、调度提供科学的辅助决策支持。因此，各级应急物流信息系统应与应急管理数据中心实现互联共享，汇聚并贯通空、铁、公、水各部门物流信息和数据，推动物流活动信息化、数据化，促进应急数据资源整合和开放共享。同时，也推动各类物流信息平台互联互通，促进综合交通运输信息和物流服务信息等有效衔接，为提高突发事件物流资源配置效率提供基础支撑。应急物流信息系统在优化整合物流资源、促进信息互联互通、提高物流组织化程度方面起着重要作用。

（2）应急物流信息系统与应急信息化体系的联动。应急物流的采购、运输、配送等环节，需要应急指挥、交通信息、气象等系统提供支持与帮助。应急物流信息系统需要与全域覆盖的感知网络融合，通过物联感知、卫星感知、视频感知、全民感知等途径，动态获取物流运输路线上的交通信息、受灾面积、天气信息等，从而为物流运输路线规划提供数据支撑，有效地避开各类阻塞因素。应急物流信息系统需要与天地一体的应急通信网络融合，借助无线通信网、北斗卫星、无人机等手段，应急通信网络联通物资配送地、运输过程地、灾害发生地的各地应急人员，能随时随地实现快速地全程贯通地获取信息、共享信息、指挥调度，提供统一高效、稳定可靠的网络通信保障。应急物流信息系统需要与应急信息化体系中的其他智慧协同业务应用融合，业务应用主要包含公共应用，如应急救援指挥、决策辅助支持等业务活动，以及专项应用如洪灾（汛）、干旱（旱）、飓/台风（风）救援、地震地质灾害救援、森林火灾防治、危险品（危）、化学品（化）监督管理等应急管理业务。应急物流信息系统应与应急救援指挥系统共享相关信息，接收应急管理部门下达的应急资源任务信息并进行反馈；与各类专项应用系统对接，为汛旱风灾害、地震地质灾害、森林火灾、安全生产事故等灾害事件提供应急资源信息共享，实时采购、调配相应的应急资源满足专项灾害救援需求；与应急预案系统对接，当突发事件发生时，应急预案系统应能及时响应，根据事件等级和性质，自动匹配相关应急预案，并下达应急资源调配任务至应急物流信息系统，实现周边救援物资的快速匹配与联动。

5.3　应急物流信息系统的结构设计

应急物流信息系统是应急物流系统的一个子系统，由于自然灾害、突发性公共卫生事件以及局部性军事战争的不确定性，对于一个应急物流系统来说，信息的有效获得和传递具有核心的意义。应急物流信息系统的目标就是要配合危机管理的全过程，应用信息技术，实现大面积的、跨专业和部门的信息资源处理和实时通信调度，使应急过程更加科学化和可视化。

5.3.1　应急物流信息系统的构建原则

（1）系统性原则。现代物流的最终目标是要达到"四流"（商流、物流、资金流和信息流）的最佳融合，任何一个功能单一的信息系统是无法完成这一目标的。因此，物流信息化的过程必须遵循系统化原则，将信息系统建设与指挥、采购、配送、仓储系统等结合考虑，从整体上进行统一设计，达到信息的无缝链接。应急物流是常规物流的特殊形态，其信息系统同样要求满足系统化的要求。

（2）科学化原则。应急物流追求"最短时间"，为了缩短反应时间，必然通过多种科学技术手段来减少不必要或者可能会造成时间损失的环节，但这并不意味着技术越先进越好。应急物流信息系统应满足科学化原则，要求物流信息系统科学、有效。

（3）信息规范化原则。应急物流的信息来源与常规物流相比更加复杂，许多信息往往不是来源于正规渠道。为了使信息流在各系统之间畅通无阻，必须制定统一的标准和格式，企业应当无条件遵守，从而在应急状态下使信息能够在不同系统之间达到实时交换。此外，应急物流信息系统在非常时期的扩充和使用必须有法可依，依法实行。国家的动员法律法规必须将企业信息设施的动员和征用加以明确规定。

（4）社会化原则。应急物流通常是由国家或者社会非营利性机构组织的社会活动，整个过程基本上都是在社会大环境中完成的，因此其信息系统建设必须以社会公共信息平台为基础。并且，高效的物流必然要走专业化的道路，相应的信息保障应当交给社会上的专门机构去处理。

（5）经济原则。为了完成应急目标，应急物流往往是高成本，甚至不计成本运作的，但这并不是应急物流的本质属性。物流的本质追求是降低成本、提高效率。因此，应急物流信息系统的设计必须自始至终贯穿经济性的理念，必须提高应急物流的效率，用有限的物流资源来更好地达到应急的目的。这既是信息系统运行的目标，也是信息系统自身建设过程中应遵循的原则。

5.3.2　应急物流信息系统的业务架构

一个完善的应急物流信息系统业务架构应具备以下五个方面的内容（见图5-3）。

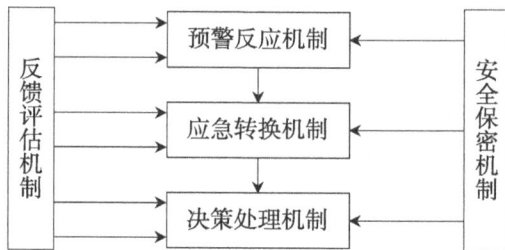

图5-3　应急物流信息系统业务架构

（1）灵敏的预警反应机制。应急事件发生之前往往会有一些前兆，例如，在"非典"暴发的初期，深圳市白醋、板蓝根等产品的价格出现非理性上涨；在"5·12"汶川大地震发生前，也曾有过一些异常现象。这就给信息系统的预警提供了可能。

（2）规范的应急转换机制。应急物流与常规物流在信息系统方面的区别在于，应急物流大量的工作和信息发生在从常规状态向应急状态转换的过程中，这一过程若处理不当就会造成信息堵塞和滞留。因此，必须建立规范的信息转换机制，防止混乱和无序，保障信息的顺畅流动。

（3）科学的决策处理机制。信息永远都是决策的依据，通过分析大量的数据和信息，结合应急物流的目的，建立优化模块，提高应急物流的实施效率。

（4）及时的反馈评估机制。应急物流各环节运行是否有效，有无瓶颈或短板，是否存在不必要的环节，是否存在影响物流效率的环节，对这些问题都必须做出及时、正确的回答。

（5）高性能的安全保密机制。应急物流往往与国家的稳定紧密关联，尤其是局部战争引发的军事应急物流，政治上的敏感必然使信息安全受到关注。在计算机病毒和网络黑客横行的今天，必须加强对应急物流信息系统的防护。不仅要建立安全防护机构和技术支持部门，还要对重要数据进行加密甚至物理隔离。此外，要充分运用法律武器对泄密和破坏系统安全的人员进行处理。

5.2.3 应急物流信息系统的结构

应急物流信息系统贯穿所有的物流环节，主要功能是存储应急资源、实时动态监控、应急业务处理、辅助管理决策和基础数据库。应急物流的特点要求制定一个合理、可扩展的物流信息系统体系结构，应急物流是一个与不同功能物流企业和其他社会单位联动的系统，体系结构模型的制定一方面有利于信息系统的设计与实现，另一方面有利于物流配送算法的实现。应急物流信息系统整体结构如图 5-4 所示。

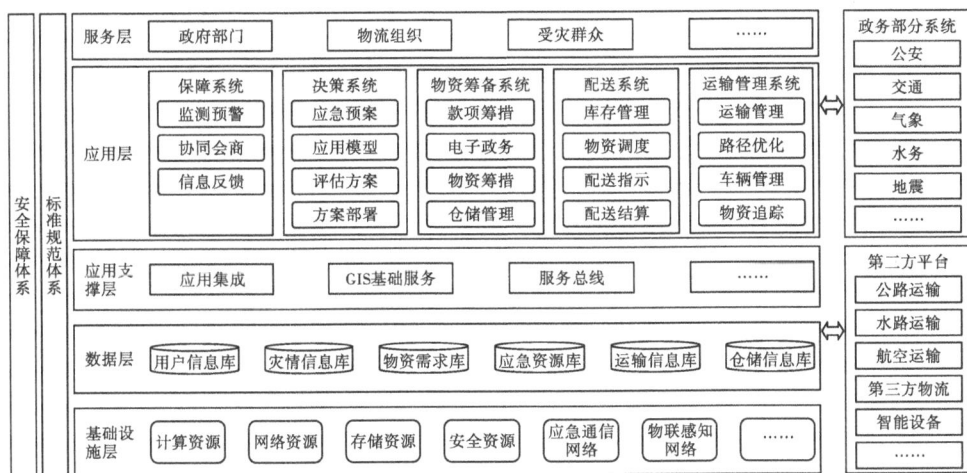

图 5-4 应急物流信息系统整体结构

从功能角度入手，总体上可以将应急物流信息系统划分为五层：基础设施层、数据层、应用支撑层、应用层、服务层。

（1）基础设施层：系统建设需要部署相应的基础设施（如计算资源、网络资源、存储资源、安全资源）、应急通信网络、物联感知网络等。

（2）数据层：主要包括用户信息数据库、灾情信息数据库、物资需求数据库、应急资源数据库、运输信息数据库、仓储信息数据库等。

（3）应用支撑层：为上层应用系统提供统一的通用工具/产品及通用型应用系统，以及由于应用支撑，应急物流信息系统需要在内部自行构建的通用系统支撑功能。

（4）应用层：涉及应急物流系统运作的各环节，主要协助指挥中心协调各部门的工作、应急物资的调度与监测、运输线路的动态优化等。

（5）服务层：主要包括事发地政府部门、应急物流组织和受灾群众，通过应急物流建立政府与受灾群众之间的联系。突发事件背景下的应急物流信息系统并不是孤立存在的，而是与其他系统分工协作、相互配合。

因此，为了更好地完成应急物流任务，系统可与应急指挥中心、地震、气象、卫生防疫、环保、交通等部门保持密切的联系，及时掌握各种自然灾害、公共卫生、生产事故、环境污染、交通状况、应急物资需求等方面的信息，并保持数据库不断得到补充和更新。同时，对外准确、及时、完备地发布政府公告和应急法规，灾害、气象、交通等方面的最新动态以及应急物资的价格和需求情况等各方面的信息，使公众得到最新、最快、最可靠的应急物流信息。应急物流信息系统可集成全国、各省、各地级市的所有资源，在一定程度上可以提升各级政府部门的应急处置能力。除此之外，将社会捐赠直接与应急物流信息系统综合平台对接，可以提高应急物资的筹措效率，从而全面提升应急物流系统应对重大突发事件的能力。同时也可对接、整合第三方物流平台的数据，为公共部门提供决策支持。按照应急物流流程划分，应急物流信息系统业务应用结构如图 5-5 所示，该系统可分为五个模块。

（1）保障子系统。保障子系统包括预警反应、协调机制、反馈系统模块：①预警机制对各种可能发生的公共危机事件敏感因素设定临界指标，以提升信息系统灵敏的预警反应能力，有效地提高应急物流的反应效率。②由于应急物流是其社会功能的体现，需要整个社会的参与。建立有效的协作机制和信息共享机制，加强跨部门、跨行业的协调，通过沟通或法律和行政干预的手段建构共同协作和信息共享的环境，在最短时间内实现各界各单位机构的责权分配及合作。③信息化的反馈系统可以在突发性自然灾害和公共卫生事件的紧急状态下，迅速反馈应急措施的效果，反映物流系统的薄弱环节，从而为及时改正错误、改进流程、提高效率提供支持。

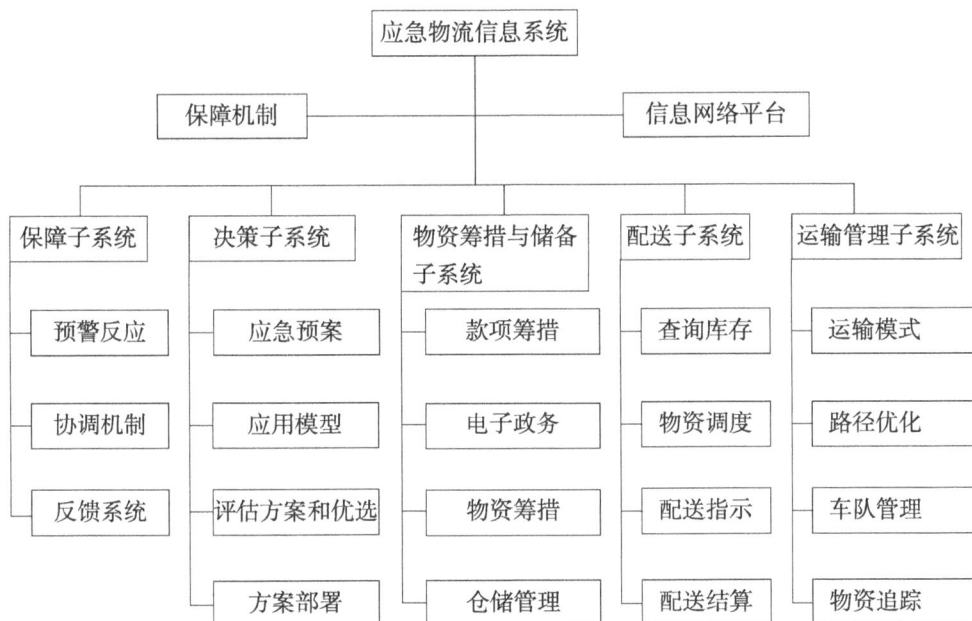

图 5-5　应急物流信息系统业务应用结构

（2）决策子系统。决策子系统以系统所收集的信息为基础，应用模型或其他方法和手段（如数据库技术、经济管理数学模型等）实现辅助决策和预测功能。它包括建立完善的应急预案、应用模型（如线性规划、决策树、不确定性分析、专家评估、打分对比）、评估方案和选优以及方案部署功能模块。

（3）物资筹措与储备子系统。应急物资重在解决重大灾害和突发事件发生后的抢险、救援和安置工作，以妥善解决和应对灾后早期阶段的民生问题。常用应急物资有救生类（如冲锋舟、救生船、救生艇、救生衣、救生仪器、破拆工具、起重设备等）、医疗类（如医疗器械、药品等）、生活类（如食品、饮用水、衣服、棉被、帐篷及活动板房建材等）。在储备环节上，突发事件相对频繁的地域可设储备机构对应急物资的平时储备进行管理。对物资的管理要充分利用企业管理和控制库存中的库存 ABC 分类方法进行分类管理。借助实时计算机仓储管理软件（WMS）提高预测准确度、减少周转时间、降低库存持有成本。对于不可预测的突发事件，临时筹备的物资可跳过储备环节直接进行运输，但要做好相关的信息统计工作。

（4）配送子系统。应急物流配送子系统的主要功能有：向决策系统提供配送物资的信息；查询库存及配送能力；发出配送指示、结算指示及发货通知；应急物资调度。突发应急事件发生后，必须调用应急物资进行救援，但救援物资是有限的。为此，科学合理地进行救援物资的调度，在满足一定的约束条件（如货物需求量、发送量、交发货时间、车辆容量限制、行驶里程限制、时间限制等）下，达到一定的目标（如路程最短、费用最少、使用车辆数量最少等），对应急物流具有重要的意义。

（5）运输管理子系统。运输管理子系统是为提高运输能力、降低物流成本、提高服务质量而采取现代信息管理技术手段建立的管理信息系统。其主要功能有：①使用运输管理信息系统（TMS）优化运输模式组合。②路径优化。应急物资通常包含多个供应点和需求点，且物资的运输相较于企业物流更重视时间效率。在运输通道方面，特大灾害和突发事件往往造成正常交通的阻断或延迟，应用完整的 GIS 物流软件集成车辆路线模型、最短路径模型、网络物流模型、分配集合模型和设施定位模型，利用 GIS 强大的地理数据功能，结合具体环境，做好运输与配送网络的设计和安排，力求总体最优化。③车队管理。实现基于信息化的车队管理、运输计划、调度与跟踪、与运输商的电子数据交换（信息集成）等。④物资追踪。TMS 还可结合 GPS、北斗技术实现在途物资的追踪，并在必要时调整运输模式。

阅读材料 5-1

大学能为应急物流信息化做什么

突发性灾害和事故会严重干扰人民群众正常的生产生活秩序，妨碍经济社会持续健康有序的发展。痛定思痛，人们发现应急物流运输中的信息系统建设将会大大降低各类突发性灾害事故的损失程度。而应急物流是以为重大自然灾害、突发性公共卫生事件及公共安全事件等突发性事件提供所需应急物资为目的，以追求时间效益最大化和灾害损失最小化为目标的特种物流活动。在突发公共事件应急体系中，应急物流管理对于提高应急响应能力、节约救援时间、降低生命财产损失程度具有重要价值。针对我国应急物流信息化程度偏低、难以满足应对紧急状态要求的现况，大学理应肩负起应急物流运输中的信息系统建设责任。

首先，大学肩负着相关专业人才的培养任务。作为人才培养的摇篮，如何设置课程关系到人才培养的规格与尺度，进而对经济社会发生作用。因此，应增设并加强与应急物流运输信息系统建设相关的课程，理工科院校或综合性大学应致力于与应急物流运输信息系统建设相关课程的建设与改革，培养现代青年在重大突发灾害面前的应急意识、应急知识与应急能力，使他们在走向社会生产与生活领域时，具备较高的应急反应能力以及处理突发危机与灾害的水平，同时能够有效操控、运用和管理应急物流系统，使人民的生命财产损失最小化，使社会生产和生活秩序尽快回到正轨。

其次，大学是科研成果的产出地，肩负着应急物流信息系统的研发任务。为此，大学的专业性系所的研究人员应致力于如下几方面的研究：第一，对应急物流的特点和类型进行分析，加强对应急物流运输系统特点的研究。以往人们对应急物流特点的掌握及总结系统性较差，全面系统地认识应急物流系统各要素特点无疑为搞好应急物流运输提供了一个很好的研究平台。第二，注重随机需求车辆路线问题的研究。由现实生活中的不确定性因素引出需求随机的车辆路线问题，根据该问题随机性强的特点，设计不断优化的求解方法。第三，强化应急物流运作流程的研究。为了使突发事件造成的损失极小化，亟须对应急物流的运作机制及实现途径进行研究。在分析应急物流特点的基础上，设计应急物流运作流程，提出应急物流成功运作应注意的问题。第四，科学地构建应急物流体系及其运作管理。建立应急物流运作流程基本框架，指出应急物流成功运作的关键是加强政府在应急物流组织保障工作中的作用、加强应急物流信息保障系统和交通运输保障体系的建设。第五，应急物流信息系统使用中的风险分析。这是应急物流信息系统建设中的重要研究内容。应用应急物流信息系统也有失信、失效的情况，必须根据应急信息系统的特点加以防范，提高对应急物流信息系统风险辨识、风险评估和风险等级测算的能力。

最后，大学要加强与企业的联系，使应急物流信息系统科研成果产业化，促进产学研结合。以全球定位系统（GPS）为例，此信息系统是美军 20 世纪 70 年代初在"子午仪卫星导航定位"技术上发展起来的具有全球性、全能性（陆地、海洋、航空与航天）、全天候优势的导航定位、定时、测速系统，由空间卫星系统、地面监控系统、用户接收系统三大子系统构成，该研究成果已广泛应用于军事和民用领域。在发达国家，GPS 技术已经开始应用于交通运输和道路工程之中。据调查，GPS 系统在"5·12"汶川大地震中起到了关键作用。该系统准确及时地锁定了灾区上百辆失踪车辆，协助救援人员找到数千名受灾游客，帮助他们及时脱险，由此可见应急物流运输中的信息系统建设的重要性。因此，基于我国北斗卫星导航系统展开的相关科研和应用是大学的重要任务之一。

资料来源：史万兵. 大学能为应急物流信息化做什么［N］. 中国教育报，2008-12-24，此处有删改。

5.4 数据存储与处理类技术

物流信息技术是现代信息技术在物流各个作业环节中的综合应用，是物流现代化、信息化、集成化的重要标志。从物流数据自动识别与采集的条码系统，到物流运输设备的自动跟踪；从企业资源的计划优化到各企业、单位间的电子数据交换；从办公自动化系统中的微型计算机、互联网、各种终端设备等硬件到各种物流信息系统软件都在日新月异地发展。可以说，物流信息技术是现代物流区别传统物流的根本标志，也是物流技术中发展最快的领域之一。根据物流的功能及特点，现代物流信息技术由通信、软件和面向行业的业务管理系统三大部分组成，其中包括集成技术、自动跟踪与定位类技术、自动识别类技术、企业资源信息技术（如物料需求计划、制造资源计划、企业资源计划、分销资源计划、物流资源计划等）、数据管理技术（如数据库技术、数据仓库技术等）和计算机网络技术等现代高端信息科技。在这些高端计算机技术的支撑下，形成了以移动通信、资源管理、监控调度管理、自动化仓储管理、业务管理、客户服务管理、财务处理等多种信息技术集成的一体化现代物流管理体系。

5.4.1 电子数据交换

物流企业中广泛应用的物流系统集成模式主要是多对多。因为物流企业都是跨行业、跨地区的，它需要多领域、多地区之间信息的相互交流。目前采取的办法都是尽可能多地进行两点连接，运输企业和仓储企业及时连接，仓储企业与指挥系统及时连接。现在大多数物流企业希望通过这种模式调整好客户管理系统和内部管理系统。电子数据交换（Electronic Data Interchange，EDI）系统是集成技术的典型，其通过电子方式，采用标准化的格式，利用计算机网络进行结构化数据的传输与交换。EDI 按照统一规定的一套通用标准格式，将标准的经济信息通过通信网络传输，在贸易伙伴的计算机系统之间进行数据交换和自动处理。将 EDI 和企业的管理信息系统集成起来，能显著提高企业的经营管理水平。EDI 利用存储转发方式将贸易过程中的订货单、发票、提货单、海关申报单、进出口许可证、货运单等数据以标准化格式，通过计算机和通信网进行传递、交换、处理，代替了贸易、运输、保险、银行、海关、商检等行业间人工处理信息、邮递互换单证的方式，使交易行为更加迅速；避免重复操作，减少人为差错，提高工作质量；减少库存，降低企业的运营成本；更重要的是可以让一部分人从繁重的手工劳动中解脱出来，从事更有价值的工作。

EDI 的标准包括 EDI 网络通信标准、EDI 处理标准、EDI 联系标准和 EDI 语义语法标准等。目前世界上通用 EDI 标准是 EDIFACT（EDI for Administration，Commerce and Transportation）。EDI 标准体系结构（EDIFACT）如图 5-6 所示，包括 EDI 基础数据标准、EDI 描述语言标准、EDI 电子单证格式标准、EDI 注册与维护标准、EDI 管理标准五个部分。

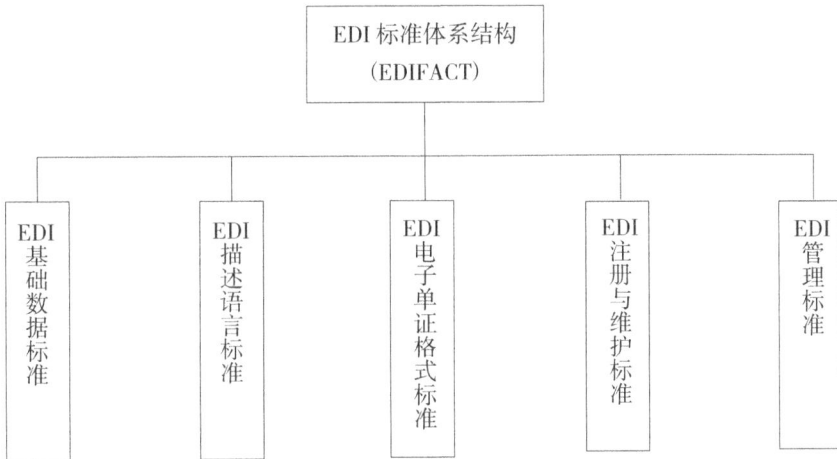

图 5-6　EDI 标准体系结构

（1）EDI 基础数据标准，它由 EDIFACT 代码表、EDIFACT 数据元目录、EDIFACT 复合数据元目录、EDIFACT 段目录等标准组成。

（2）EDI 描述语言标准，它由 EDIFACT 应用级语法规则的公用语法规则、批式电子数据交换专用的语法规则、交互式电子数据交换专用语法规则、批式电子数据交换语法和服务报告报文、批式电子数据交换安全规则（真实性、完整性和源的抗抵赖性）、安全鉴别和确认报文、批式电子数据交换安全规则（保密性）、电子数据交换中的相关数据、密钥和证书管理报文、语法服务目录以及语法实施指南组成。

（3）EDI 电子单证格式标准，包括 EDIFACT 报文设计指南与规则、EDIFACT 报文目录。

（4）EDI 注册与维护标准。它由 EDIFACT 技术评审指南、数据维护请求评审程序等标准组成。

（5）EDI 管理标准，包括标准技术评审导则、标准报文与目录文件编制规则、EDIFACT 标准版本号与发布号编制原则等。

5.4.2　云计算技术

云计算（Cloud Computing）是分布式计算的一种，指的是通过网络"云"将巨大的数据计算处理程序分解成无数个小程序。然后，通过多部服务器组成的系统进行处理和分析，并将这些小程序得到的结果返回给用户。云计算早期，简单地说，就是简单的分布式计算，是解决任务分发，并进行计算结果的合并。因而，云计算又被称为网格计算。这项技术的应用可以在很短的时间内（几秒钟）完成对数以万计的数据的处理，从而达到强大的网络服务。

（1）云计算可以将物流行业的资源进行整理。利用云计算功能，将物流的系统信息进行整合。加强对物流信息系统的利用，这样可以在一定程度上提高物流的效率。比如说，通过云计算将应急物资的信息进行统计，制定物流运行线路。同时，云计算功能还能分析当前地区的应急物资需求，应急部门根据云计算得出的结论设计特殊的物流配送路线，这样大大提高了物资配送之间的效率，也节约了成本。此外，还可采用云计算的方法来整合资源。

（2）云计算还能为应急部门提供储存服务。一般来说应急物流业务中产生的信息量都比较大，如果采用传统的储存方式，占地面积大，维护成本高，人力成本高，在软件设施、硬件设施上需要更多投入，久而久之维护的成本也相应提高。但是采用了云储存服务，首先在数据安全上得到了保障，同时云储存系统还可以提供备份和恢复的功能，彻底地解决了物流企业的后顾之忧；其次，云计算服务还可以将资料分享给下属部门，这样节省了一大笔传输资料的费用，同时也能避免资料在传输过程中被损坏。

（3）云计算提供基于大数据的分析。物流大数据就是通过海量的物流数据，即运输、仓储、搬运装卸、包装及流通加工等物流环节中涉及的数据、信息等，挖掘出新的增值价值，通过大数据分析可以提高运输与配送效率，减少物流成本，更有效地满足客户服务的要求。大数据在应急物流中可以提高物流的智能化水平，通过对物流数据的跟踪和分析，物流大数据应用可以根据情况为应急部门做出智能化的决策和建议。

5.5　自动跟踪与定位类技术

5.5.1　地理信息系统（GIS）

GIS 是 20 世纪 60 年代中期发展起来的一项新技术。GIS 是一个以地理坐标为基础的信息系统，具有强大的空间数据处理能力。它以地理空间数据为基础，采用地理模型分析方法，适时地提供多种空间的和动态的地理信息，是一种为地理研究和地理决策服务的计算机技术系统。其基本功能是将表格型数据（可以是来自数据库、电子表格文件或直接在程序中输入的数据）转换为地理图形显示，实现对物流情况的分析。目前一些国外公司已经开发出利用 GIS 进行物流分析的工具软件，完整的 GIS 物流分析软件集成了车辆路线模型、网络物流模型、分配集合模型和设施定位模型等，GIS 物流信息系统实现了以下功能：

（1）辅助决策分析。在物流管理中，GIS 提供全方位的信息，包括历史的、现在的、空间的、属性的，并在空间数据上集成各种信息进行销售分析、市场分析、选址分析以及潜在客户分析等空间分析，获得客户资料以及与企业相关的综合数据，帮助企业制订正确的生产和销售计划，提高决策分析的能力以及决策的准确性和工作效率。

（2）优化货物运输路径。在物流网络中，货物总是在流动，从供应商到各分销中心，从分销中心到商场或消费者，等等。货物运输路线选取的好坏直接影响物流成本的高低。物流网络中从起点出发到终点可能有多条路，选择最优路径就是确定从起点到终点的最短等效长度。借助 GIS 技术来选择网络中的最优路径，首先要采用层次分析法确定影响最优路径选择的因素，如经验时间、几何距离、道路质量、拥挤程度等。在此基础上，再根据现有车辆运行情况确定车辆调配计划。

（3）实时监控车辆与货物。GIS 能接收 GPS、北斗传来的数据，并将它们显示在电子地图上，帮助企业动态地进行物流管理。首先，可以实时监控运输车辆，实现对车辆的定位、跟踪与优化调度，以达到成本最低，并在规定时间内将货物送到目的地，很大程度上避免了迟送或者错送的现象；其次，根据电子商务网站的订单信息、供货点信息和调度信息，货主可以随时对货物进行全过程的跟踪和调度，可以增强供应链的透明度和控制能力，提高客户满意度。

（4）选择机构设施地理位置。在物流领域，供应商、第三物流企业、配送中心、销售商等不仅存在着空间分布上的差异，而且它们的服务范围和销售市场范围也具有不同的空间分布形式。因此，这些机构设施地理位置的选择要科学合理，它直接影响到企业的经济效益和自身发展，是现代物流管理所必须解决的问题。机构设施地理位置的选择包括位置的评价和优化，评价是对现有设施的空间位置分布模式的评价，而优化是对最佳位置的搜寻。例如，假定一个企业要在某市设立多个供货点，要求能够完全覆盖这个城市且每个货点的顾客大致相等。为了解决这个问题，首先需要在城市交通图上标出居民地的空间分布位置，分析已有的供应点和潜在的供应点，按照给定的条件列出需要点和供应点的二元矩阵；

其次根据矩阵约简方法，排除多余供应点，求得满足条件最多的供货点。

GIS 的物流配送系统应集成以下主要模型：设施定位模型、车辆路线模型、网络物流模型、配送区域划分模型、空间查询模型。

（1）设施定位模型。用于确定一个或多个设施的位置。在物流系统中，仓库和运输路线共同组成了物流网络，仓库处于网络的节点上，节点决定着线路。该模型可以根据供求的实际需要并结合经济效益等原则，解决在既定区域内设立多少个仓库，每个仓库的位置、每个仓库的规模以及仓库之间的物流关系等问题。

（2）车辆路线模型。用于解决在一个起始点多个终点的货物运输中，如何降低物流作业费用，并保证服务质量的问题。

（3）网络物流模型。用于解决最有效的分配货物路径问题，也就是物流网点布局问题。如将货物从 n 个仓库运往 m 个商店，每个商店都有固定的需求量，因此需要确定由哪个仓库提货送给哪个商店所耗的运输代价最小，以及决定使用多少辆车及每辆车的路线等。

（4）配送区域划分模型。根据各个要素的相似点把同一个层上的所有部分要素分为几个组，用以确定服务范围和销售市场范围等问题。如某一个公司要设立 n 个分销点，这些分销点要覆盖某一地区，而且要使每个分销点的顾客数目大致相等。

（5）空间查询模型。查询以某一商业网点为圆心，某半径内配送点的数目，以此判断哪一个配送中心距离最近，为安排配送做准备。

5.5.2 全球定位系统（GPS）、北斗

（1）GPS。美国从 20 世纪 70 年代开始研制 GPS，历时 20 余年，耗资 200 亿美元，于 1994 年全面建成的具有海陆空全方位实时三维导航与定位能力的新一代卫星导航与定位系统。GPS 有全天候、高精度、自动化、高效益等特点，可提供全球范围从地面至 9 000 千米高空之间任一载体的高精度的三维位置、三维速度和时间信息。安装在车辆上的车载单元只要能接收来自其中三颗卫星的定位信号，就可确定该辆车的经度、纬度位置和时间信息。GPS 在物流领域可以应用于汽车自定位、跟踪调度和铁路运输等方面的管理以及军事物流。可以为用户提供目标定位、监控、调度、报警、信息沟通、车辆管理等服务，车辆跟踪定位系统更是被一些专家认为是 GPS 未来发展的三大热点之一。GPS 跟踪技术利用 GPS 物流监控管理系统，主要跟踪货运车辆与货物的运输情况，使货主及车主随时了解车辆与货物的位置与状态，保障整个物流过程的有效监控与快速运转。

（2）北斗。北斗卫星导航系统（以下简称北斗系统）是中国着眼于国家安全和经济社会发展需要，自主建设、独立运行的卫星导航系统，是为全球用户提供全天候、全天时、高精度的定位、导航和授时服务的国家重要空间基础设施。

北斗系统空间段采用三种轨道卫星组成混合星座，与其他卫星导航系统相比，高轨卫星更多，抗遮挡能力强，尤其在低纬度地区性能特点更为明显。其能够提供多个频点的导航信号，能够通过多频信号组合使用等方式提高服务精度。创新融合了导航与通信能力，具有实时导航、快速定位、精确授时、位置报告和短报文通信服务五大功能。其优势在于短信服务和导航结合，增加了通信功能；全天候快速定位，特别适合物流运输与管理，以及无依托地区的数据采集和用户数据传输应用；独特的中心节点式定位处理和指挥型用户机设计，可同时解决"我在哪"和"你在哪"的问题；提供无源定位导航和授时等服务时，与 GPS 兼容，且用户数量没有限制；自主系统，高强度加密设计，安全、可靠、稳定，适合应急部门应用。

物流车辆管理。北斗车载智能终端融合地理信息服务系统与车载无线感知网络，实现为驾乘人员提供实时的路况、导航、监控以及运单跟踪、处理等功能。同时，通过远端的运营服务中心实现对所有配置智能终端的车辆进行全程监控、信息交互、气象信息分析、地质灾害信息分析、交通路况分析、调度优化、智能分析等方面的服务和集成应用，实现对物流车辆运输过程的违规驾驶情况进行及时报警及处理，对车辆运输途中的各项安全要素进行预警提醒。北斗系统在物流企业的应用成果：利用北斗卫星导航技术较容易实现对应急物资长途运输车辆的跟踪与调度管理，规划最佳路线，提高道路和车辆资源的运行效率，降低能源消耗、保证安全。

在室内环境无法使用卫星定位时，使用室内定位技术作为卫星定位的辅助定位，解决卫星信号到达地面时较弱、不能穿透建筑物的问题，最终定位物体当前所处的位置。室内定位在应急物流中的应用可以对移动设备、贵重物资进行实时定位。通过系统中的 2D/3D 地图，可以随时查看物资所在位置，便于在使用时快速调用；对于不同类型、不同等级的物资，系统中可以进行分类标记，实现有序管理。移动轨迹查询室内定位系统可全面记录被定位物品的入库时间、出库时间、移动路线、在某区域的停留时间等数据。通过在系统中输入时间段，可以查询物资在某一个时段的移动轨迹，实现历史事件的回溯，便于实现仓储物资调用流程的优化。物资定位盘点通过对仓储物资进行定位，可以查询物资总数、剩余数量、调用动态图等数据，系统可生成可视化数据报表，便于工作总结与汇报；系统支持多终端查看，随时了解仓库货物的实时状态以及实现对重要物资的监督。

5.6　自动识别类技术

5.6.1　条码技术

条码技术是由美国的 N. T. Woodland 在 1949 年首先提出的。条码（Bar Code）是由一组规则排列的条、空及其对应字符组成的标记，用以表示一定的信息（GB/T12905-2000《条码术语》）。人们常按照携带信息的方式，把条码分为一维条码和二维条码两大类。一维条码是由一组黑白相间、粗细不同的条状符号组成的。在一个方向上通过条与空的排列组合来存储信息，所以称为一维条码。这种数据编码可以供机器识读，而且很容易译成二进制数和十进制数。任何一个完整的一维条码通常都是由两侧的空白区、起始符、数据字符、校验符（可选）、终止符和供人识别字符组成的。二维条码是用某种特定的几何图形按一定规律在平面（二维方向上）上分布的黑白相间的图形来记录数据符号信息的，在代码编制上巧妙地利用构成计算机内部逻辑基础的 00、10 比特流的概念，使用若干个与二进制相对应的几何形体来表示文字数值信息，通过图像输入设备或光电扫描设备自动识读以实现信息的自动处理。它具有条码技术的一些共性，如每种码制有其特定的字符集，每个字符占有一定的宽度，具有一定的校验功能等。

5.6.2　扫描技术

（1）POS。扫描技术的自动识别技术的另一个关键组件是扫描处理，扫描仪收集条码数据，并把它们转化成可用的信息。扫描技术在物流方面主要有两大应用，第一种是在零售商店的销售点（Point of Sales，POS），除了在现金收入机上给顾客打印收据外，还可以在商店层面提供精确的存货控制。销售点可以精确跟踪每一个库存单位出售数，有助于补充订货，因为实际的单位销售数能够迅速地传输到供应商处。实际销售跟踪可以减少不确定性，并可去除缓冲存货。除了提供精确的再供给和营销调查数据外，销售点还能向所有的渠道成员提供更及时的具有战略意义的数据。

（2）扫描枪。第二种是针对物料搬运和跟踪的扫描枪。通过扫描枪的使用，物料搬运人员能够跟踪产品的搬运、储存地点、装船和入库。对托运人来说，它能改进订货准备和处理，排除航运差错，减少劳动时间，改进保存记录，减少实际存货时间。对承运人来说，它能保持运费账单信息完整，顾客能存取实时信息，改进顾客装运活动的记录保存，可跟踪装运活动，简化集装箱处理，监督车辆内的不相容产品，缩短信息传输时间。对仓储管理来说，它能改进订货准备、处理和装置，提供精确的存货控制，顾客能存取实时信息，安全存取信息，减少劳动成本，使入库数精确。对批发商和零售商来说，它能保证单位存货精确，销售点价格精确，减少实际时间，增加系统灵活性。

5.6.3 射频识别技术

射频识别技术（Radio Frequency Identification，RFID）是一种非接触式的自动识别技术，它通过射频信号自动识别目标对象来获取相关数据。RFID 技术早在"二战"期间就已经出现。近年来，RFID 技术的发展使通过网络实现物品（商品）的自动识别和信息的互联与共享成为可能。由于 RFID 是一种非接触式的自动识别技术，射频标签使用的是辐射电磁场识别器传输和读取数据，这对供应链管理极为有利。例如，RFID 能够扫描带有各种标签的托盘，无须写下托盘后再扫描每一个货箱，且可工作于各种恶劣环境。短距离射频产品不怕油渍、灰尘污染等恶劣的环境，可以替代条码，如在工厂的流水线上跟踪物体。长距射频产品多用于交通上，识别距离可达几十米，如自动收费或识别车辆身份等。此外，RFID 标签能够在通过供应链时，添加或删除各种信息，因此射频识别技术是 EDI 的补充——关键信息在标签中编码、大量数据通过电子方式互换。

一般来说，射频识别系统由射频标签（Tag）、读写器（Reader）和数据管理系统三部分组成。其中射频标签由天线和芯片组成，每个芯片都含有唯一的识别码，一般保持有约定的电子数据，在实际的应用中，射频标签粘贴在待识别物体的表面。读写器是根据需要并使用相应协议进行读取和写入标签的信息的设备。它通过网络系统进行通信，从而完成对射频标签信息的获取、解码、识别和数据管理，有手持和固定两种数据管理系统主要完成对数据信息的存储和管理，并可以对标签进行读写的控制。射频标签与读写器之间通过耦合元件实现射频信号的空间（非接触）耦合。在耦合通道内，根据时序关系，实现能量的传递和数据的交换。

RFID 技术较多应用于物流行业，传统的物流信息采集工作方式是通过人工将票物进行核对并将数据输入到计算机中。这一过程费时费力，并且可能由于人为过失造成数据输入错误，影响所采集信息的可靠性。而自动识别输入技术利用计算机进行自动识别，提高了输入的灵活性与准确性，使人们摆脱繁杂的识别工作，大大提高了物流信息采集的工作效率。RFID 技术的应用是其他识别技术，如条码、IC 卡、光卡等无法企及的，其优点包括读取方便快捷、识别速度快、数据容量大、使用寿命长、应用范围广、标签数据可动态更改、安全性强、动态实时通信等。

阅读材料 5-2

日本应急管理信息系统的建设模式

日本是一个受突发公共事件严重威胁的国家，也是世界上应急管理最富成效的国家之一。我国的台湾地区基本上"照搬"了日本的应急管理体系。日本的应急信息化建设从完善基础设施建设入手，充分应用各种先进的信息通信技术，构筑起了高效、严密、适合实际国情的应急信息化体系。它的经验和做法对我们更好地把握应急信息化发展的方向和趋势、加快应急信息化发展的建设步伐不无裨益。日本在突发公共事件应急信息化发展方面，不仅建立起了完善的应急信息化基础设施，而且在长期的应急实践中，积累了丰富的利用现代信息技术实现高效应急管理的经验。

1. 防灾通信网络

在突发公共事件应急信息化发展方面，日本政府从应急信息化基础设施抓起，建立起覆盖全国、功能完善、技术先进的防灾通信网络。

在经历了"阪神大地震"的浩劫后，日本政府深刻地认识到防灾信息化建设在应急过程中的极端重要性。为了准确迅速地收集、处理、分析、传递有关灾害应急物流管理信息，更有效地实施灾害预防、灾害应急以及灾后重建，日本政府于 1996 年 5 月 11 日正式设立内阁信息中心，以 24 小时全天候编制，负责迅速搜集并传达与灾害相关的信息，并把防灾通信网络的建设作为一项重要任务。

目前，日本政府基本建立起了发达、完善的防灾通信网络体系，包括以政府各职能部门为主，由固定通信线路（包括影像传输线路）、卫星通信线路和移动通信线路组成的"中央防灾无线网"；以全国消防机构为主的"消防防灾无线网"；以自治体防灾机构和当地居民为主的都道县府、市町村的"防灾行政无线网"，以及在应急过程中实现互联互通的"防灾相互通信用无线网"，等等。此外，还建立起各种专业类型的通信网，包括水防通信网、紧急联络通信网、警用通信网、防卫用通信网、海上保安用通信网以及气象用通信网等。

2. 专用无线通信网

由于自然地理的原因，加上无线通信技术的广泛普及，日本的防灾通信网络基本依托无线通信技术。专门用于应对灾害的无线通信网络包括中央防灾无线网、消防防灾无线网、都道府县防灾行政无线网以及市町村防灾行政无线网等。

（1）中央防灾无线网。中央防灾无线网是日本防灾通信网的"骨架网"。它的建设目的在于，当发生大规模灾害时，或因电信运营商线路中断，或因民众纷纷拨打查询电话而造成通信线路拥塞甚至通信瘫痪时，则以这一网络接收与传输紧急灾害对策总部、指定行政机关以及指定公共机关等的灾害数据。中央防灾无线网由固定通信线路（包含影像传输线路）、卫星通信线路、移动通信线路所构成。

（2）消防防灾无线网。消防防灾无线网属于连接消防署与都道府县的无线网。这一无线网由地面系统与卫星系统所构成。①地面系统。除电话或传真通报全国都道府县之外，也用于收集与传达灾害信息。②卫星系统（地区卫星通信网络）。这是连接消防署及全国约 4 200 个地方公共团体的卫星通信网络，以电话或传真通报都道府县和市町村及消防总部，还可用于个别通信以收集与传达灾害信息（包括影像信息），并可充实防灾通信体制，以弥补地面系统功能的不足。

（3）防灾行政无线网。防灾行政无线网分为都道府县和市町村两级，用于连接都道府县和市町村与指定行政机关及其有关防灾当局之间的通信，以收集和传递相关的灾害信息。目前市町村级的防灾行政无线网已延伸到街区一级，通过这一系统，政府可以把各种灾害信息及时传递给家庭、学校、医院等机构，成为灾害发生时重要的通信渠道和手段。

3. 防灾相互通信网

为解决出现地震、台风等大规模灾害的现场通信问题，日本政府专门建立了防灾相互通信网，可以在现场迅速让警察署、海上保安厅、国土交通厅、消防厅等各防灾相关机构彼此交换各种现场救灾信息，以更有效、更有针对性的方式进行灾害的救援和指挥。目前，这一系统已被引至日本的各个地方公共团体、司、铁路公司等。

4. 现代信息通信技术的应用

日本是世界上信息通信技术最为发达的国家之一，信息通信技术在突发公共事件应急中的应用方面同样走在了国际的前列。

5. 移动通信技术的应用

日本是世界移动通信应用的大国，手机普及率非常高。日本 SGI 等公司开发出一种在自然灾害发生后确认人身安全的系统，这一系统的功能由可以上网并带有全球定位功能的手机来实现。中央和地方救灾总部通过网络向手机的主人发送确认是否安全的电子邮件，手机主人根据提问用手机邮件回复。这样，在救灾总部的信息终端上就会显示每一个受访者的位置和基本的状况，对做好灾害紧急救助工作十分有帮助。

6. 无线射频识别技术的应用

无线射频识别技术在日本的应用已较为广泛，在防灾救灾中的应用也较为成熟。譬如，在发生灾害时，在避难的道路路面上贴上无线射频识别标签，避难者通过便携装置可以清楚地知道安全避难场所的具体位置；又如，如果有人被埋在废墟堆里不能动弹或呼救，内置无线射频识别标签的手机会告诉搜救人员被埋者所处的具体位置，使搜救者能以最快的速度展开营救。此外，无线射频识别标签还可以实现人和物、人和场所的对话。在救援物资上贴上这种标签，就可以把握救援物资的数量，根据每个避难所的人数发放物资，尽可能地做到合理分配。还有一个重要的应用是，当无法辨认伤员或死者的身份时，可以通过其身上携带的无线射频识别标签获得相关信息，以便准确地判别其身份。这一点，在重大灾害应对处理时起着重要的作用。

7. 临时无线基站的应用

当出现强烈地震、海啸等严重自然灾害时，无线基站很容易遭到破坏，从而使移动通信系统处于瘫痪状态。为了在紧急状态下仍能发挥移动通信的作用，日本的相关公司开发出了可由摩托车运载，能临时充当无线基站的无线通信装置，解决移动通信的信号传输问题。这种"基站"可以接收受害者的手机信号，确认他们的安全情况，并把相关情况通过这一装置传递给急救车上的救护人员。这种装置用充电电池可以连续工作4小时，而且摩托车可为充电电池充电，电波传输范围直径可达1千米，基本能满足现场通信的迫切需要。

8. 网络技术的应用

在地震发生前迅速作出预报，对采取有效应对措施意义十分重大。日本气象厅已开始利用网络技术实现"紧急地震迅速预报"，以减轻受灾程度。具体说来，就是把家庭和办公室的家电产品、房门等和因特网连接起来，由电脑自动控制，当地震计捕捉到震源的纵波以后，可在3~5秒后发布紧急预报，系统接到紧急地震迅速预报以后，能即刻自动切断火源。一般来说，离震源数万米至上十万米的地方地震横波大约30秒后才到。这样，在地震发生前的30秒内离震源较远的地方可提前采取对策，从而可以有效减轻由地震造成的损失。目前，这一系统正在日本全国范围内推广应用。与此同时，网络技术在建筑物减震方面也开始大显身手。日本大成建设公司正尝试应用网络技术最大限度地减少地震给建筑物造成的损坏。他们在建筑物楼顶或离大楼较近的地方安装感知器，在建筑物和地面之间安装被称为"调节器"的伸缩装置和橡胶等。当感知器感知到由地震引起的建筑物摇晃时，便通过网络直接把详细数据传输给计算机，计算机根据摇晃程度控制通往"调节器"的电流，调整伸缩程度，减轻大楼的摇晃程度，从而对建筑物起到减震作用。另外，应用网络技术的救助机器人也已在各种灾害救助中发挥着越来越重要的作用。比如利用飞行机器人搭载全球定位系统，制成无人监测台风和地震灾害的系统，可有效预测风灾和震灾。今后，能够接受救灾总部指挥，能与救助者进行通信联络的新型机器人，将会在地面、空中和室内的救灾中发挥越来越重要的作用。

资料来源：信息中国. 日本应急管理信息系统的建设模式［N］. 人民邮电，2008-06-04（006）.

5.7　智能运载类技术

5.7.1　无人机

无人机是一种通过自主控制、远程控制完成相关飞行任务的不载人航空器，其技术具有成本低、用途广等特点，还能够有效避免飞行人员伤亡。无人机技术也因自身操作灵活、垂直起降、交通便利、不受自然环境影响的优势而备受青睐。针对应急物流的无人机技术，不仅能够对应急物流无人机技术的配送路线进行规划，还可以开展有关物流无人机系统的建设工作，构建完善的无人机应急物流服务体系。

5.7.2　自动驾驶

自动驾驶技术可以解放司机双手，还可计算出何时加速、刹车、转向，车辆也会更加节油。有了自动驾驶，卡车可成为一台自动化设备，卡车司机就会转变成自动化设备的管理员。

5.7.3　无人码头

无人码头新型全自动化集装箱码头装卸系统最大的亮点是一个与岸边平行、以钢筋构筑的低架桥水平分配机构，该机构上方有起重小车，下面有平板车。而起重小车、平板车，以及堆场里的轨道吊等都在特定轨道上运行，通过中央控制室控制，现场不需要装卸工人。其生产效率至少提高 50%，而且运行费用和污染都大大降低。

5.7.4　移动应用技术

移动应用 Mobile Application 的缩写是 MA。移动定位技术结合 GIS 系统、移动通信网络和物联网技术，实现对物流车辆、应急物资和人员的定位和跟踪监控，为应急物流提供车辆管理的整体解决方案，包括对行驶轨迹的设计、监控、报警，对行驶里程、行车时间、停车时间、行车油耗等信息进行统计分析，与应急联动系统对接，做到全程监控、统一指挥。

本章小结

物流信息系统具有分析、计划、预测、运作、控制和决策等功能，支持物流组织的高层决策、中层控制和基层应急。物流信息系统的构建原则包括系统性原则、科学化原则、信息规范化原则、社会化原则、经济原则，具备以下五个方面的内容：灵敏的预警反应机制、规范的应急转换机制、科学的决策处理机制、及时的反馈评估机制、高性能的安全保密机制。本章还介绍了应急物流信息系统的支撑技术。

思考与练习

1. 根据应急物流信息系统的建设原则与过程、物流信息系统的框架，以某突发事件为例构建应急物流信息系统框架。

2. 各种物流信息技术各有哪些优点与缺点？

3. 新一代通信技术为应急物流带来了哪些好处？

第6章 供应链视角下的应急物流

本章概述

本章介绍了供应链视角下的应急物流、应急供应链的概念，并将传统物流和应急物流进行了比较，指出了传统供应链存在的问题和供应链视角下的应急物流的优点和设计，给出了应急供应链基于层次分析法的节点可靠性计算方法，最后介绍了快速响应供应链的由来、特点和重要性。

6.1 应急供应链的概念

应急供应链（Emergency Supply Chain）是指满足地域性自然灾害或群体性疾病而采取经济快速、具有强制措施的物资保障、物流运输及群体配发的供应链行为，一般发生在重大疫情、台风、地震等自然灾害情况下。这个概念是从政府应急管理和虚拟供应链两个概念中衍生出来的。

政府应急管理是指政府为了应对突发事件而进行的一系列有计划、有组织的管理过程，主要任务是有效地预防和处置各种突发事件，最大限度地减少突发事件的负面影响。由于应对突发事件需要政府采取与常态管理不同的紧急措施和程序，超出了常态管理的范畴，所以政府应急管理又是一种特殊的政府管理形态。

1998年美国桑德兰大学电子商务中心在其一个名为"供应点"（Supply Point）的研究项目中首先提出了"虚拟供应链"。我国学者但斌给虚拟供应链界定了概念，即虚拟供应链可被看作合作伙伴为专门的、中立的信息服务中心提供的技术支持和服务而组建的动态供应链，其结构呈网状，更有利于供应链的优化，拥有专门的服务系统将给予客户对供应链更多的控制，使其得到更高质量的产品和服务。

结合政府应急管理和虚拟供应链的概念，本书将应急供应链概念界定为"为保障由突发公共事件引起的应急物资的生产与供给，由政府提供技术支持平台，并以政府为指挥控制中心而组建的动态供应链联盟"。这个概念的实质是将供应链管理的思想运用到突发公共事件应急管理中去。

6.1.1 应急供应链的目标

应急供应链系统的目标与政府应急管理的目标是一致的，根据应急管理工作的特点，应急供应链的目标应该有以下四个：

（1）快速响应。快速响应是应急供应链的一个重要目标，应急管理强调的是时间效益，时间比较紧迫，这就要求应急供应链拥有灵活的快速响应能力，供应链的各个节点要能够根据环境和任务要求迅速地进行供应链内部和外部的流程重组和优化，保障应急物资的高效及时供应。

（2）信息流、物流、资金流高效流动。应急管理工作中，时间就是生命，为了最大限度地降低人员伤亡、防止次生灾害的衍生，必须实现应急资源的及时供给。在应急供应链系统中，物流、资金流要在信息流的指导下，完成高效率、无差错的流动。其中，信息流流动时间的缩短，对于整个供应链系统时间的缩短起着决定性的作用。就像在一个商业供应链运作中，各种单据构成的信息流比产品流通更难应付，大部分出现的问题都是信息流问题，比如数量出错、标签出错等，在处理信息流问题上耗费的时间大大延长了供应链系统的时间。应急供应链必须保证信息流的有效集成和整合。

（3）组织协调。供应链效率的高低不仅仅取决于供应链中各节点的运作效率，还取决于节点间关系和运作是否和谐。组织协调是系统发挥最佳效能的保证，是实现供应链系统整体性优势的保障。应急供应链的敏捷性、成员企业加入的非自愿性和多元性等特点，对应急供应链构建的协调性要求更加严格。

（4）动态适应。应急管理注重以预防为主，坚持常态与非常态相结合。应急供应链作为处理突发事件的应急手段，也应当遵循"平战结合"的原则。在平时，应急供应链做好正常状态下的运作，完成物资储备，并做好应急预案。在战时，应急供应链要能够及时组织更多的成员加入应急供应链网络中，增强应急供应链的物资供给能力，同时还能够保持供应链系统的有序性和高效性。并且，在紧急环境下不确定性随处可见，突发事件发展变化是不确定的，物资的需求是不确定的，信息是不确定的，等等。根据这些不确定性，需要实时监测应急需求的变化，对应急需求进行动态分析，并做出相应的预测，根据需求变化、成员企业和供应链整体运作效率，对应急供应链进行动态调整，以适应不确定的环境变化。

6.1.2 传统供应链与应急供应链的差异

（1）运作环境。传统供应链是在一般常规条件下运作，而应急供应链通常以突发的灾害事件或非常态事件为背景，灾害发生的时间、波及范围及强度具有不可预测性，从而导致应急供应链的需求无法预测，并且物资的需求具有峰值性，突发事件随时间的推移而对物资有不同的需求。

（2）参与主体。传统供应链的参与主体一般由供应商、制造商、分销商、零售商及顾客组成。而应急供应链的参与主体则是多样的，包括政府、军队、社会团体、企事业单位以及志愿者等。此外，应急供应链的参与主体具有动态性和不确定性，不同阶段的参与主体有所不同，主体之间的合作属于松散型合作。

（3）供应链的核心目标。传统供应链的核心目标是通过整个供应链的协调达到整体效益的最大化。应急供应链则强调高度的时间响应性，为了获得高响应性，往往不惜以牺牲成本为代价。

（4）协调者不同。传统供应链的协调者通常是供应链中的核心企业，通过核心企业对整个供应链的协调，达到整体的优化。然而，核心企业对供应链中的成员不具备管理的权利，只是基于某些合作契约进行协调。而在应急供应链中，协调者是政府机构，除了使用协调手段之外，还会采用某些强制手段进行管理。

（5）决策不同。传统供应链中的很多决策，涉及的是例行问题，使用程序化决策就可以解决。而在应急供应链中，由于事件的突发性，需要做出的决策多为例外事件，并且时间、信息有限，需要采取非程序化决策。

6.1.3　传统应急物流的局限性

（1）目标单一。我国应急物流存在着目标过于单一的问题。严格意义的物流管理就其本质来讲，是为了降低一般运作过程中不必要的浪费，虽然应急物流对时间的追求高于一切，但根据应急物流管理的本质，应急物流应该是在保证最短时间送达所需物资的前提下，对物资运送过程进行计划、组织与控制，以实现其必要的经济价值与费用的节约。速度与时间是应急物流管理的前提条件，但不是唯一目标。理论学界中虽然也提出应急物流除时间目标外，还有一定的经济性，但对这一问题的认识还不够清晰与统一，往往把应急物流看作一项紧迫的军事或行政任务，而不能从其理论本性去认识与优化。在实际运作过程中，应急物流的目标过于单一的问题表现得更为突出，一旦出现紧急状况，无论政府还是企业，往往为了单一目标不惜一切代价，这主要是由于主导应急物流的力量为行政权力，责任部门为了完成行政命令而出现"窄视现象"，不能统筹考虑应急物流的综合效益问题，可能造成应急物流运作的成本高等不良现象。

（2）运作机制不完善。在我国应急物流的运作过程中，也存在着一些不完善的地方。如从应急物流运作机制角度来讲，机制应具有长效性、指导性与可操作性。对于突发事件，虽然我国各级政府部门制定了一系列的相应规划，但往往是一些指导性的文件，且对参与应急物流运作的机构不太了解，实际操作性不强；从指挥角度来讲，当应急事件发生时，一般情况下会有一个指挥机构，但指挥机构分工不够明确，就物流这一单项应急活动而言，没有统一的指挥分管机构。从协调角度来讲，在应急物流运作过程中，各参与部门往往各自为政，缺乏协调，有些参与者是出于道义上的，有些是统一安排的，各方没有形成有效的衔接，突出表现在信息沟通不畅等问题上。

（3）监督机制缺失。良性的运作必须建立在完善的监督机制之上，在我国应急物流的运作过程中，存在一定的监督机制缺失的现象。应急物流由于时间较紧，且应急物流很多情况下不是常发事件，事中的监督与控制机制容易被忽略，事后人们又较关注结果。对应急物流的评价体系也显得不够重视，如对应急物流过程中货物质量、运输质量的评估、对过程与结果的考评等问题。监督机制的缺失直接导致了应急物流运作的盲目、不规范、不经济，甚至造成应急物流中不道德与违纪的现象，这些给应急物流的高效运作带来了不确定的因素。

6.1.4　供应链视角下应急物流的拓展

供应链管理作为物流管理的高级阶段，以需求为导向，以合作、协同为核心，对物流运作服务、柔性与成本进行改进，从更加宽广的视角对供应链上的整个物流环节运作状况进行审视，从价值本质角度对物流运作进行优化，使物流最优成为可能。对应急物流来说，要想进一步优化其运作，达到理想的效果，需要从供应链视角对其进行审视。

1. 对组织的优化

从供应链的管理角度来看，物流组织网络是一个网链结构，网链结构的构建直接关系到应急物流运作的效率，在构建时应注重以下方面。

（1）确立并发挥核心组织的功效。由于应急物流的特殊性，这个核心组织必须具有强大的影响力，以至调动整个供应链上的物流运作，因此这个组织应当由政府机构来承担。与一般供应链组织构建不同的是，一般供应链中核心企业的确定是通过核心企业自身强大的影响力，以经济利益为纽带，以契约等形式加以约束，由核心企业实现对整个供应链的协调；而对于应急物流来说，核心组织的确定以及对整个供应链的控制，是以法律法规及行政权力确定的。

（2）精简并优化应急物流供应链组织。在应急物流供应链组织的构建过程中，一方面需要强有力的核心组织与机制为保证；另一方面，为了实现应急物流对时间的追求，整个供应链结构要尽量精减，以节约运作时间。因此，从源头到最终应急物流的实现，整个过程的参与者不宜过多。

（3）吸纳第三方物流及特种物流的组织参与。考虑到应急物流过程中物流条件，如时间的紧迫性、道路的复杂性等，在应急物流供应链组织体系的构建过程中，要充分利用和吸纳社会上的第三方物流企业及专业特种物流提供者，以发挥其核心能力，达到应急物流运作的目的。

2. 对流程的优化

流程管理是应急物流管理的主体，应急物流的目标就是通过高效的流程体系实现物资的快速流通。对于应急物流流程的优化，应立足于整个应急物流的供应链，不仅要对各参与者内部运作进行考虑，还需要对整个物流供应链过程进行统筹考虑。应急物流的流程主要包括需求的确定，物资的准备、配送、分发等环节，在实现应急物流的流程过程中应注意以下四方面：

（1）建立应急物流转运与配送中心。在应急物流的运作过程中，应在灾区附近或灾区内部建立应急物流配送中心，物资经由外部运入之后，经过必要的作业，然后运往各个需求点。外地运入应急物资是大批量、少品种的长途运输，而需求点的需求特点是多品种、小批量，因此建立应急物流配送中心是十分必要的，可以优化整个应急供应链的流程。另外，应急物流通过对物资进行暂时储存分拣，还可以实现共同配送，防止道路过于拥堵，提高运送效率。当然，在特殊情况下也会有直达运输。

（2）基于价值的流程环节优化。对于应急物流流程，要从基于时间的价值角度考虑，找到关键的时间瓶颈，想办法予以解决。另外，美国供应链管理者在对供应链流程管理优化中提出"端到端"的流程体系，提出供应链流程的战略资产观，要求从源头对流程进行规划与控制，从计划、采购、运作，直到最后的每个环节都要抓住核心内容，实现整个流程"端到端"的控制与管理。

（3）建立应急物流信息平台。高效的流程来自信息的有效集并，在应急物流运作中，必须保证信息的高效与流畅，且能有效集并，一方面为运作计划奠定基础，另一方面也使整体的运作柔性更强。

（4）重视应急物流中的逆向物流。在应急物流运作过程中，过去只重视正向物流，而对逆向物流关注不够。供应链运作体系是双向的，良好的物流流程必然包含正向与逆向的统一。在应急事件发生时，需要大量的必需物资快速进入受灾地区，同时，也需要把灾区很多已过期或不用的物资运送出来，只有这样才能保证灾区系统的正常运转。虽然大多数应急物流具有弱经济性的特点，但仍然要考虑经济效益。由于大部分紧急救援物资只在突发状况下才使用，但突发事件很少，很多物资在还没有使用时就已经过期了，逆向的回收处理和修复可以缩短新库存物品的生产时间，降低库存水平。在紧急情况下，还可以大大缩短供货时间，从而提高整个应急物流系统的运行效率，提高时效性，更好地提高应急物流系统的安全性目标。

3. 合作模式的优化

对于应急物流来说，参与主体具有多元性，地理分布较广，各组织单位能否密切合作直接决定着应急物流的运作效率与效果。

（1）合作主体的构成。在我国应急物流运作中，需要的合作主要包括地区间合作、军民合作、上下游间的合作等。对于地区之间的合作来说，应建立长效的物流合作机制，一旦出现危机，地区间的应急预案就可以启动。以粮食为例，我国粮食产销非常不平衡，东南沿海作为粮食主销区，在非常规状态下就有可能出现粮食消费危机，这就要求东南主销区与东北等主产区在平时就建立合作机制。对于军民合作来说，在我国应急物流组织的构成中，军队起主要作用，因此需要充分发挥军队的作用。另外，也要合理引导民众参与，民众的合理参与可以对应急物流起到很好的补充，但如果参与不当，则会对整个应急物流造成一定的混乱，因此在进行应急物流的管理过程中，要注意对民众的合理引导，实现军民之间的合作。对于应急物流中的上下游来说，更需要密切合作，以实现运作中的无缝连接。

（2）合作动因的优化。在应急物流中，合作的动因可以分为两种，一种是内在的需求，即合作双方往往是从道义上意识到必须密切合作，把自己融入应急物流的供应链中；另一种是外在压力，即行政命令式的，且这种是主要的动因。这种以行政命令为主、道义为辅的状态，会导致出现合作双方配送不密切的情况。从长远角度看，应适当考虑经济上合作动因的开发与利用，对合作进行有效的激励或是惩罚。

（3）合作过程的优化。对于应急物流供应链参与主体之间的合作模式，应改变过去传统的简单交易与行政合作的模式行为，并从长远性、全局性与战略性的角度来考虑，优化合作双方的合作目的与方式，使合作更具计划性、协调性。合作关系要常态化，在平时就制订应急物流合作预案，并通过定期或不定期的互访与演练，使之更加顺畅，从深度及广度上优化合作模式，甚至创新合作模式。

4. 对绩效评价体系与考评的优化

应急物流虽然具有一定的特殊性，但也需要进行评价与考评，一方面可以保证应急物流的正常运行，另一方面也可以起到一定的激励作用，并可以为以后的应急物流运作积累经验。

（1）加强应急物流的法制法规建设。在应急物流中，会出现有个别人为了谋取利益，对应急物流人为设置障碍。应急物流是国家或地区面临紧急状态下的救援行为，为了保证行为的有力、有效，国家应从法律法规方面对相应行为进行规范，防止应急物流过程中的不正当行为。

（2）加强运作过程的监督。对于应急物流，应当实施运作过程监督，成立相应的监督与审计机构，制定相应的监督办法。针对现实状况，制定一系列的指标，对整体应急物流从时间、质量、经济等角度进行考察，不仅要注重应急物资送达灾区，还应特别重视最后的配送，处理好整个供应链上"最后一公里"的问题。只有实施全过程的监督，才能使应急物流得到有效的控制，这才是应急物流配送体系真正发挥作用的关键。

（3）对应急物流结果进行合理评价与奖惩。在应急物流结束时，应当对整个过程的应急物流实施评价，并根据结果对参与方进行一定的奖罚，这样才能更好地总结经验，调动广大参与者的积极性。

6.1.5　基于供应链视角的应急物流的评价标准

（1）服务质量。应急供应链最大的特点就是不再以利益最大化和成本最小化为目标，而是突出了一个"急"字，速度和效率是应急供应链首先要考虑的。如何在最短的时间内迅速筹集所需要的物资，并以合适的运输工具和行车路线把应急物资安全地送到事发点才是最重要的。因此本书在服务质量这一准则下设计了四个子准则：应急物资的易获性、应急物资运输的及时性、应急物资到达的完好性和运输网络的安全性。

（2）柔性水平。某些应急预案所需要的物资、运输工具、人员的调配等可能一时之间很难得到满足，因此某个预案是否容易协调各方资源，以及当其所需的资源不能满足时，是否容易找到替代资源等，也是在选择应急物流方案时要加以考虑的。

（3）物流成本。如何在保证效率的前提下使成本最小化是应急物流必须考虑的，应急物流成本包括物资成本、运输成本，社会成本。在最短的时间内筹集所需的应急物资，就要求平时有一定数量的应急物资库存，而以时间短为前提的应急物资的快速到达会使采购成本上升，这两类成本都归结于物资成本范畴；选择水陆空的哪一种方式来运输应急物资，以及行车路线的选取都涉及成本，即运输成本；社会成本是指当突发事件发生时，可能需要多方面的协助，比如某些社会组织、志愿者、部队等，在此把它统一归结为社会成本。

阅读材料 6-1

2020 年新年伊始，新冠病毒的迅速传播让这个春节变得"与众不同"。

1 月 20 日，我国境内各省市都出现了新冠病毒的确诊病例，从几十例直至后来的上万例，短短 1 个月的时间，疫情的发展超过了全国人民的预期，应急物流的准备期几乎为零，在疫情的暴发期阶段，平时需求量较少但受疫情影响需求量猛增的口罩、护目镜等物资致使应急物流储备不足、反应不及时、难以满足猛增的应急物流需求。

在新冠病毒面前，奋斗在一线的所有人员都在与死神抢时间，在病毒面前，时间和效率就是最大的利刃，这就需要迅速做应急反应、快速收治病人并进行治疗，竭力遏制疫情的传播和扩散，但前提是需要保证物资的快速支持，应急物流的时效性显得尤其突出。

为了战胜这场疫情，社会各界投入巨大，虽然现在没有具体的相关数据可以佐证，但是可以从一些新闻报道中感知应急物流极高的代价。2 月 1 日，湖北通用要将 300 个面罩运抵火神山医院，平时需要 1 天的路程，但是从提货到配送仅仅用了 4 个小时便完成任务，配送司机除了充当运货人的角色之外，还要在紧急情况下自愿帮助完成配货，并且还临时抽调了销售人员去其他地点提货。在特殊时期，应急物流的投入大、代价高。

无论平时的"后勤"物资准备多么充分，都会出现一些无法预测到的"盲点"，如医院前线在急需口罩、防护服的情况下，物资的不充分导致医生护士只能临时自制防护服等。

目前我国的应急物资实行分部门管理，例如药品、急救物品等归属于卫生部门管理，而粮食、食品等归属于粮食部门管理，这种物资管理方式导致在突发性灾难发生时，应急物资信息的需求传递慢、供应调度不及时，导致应急物资不能及时到达灾区，这对于应急物资的及时响应性是致命的。

当新冠疫情发生时，灾区的实际情况、当地灾民的需求直接影响应急物资的供应和调配。目前，国家的救灾物资基本从应急捐赠上获得，新冠疫情发生时，由于信息的不及时，容易导致供需不协调，存在一个地方需要防护服，但是收到的捐赠物资是口罩的情况。

目前在我国，当突发性灾害发生时会抽调临时人员组成应急小组负责处理事件。临时成立应急小组灵活性较强，便于了解当地的情况，但是缺乏完善的信息系统，成员之间也缺少默契，致使效率较低。

我国的应急物流起步比较晚，相关的法律法规还有待完善，整体还处在比较混乱的阶段，尤其是新冠病毒发生以来，社会各界包括社会团体对灾区都捐赠了物品，由于不够完善的应急物流监察制度，有些社会团体的捐赠物资不够公正公开，关于物资的发放和调配在媒体上持续发酵，严重损害了社会公信力。

资料来源：彭丹丹，李圣行 . 新冠肺炎下应急物流问题与建议 ［J］. 大经贸·创业圈，2020（3）:1-4，此处有删改。

6.2　应急物流供应链的设计要求与运作

6.2.1　应急物流供应链的设计要求

1. 充分考虑各种风险

在最初设计和构建供应链时就应认识到供应链存在发生突发事件的风险，根据其结构、环境等特点分析风险因素，区分事件类别，尽早识别。同时，建立危机管理审计队伍，定期或不定期对供应链各环节进行检查。对于发生概率较高的危机进行实战演习和训练，测试供应链的承受力和"软肋"。

2. 选择可靠的供应链伙伴

供应链合作伙伴的选择是供应链风险管理的重要一环。要将供应链看成一个整体，而不是由采购、生产、分销、销售构成的分离的功能块。一方面要充分利用各自的互补性，以发挥合作竞争优势；另一方面，要考察伙伴的合作成本与敏捷性，制订全面的供应链伙伴的沟通计划并及时有效地执行，如媒体沟通、政府沟通、员工沟通。这样，供应链才能真正发挥成本优势，解决可能面临的各种突发事件。

3. 供应链节点之间的业务流程重组

供应链管理环境下各成员企业之间的信息交流大大增加，企业之间必须保持业务过程的一致性，这就要求供应链成员企业之间必须进行业务流程重组与改进，对各企业采购、制造、营销和物流等过程采取跨企业的平行管理。消除多余的交接工作等弊病，加强企业间业务流程的紧密性，将不可靠性和延误的情况减到最少。

4. 整合供应链流程，保持供应链的弹性

应急物流的供应链在注重效率的同时仍应保持供应链的适度弹性。并且，供应链合作中存在需求和供应两方面的不确定性，这是客观存在的规律。供应链企业通过在合同设计中互相提供柔性，可以部分消除外界环境不确定性的影响，传递供给和需求的信息。柔性设计是消除由于外界环境不确定性引起的变动因素的一种重要手段。

5. 改善供应链的结构

根据可靠性工程可知，并联系统的可靠性大于串联系统的可靠性，因此供应

链应尽量避免出现串联结构，例如重要的产品应该由两个以上的供应商提供，不能只依靠某一个供应商，否则一旦该供应商出现问题，势必影响整个供应链的正常运行，使整条供应链变成一条危机链。供应链的节点增多会增加管理成本，在考虑成本时，可以优先考虑那些稳定性能比较低或者重要程度比较大的节点企业。可靠性最优分配的理论说明在部件可靠度最小的位置上并联一个部件，将使得系统的可靠性提升最快，因此对这些企业一定要用同类型的企业做并联备份。

6.2.2 应急供应链的运作

根据应急物资保障工作的流程和应急供应链的主要参与方，应急供应链的基本运作如图 6-1 所示。

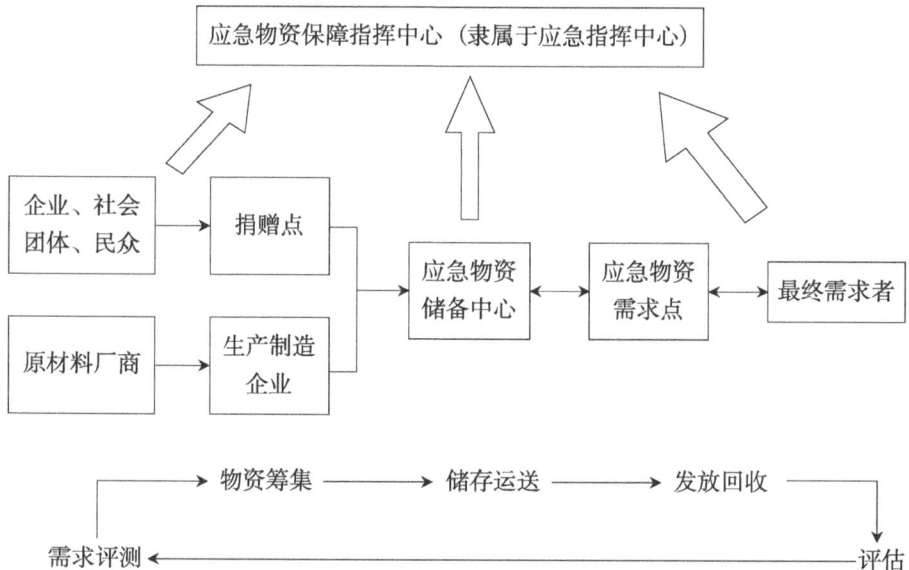

图 6-1 应急供应链的基本运作

由图 6-1 可知，应急供应链和一般商业意义上的供应链有很大的不同。第一，应急供应链的上游不只是原材料供应商，还有参与物资捐赠的企业或个人。第二，应急供应链的核心应该是政府，而不是任何一个参与企业，整条供应链，或者说供应网络，都是在政府的指挥下进行高效运作的，应急供应链运作的主要步骤如下：

1. 应急物资需求预测

在大规模突发事件发生的初期，应急物资保障指挥中心根据突发事件的类别、级别、影响范围，并结合应急预案，对所需应急物资的需求数量、种类做初步的分析；在中后期，中心根据应急需求点、物资供应点、物资存放中心的反馈信息以及筹措情况做出综合决策。

2. 应急物资的筹措

应急物资保障指挥中心在需求预测的基础上，通过应急物资信息系统查询应急物资的储备、分布、品种、规格等具体情况，确定应急物资筹措的方式、数量、种类以及应急供应点的数量、分布、物资供应量、品种等。应急物资的筹措方式主要有以下几种：

（1）动用储备。应急物资的战略储备是应急物资筹措的首选方式，为了应急需要，缩短物资供应时间的最佳途径是使用储备物资，救灾物资储备应实行实物储备与合同储备相结合的方式。

（2）直接征用。在重大灾害发生时，根据动员法规，由于物资紧缺，国家会对一些物资生产和流通企业，在事先不履行物资采购程序的情况下，对所生产和经销的物资进行征用，以满足应急需要。事后，根据所征用物资的品种、规格、数量和市场平价与供应商进行结算和补偿。

（3）市场采购。根据筹措计划，对储备、征用不足的物资实行政府集中采购。要坚持质优价廉原则，引入市场竞争机制，采取多种形式，尽可能直接向制造商进行采购，减少流通环节、降低采购流通成本、加快筹措速度。

（4）社会捐助。在突发情况下，动员社会各界积极开展捐赠，是挖掘社会潜在资源的一种重要手段。"一方有难，八方支援"，捐赠和支持物资也是应急物资的重要来源之一。但是，社会捐赠物资因品类复杂、规格不等、质量好坏不一、缺乏包装等，会给救灾物资发放带来很大麻烦。因此，政府在号召捐赠救灾物资时，应根据灾害发生的地点、季节、灾害严重程度，以及灾区反馈信息，明确物资捐赠的重点。在灾害紧急救援期，救灾物资实行定向募捐，重点面向有关生产企业，募集救灾食品、药品等急需物资；在救援中后期，可实行全社会募捐，面向所有企业及家庭募集衣服、生活用具等。在捐赠点或者物资收集中心，对捐赠的物资进行分类和整理，然后配送到相应的需求地，对暂时不需要的物品进行归类整理。

（5）组织生产。一般规模突发事件由于规模较小，应急物资需求量不大，采用动用储备、直接征用、市场采购、社会捐助方式中的一种或几种就可以筹集齐全，但大规模突发事件应急时仅靠上述常规筹措方式很难满足应急需求，需采用如国际援助、组织突击生产等更多的物资筹措方式，如组织生产新冠疫情所需的口罩；汶川地震需要帐篷 300 万顶，而灾害发生后的第十天仅筹集到 40 万顶，缺口的 260 万顶必须组织厂家突击生产。

3. 储存和运输

应急供应链基本模型中的应急物资储备中心，包括国家在各主要灾难多发地设立的中央储备库，以及各地设立的捐赠物资收集中心和其他救灾物资储备中心、配送中心等。中央储备库担任着主要的救灾物资储存任务。各地设立的捐赠物资收集中心的主要功能包括物资分拣、整理、包装、储存、配送等。捐赠物资收集中心将社会团体和民众捐助的各类物资集中分类、包装，实行整车运输、专列运输，来提高效益、控制救灾物资的运输成本。通过收集中心的作业可以有效提高救灾物资的收集效果，避免夏季救灾运送棉衣等一类的重复作业和无效作业。救灾物资储备中心一般设在远离灾区的未受灾地区，或有大量捐赠物资的集中捐赠地。另外，在应急需求地还应就近设立相应的应急物资配送中心，主要承担从各地运送来的物资的短暂存放、理货（药品、食品等的组合搭配）、再包装（加贴救助点编号）功能。配送中心宜设置在灾区外围、交通运输比较便利的地点，且空间具有可扩展性；设置数量视灾区规模而定，各个配送中心应该可以通过运输网络互相支援和联系。

4. 物资发放、回收

物资需求点负责接收从应急物资配送中心送来的应急物资，并按照发放标准足额、及时地分配到每一个需求者。物资需求点还可以成为救灾需求和救灾供应的信息交换枢纽，及时准确地收集灾民对救灾物资的种类、数量需求，并根据轻重缓急，迅速、准确地反馈给救灾指挥中心和捐赠地政府的有关部门，以协调救灾物资的供需平衡。对于帐篷之类可以回收再利用的救灾物资，物资需求点还可以对其进行回收处理，分类、包装，并运送回救灾物资储备中心进行储存。

5. 评估

应急结束后，政府相关部门对整个突发事件处理过程进行评估，并向上级提交评估报告，对物资供应各阶段的指挥决策绩效和应急供应链整体运作效率的评价也是其评估的重点内容之一。应急供应链管理中需要建立一套完整的绩效评价指标，并采用合理的绩效评价方法来对应急供应链的整体实施效果、运营过程及链中各成员的表现进行评价，以帮助决策者掌握应急供应链运作的效果，判别其运营过程中存在的问题，帮助其不断改进和完善。

6.3　集成应急供应链的特点

6.3.1　基于集成供应链理念的应急物流的体系特点

运用系统集成的观点，利用各种先进技术和现代管理手段，实现应急物流的集成、整体运作与管理，强调集成、整合、一体。相对于传统的应急物流，其特点如下：

（1）一体联动。运用集成的思想，整个应急物流系统能够对突发事件做出一致反应，迅速展开行动。

（2）信息共享。与传统的纵向一体化应急物流运作模式相比，基于集成供应链理念的应急物流运作是纵横向信息的集合。

（3）统筹协调。对应急物流活动中物资的筹措、储存、运输、配送等能够从整体上进行统一安排并且科学地组织实施。

6.3.2　集成应急供应链的体系

（1）应急物流指挥协调中心。国家或地区在应对严重自然灾害、突发性公共卫生事件、公共安全事件及军事冲突等突发事件中，为做好救援物资的筹集、运输、调度、配送等工作而建立特殊的物流指挥协调中心。它是进行应急物流工作的核心机构。应急物流的指挥协调工作很大程度取决于政府职能的发挥，务实、高效的政府部门是应急物流指挥协调成功的关键，图 6-2 是基于集成供应链理念的集成应急供应链体系。

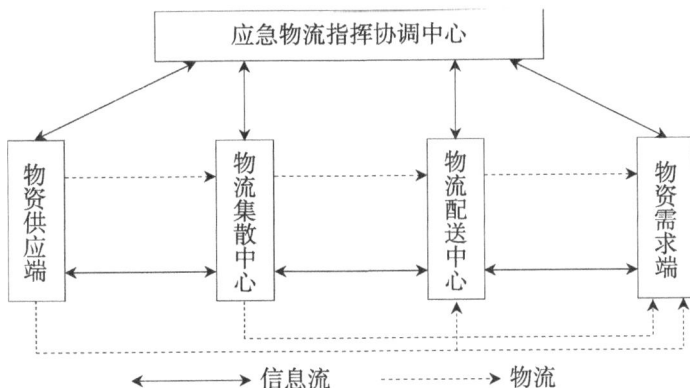

图 6-2　集成应急供应链体系

应急物流指挥中心应该在国务院统一领导下，各级地方人民政府根据应急处理工作的实际需要决定是否成立。中心负责统筹指挥做好救援物资的筹集、运输、调度、配送等工作，本身并不进行物资采购、储存、运输等具体的业务，它主要负责根据收集来的信息，依据集成供应链理念对整个供应链上的物资采购、储备、运输、发放等方面进行指导，使整个应急体系高效有序运作。工作人员可由专职人员和兼职人员构成。专职人员包括灾害预报预测人员，主要负责收集、处理和发布灾情，提供应急物资及通信技术的保障；兼职人员可由政府相关部门的领导和工作人员、各加盟物流中心、物流企业的领导以及专家组成，为灾害救助提供各类信息，协调各部门人员之间的工作，直接或间接指挥应急救灾工作的展开。同时，要实现对应急物流顺畅、快捷、准确的指挥协调，信息的及时收集、反馈及任务的下达是关键。因此，应对现有的应急物流指挥协调系统加以完善，提高应急物流指挥系统的信息化程度，使之成为一个功能强大、自适应性强、反应灵敏的信息网络系统。依据该系统，应急物流指挥协调中心可以根据灾情组成一个区域性、全国性的应急物流体系，实施应急保障，使整个应急物流系统有序、高效、精确地运作。

（2）物资供应端。应急物资的来源一般有国家储备、政府采购和社会捐赠，其中早期以国家储备为主。应急物资与普通物资相比具有不确定性、不可替代性、时效性和滞后性等特点。为保证突发事件发生后迅速、可靠地筹措到必需物资，必须充分认识应急物资的特点，从整体上掌握应急物资的特性需求、供应商、地理分布等情况。同时，对筹措中的应急物资，应该用集成供应链理念，根据当时所处的环境及客观条件，对供应端进行统筹集结或直接送达。

（3）物流集散中心。物流集散中心类似于区域物流中心，它是区域内部与区域外部进行货物交换的聚焦点，负责将各种应急物资进行分类、包装、装卸、储存以及运输，确定应急物资品种，与应急物资生产厂商签订生产合同，确定订单及配送方式。一方面可以利用自身储备的救灾物资对灾区进行保障；另一方面可以作为社会捐赠和外来输送物资的集散地。

目前，我国已经在全国重要城市和地区逐步设立了区域物流中心和应急物资储备仓库，在发生突发性事件时，应急物流指挥协调中心可根据需要，将部分中心和仓库变为物流集散中心。

（4）物流配送中心。在应急条件下，由于应急物资的配送作业具有时间紧、任务重、要求高、难度大等特点，这就要求物流配送中心在应急物流指挥协调中心下达配送任务前及完成配送任务后，及时了解前方灾情，对现有物资进行科学规划，制订多种配送预案，综合协调，完成好配送任务。在配送过程中，当灾情发生变化，而某些特殊应急物资又不能及时得到充分满足时，可以通过物流配送中心进行协调，使得这些特殊的应急物资能被尽可能多的人共享。这种基于集成供应链理念的物流配送方式，符合全社会齐心协力共同抗灾的原则，能在一定程度上缓解应急物资严重供不应求的困境，从整体上提高服务水平。

（5）物资需求端。突发事件发生时，由于通信设施被破坏、现场混乱、时间紧迫等原因。应急物流指挥协调中心无法得到需求的准确信息，从而很难进行快速科学的保障行动。因此，必须及时对可能发生的严重自然灾害、突发性公共卫生事件、公共安全事件以及军事冲突等情况做出预测，针对突发事件发生地区的地理特性、人口分布、人口结构等相关特性进行分析，预测物资需求量。当灾情发生时，一是要合理选择应急物资的发放点，把应急物资配送到灾民和具体受灾地；二是要及时收集并反馈需求信息。随着应急活动的进行，对应急物资需求的种类、紧迫性以及需求量等会发生不断的变化，应当及时进行信息反馈，关注需求的变化，从而使整个应急物流运作连续高效。

阅读材料 6-2

新冠疫情暴发以来，口罩几乎成了"硬通货"。前线医护人员的口罩和防护设备短缺已经不是新闻，普通人买口罩也很困难。

放在往常，中国每天口罩的最大产能是 2 000 多万只。不过，由于春节假期影响，这一产能尚未恢复。其实，有不少医疗用品企业主动放弃了春节假期。中国医用敷料出口排名第一的稳健医疗集团，其官网信息显示，2019 年 12 月 20 日至 2020 年 1 月 26 日，企业累计供应口罩 1.089 亿只。

在广西南宁，当地唯一一家对口罩进行代加工的企业腾科宝迪，为了完成市政府委托生产 60 万只口罩的任务，春节期间召回了 60% 的员工。在福建宁德，口罩生产设备 2 月 5 日到达宁德；2 月 6 日凌晨，设备调试人员到位；2 月 6 日下午，新生产线调试成功并投入试产。"还有 3 条生产线正在调试。调试完毕后，4 条生产线一起运作，24 小时生产，预计一天可以生产防护级口罩 27 万只"，企业负责人称。2 月 10 日，哈药集团制药总厂 105 车间，黑龙江省首条 N95 口罩生产线正式投产。从报批立项到投产，不足 10 天。待工人操作熟练，生产线每天可生产 3 万只以上的医用防护口罩、4 000 只医用外科口罩。在四川，广安市 2 月 2 日新引进 2 条口罩生产线，3 天后投产；巴中市 4 天内让停产 10 年的口罩生产线复工，自 2 月 4 日起，该生产线口罩日产量可破 3 万只。

企业"火力全开"，口罩供应短缺逐渐得到缓解。同时，跨界生产的队伍也成为口罩生产的生力军。2 月 6 日，上汽通用五菱宣布将建成医用防护口罩生产线。其无尘车间月内建成投入使用，共设置 14 条口罩生产线，包括 4 条 N95 口罩生产线、10 条一般医用防护口罩生产线，日产量预计在 170 万只以上。比亚迪 2 月 8 日宣布，将调配资源，着手防护物资生产设备的设计和制造，援产口罩和消毒液。按照规划，比亚迪援产的消毒液和口罩在 2 月 17 日前后量产出货。到 2 月底，公司消毒液日产为 5 万瓶，医用口罩日产可达 500 万只。广汽集团也在做着生产口罩的准备工作。为尽快掌握防护口罩生产设备成型、焊接以及机械、电气等相关技术和生产流程，2 月 7 日，广汽零部件有限公司技术中心已派出多名员工参加为期 15 天的学习。

不止车企"兼职""跨界"。在这场抗疫战争中，服装厂、纸尿裤厂、劳保制品厂、制鞋厂也加入了进来。服装企业三枪称，在 2 月 20 日前可交付 10 条口罩自动化生产线。纸尿裤厂爹地宝贝宣布，首批口罩日产量可达 70 万只，到 2 月底，每天可生产 200~250 万只口罩。广西柳州白莹劳保用品有限公司在原有纱布口罩基础上加入 SMS 熔喷材料，使其达到医用口罩标准，并在完成样品送检和加急检验后迅速量产。该公司称，希望向柳州投放 100 万只口罩。与此同时，福建莆田用鞋厂改建生产线。莆田有 4 000 多家鞋企，当地主管部门向鞋企发布"英雄帖"：有自动针车 50 台、高周波机台 20 台以上的，配备紫外线杀菌流水线和独立操作车间、操作工 100 人以上的鞋企都可以报名生产。

即使不直接参与跨界生产，多家企业也通过联合开设生产线、补充原材料、加大采买捐赠及维持低价出售等方式，支援口罩供应。2 月 7 日，中国石化已与合作伙伴对接完成 11 条口罩生产线。据初步估算，到 2 月 10 日，中国石化助力新增加口罩产能 13 万只/日；2 月 29 日，实现新增加产能至 60 万只/日；3 月 10 日，实现新增加产能至 100 万只/日以上。此外，中国石化还为 3 家地方口罩企业提供原材料支持。得到援助后，3 家企业累计日产口罩达到 23.5 万只。腾讯设立"战疫基金"，投入了 15 亿元人民币。这笔基金的用途之一是采买口罩、防护服等防护物资。截至 2020 年 2 月 7 日，腾讯已联合全球伙伴采购 335 万只口罩、12.51 万套防护服，以及 75%乙醇、检测试剂盒等防疫物资，这些物资已陆续送达一线并完成发放。1 月 24 日，阿里巴巴集团设立 10 亿元专项基金，用于采购海内外包括口罩在内的医疗物资。截至 2 月 3 日 16 时，阿里巴巴已将自采及社会捐赠，来自韩国、西班牙、俄罗斯等 15 个国家和中国国内的医疗物资直送湖北、浙江、安徽 3 省 18 家医院。阿里巴巴公益和支付宝公益平台上发起的"武汉加油"公益筹款，截至 2 月 9 日 12 点，共有 505 万人次参与，筹款逾 2.36 亿元，资金将专项采购医疗物资，分批发往武汉等地医院。京东则于 1 月 22 日发布公告，联合口罩品牌维持原价售卖，紧急调度车辆、及时补货。企业公布的数据显示，1 月 19 日至 1 月 22 日，每天有 1 580 万只医用防护口罩进入京东仓库并上架，3 天内累计售出口罩 1.26 亿只。

随着更多生产线投产，国家发改委数据显示，截至 2 月 3 日，全国 22 个重点省份口罩产量已达到 1 480 万只；截至 2 月 9 日，口罩企业的复工率已超76%。若加上"跨界产能"的规模，全国口罩日产量应该还会更高。

资料来源：金融小二哥. 新冠疫情爆发以来，口罩几乎成了"硬通货"。那么口罩生产能恢复到什么程度？赶得上前线战役和日常防护需求吗？［EB/OL］.（2020-02-12）. http：//www. txjrt. com/ziyan/639. html.

6.4　应急供应链的风险评价

6.4.1　应急供应链的风险及其特征

应急物流风险是指应急物流运作过程中在规定的费用、进度和技术等约束条件下的实际结果与预期结果的偏离，包括所有风险事件及其相互关系，是风险性事件发生的概率及其后果的函数：

$$R=f(p,c)$$

式中，R 为风险，p 为风险事件发生的概率，c 为风险事件发生的后果。

应急物流中的风险很多，为了便于识别和控制，本文将应急物流中的风险分为四大类：技术风险、环境风险、管理风险及操作风险。应急物流中的风险具有以下特征：

（1）隐蔽性。由应急物流的本质特性决定，应急物流风险并非都十分明显，反而非常隐蔽、难于辨识，有些风险的寿命周期非常短且出现跳跃式发展，当被人注意到的时候，已难以对其进行有效控制。

（2）动态性。应急物流中的风险不是一成不变的，它具有较强的动态性，主要体现在以下两个方面：一是随着时间的变化，应急物流中的风险会呈现各种不同的具体状态；二是在实施应急物流风险处理的过程中，利用资源、风险处理方法及风险构成因素的变化会相应地引起风险状态阶段性的变化。

（3）时效性。应急物流风险显现突然、节奏变化快，要求在应急物流风险管理中做到：风险辨识快速、风险评估准确、风险处理及时、风险监控实时。此外，应急物流风险的动态性特征也进一步决定了其时效性特征。

（4）关联性。应急物流中诸多风险本身及它们之间的相互关系可能模糊不清，并且可存在于整个应急活动中的各个环节、各个层面中。例如，它们可存在于应急物流管理中心，也可存在于某单个配送、仓储或运输操作作业中；同时由于气候风险的存在，可能导致运输、配送过程难以实施快速作业进而引发进度风险。

6.4.2 应急物流风险辨识

风险分析是指对风险进行辨识、评估及等级划分的循环过程。风险分析的结果一般包括风险的种类、风险发生的概率及其后果的性质，可能是风险管理中最困难、最耗时的部分，应急物流风险分析过程如图 6-3 所示。

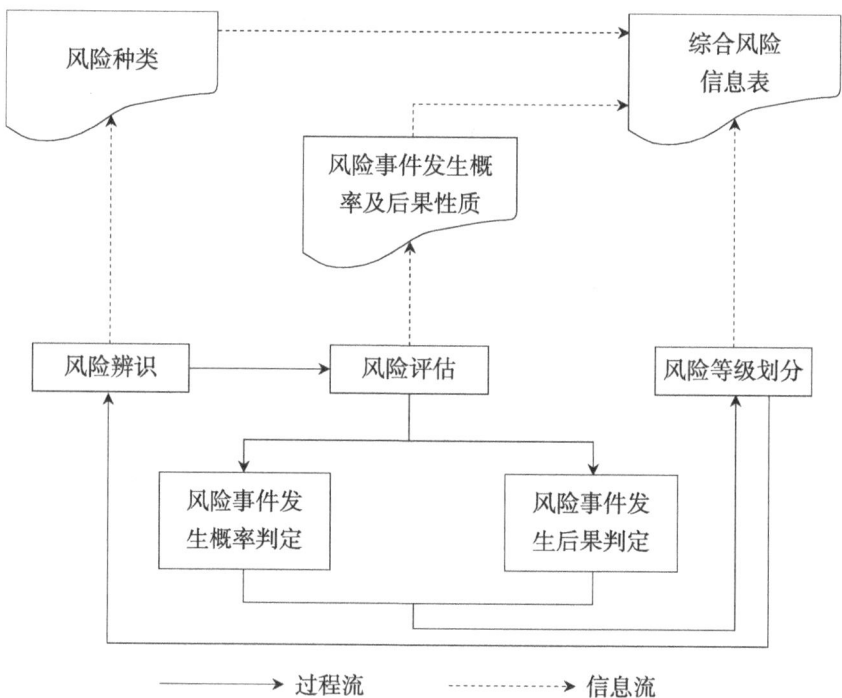

图 6-3 应急物流风险分析过程

影响应急物流运作的风险因素很多，影响关系错综复杂，且各个风险因素所引起的后果严重程度也不同。传统风险辨识的主要方法有结构分解法（Breakdown Structure）、故障树法（Fault Tree Analysis）、头脑风暴法（Brain Storming）、德尔菲法（Delphi）及幕景分析法（Scenario Analysis）等。在进行风险辨识时，风险辨识的参与者应尽可能地包括应急物流管理队伍、风险管理小组及来自各个风险领域的专家。在此主要从技术、环境、管理、操作四个方面对应急物流运作的五个阶段的风险因素进行辨识，如图 6-4 所示。

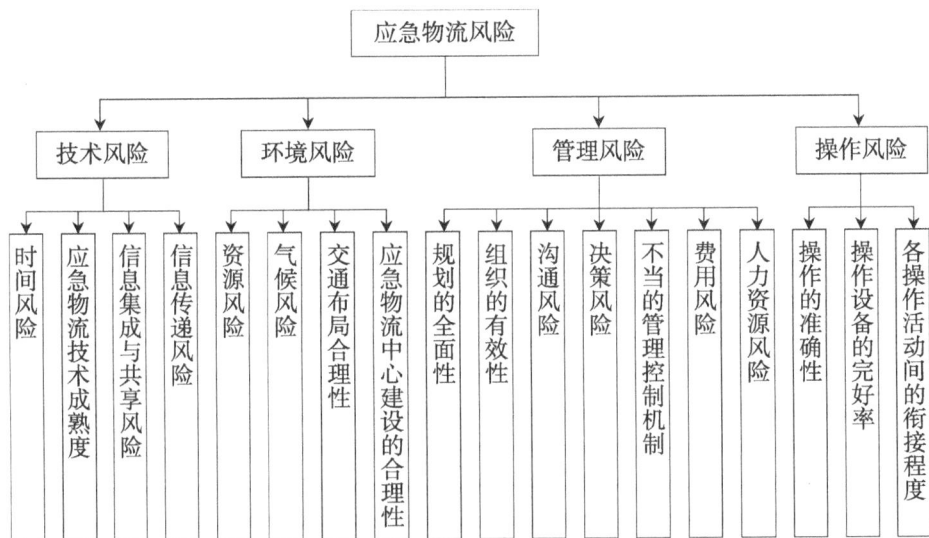

图 6-4　应急物流风险种类

6.4.3　应急物流风险评估

风险评估是一个系统化的过程，它通过对辨识出的风险事件进行考察研究来进一步细化风险描述，确定风险事件发生的概率及其后果的性质，继而将风险数据转化为风险决策信息，起到风险管理过程中风险辨识与风险控制的桥梁作用。进行应急物流风险评估的一个关键问题是数据采集，而在应急物流中又难以准确地收集相关风险信息数据，因而难以进行定量分析。

（1）风险事件发生概率的判定。风险事件的概率分布应当根据历史资料来确定，当风险管理人员没有足够的历史资料来确定风险事件的概率分布时，可以利用理论概率分布进行风险估计；没有可利用的历史资料时，风险管理人员就要根据自己的经验主观估计风险事件发生的概率或概率分布，以此得到主观概率。应急物流风险事件发生概率很难进行直接的定量化判定，通常由专家在少量的历史资料基础上，依据自己的经验对事件的概率进行主观估计，从而得到风险事件的发生概率，具体步骤如下：①风险事件发生可能性的划分。这里将风险事件发生可能性分为由小到大的五个等级（a，b，c，d，e），如表 6-1 所示，也可以给出不同的概率与之对应。②组织专家对风险事件发生概率进行判定。③进行综合判定。

表 6-1 风险事件发生概率判定表

等级代号	风险事件发生的可能性
a	极小可能发生
b	不大可能发生
c	很可能发生
d	极有可能发生
e	接近肯定发生

（2）应急物流风险综合信息表。根据应急物流的实践，整理出应急物流风险综合信息表，如表 6-2 所示。

表 6-2 应急物流风险综合信息表

风险种类	风险事件	发生概率	后果	风险等级	风险防范计划
技术风险	时间风险	e	降低响应速度及交货柔性	高	利用现代通信技术加速信息传输速度及实施科学运作管理，加强对应急物流各环节的实时控制
	应急物流技术成熟度	d	降低运作的有效性、可靠性，影响运作的进度	较高	充分利用现代较成熟的技术，积极发展先进的应急物流技术
	信息集成与共享风险	e	降低信息准确性、时效性及信息系统的先进性	高	采用应急反应电子信息公用数据标准，实现政府、地方与市民之间的信息共享一体化
	信息传递风险	d	降低信息传递速度、质量	较高	设计合理、稳健的应急物流管理信息架构，提高信息系统运行的可靠性

（续上表）

风险种类	风险事件	发生概率	后果	风险等级	风险防范计划
环境风险	资源风险	b	影响运作进度，降低应急物流运作的连续性	较低	加强有关应急物资的储备，并提高在应急情况下资源的获取能力
	气候风险	d	降低运输、配送及其他环节的可操作性	较高	分析气候对物流运作的影响，加强在不同气候下的适应性应急训练，做好充分应对措施
	交通布局合理性	d	影响运输、配送环节的效率	较高	在现有交通布局的条件下，充分优化物流运作的高效性
	应急物流中心建设的合理性	d	影响对应急事件的反应方式和速度	较高	进一步加强应急物流中心的规划设计与运作管理
管理风险	规划的全面性	d	降低运作的柔性、影响运作进度	较高	加强应急物流运作机制和管理的研究，深入分析应急物流运作的影响因素
	组织的有效性	d	降低运作的协调性、一致性及效率	较高	加强应急物流机构运作流程及不同应急机构间的沟通和联系
	沟通风险	e	降低运作环节的无缝性及协同运作的能力	高	充分利用现代信息技术，建立多种沟通渠道，加强合作关系，实施有力监督
	决策风险	d	降低运作目标的正确性、清晰性	较高	掌握充足的信息，组建有效地决策团队及基于历史数据构建高效的智能决策支持系统
	不当的管理控制机制	d	降低物流运作的可控性、随机性增大	较高	构建完整的风险管理结构、系统的运作体系，实时进行运作评价并及时修正反馈
	费用风险	e	给应急物流运作费用带来超支的可能	高	明确各机构的任务，合理进行运作费用预算，提高对技术运用、运作进度的控制力
	人力资源风险	e	降低运作管理的智力支持	高	加强应急物流管理人才挖掘、培训

（续上表）

风险种类	风险事件	发生概率	后果	风险等级	风险防范计划
操作风险	操作的准确性	d	影响运作的进度	较高	加强平时应急操作的训练，熟悉操作设备的性能
	操作设备的完好率	d	影响运作的进度、增加费用	较高	加强平时应急设备的保养，提高维修技能
	各操作活动间的衔接程度	d	影响进度及运作目的达成	较高	加强操作的实时控制，提高各个操作机构自身各阶段及机构间活动衔接的无缝性

6.5 应急供应链的可靠性

阅读材料 6-3

2021 年从 3 月 23 日到 29 日，重型货轮"长赐"号把苏伊士运河整整堵住了一周，运河堵塞让全球供应链"如鲠在喉"。搁浅、堵塞带来的停航危机给全球贸易通道安全等问题留下了教训和警示。

一条承担全球约 15% 海运贸易的"黄金水道"发生拥堵事件，造成的混乱是全方位的：从石油到燃料，从茶叶到咖啡，从玩具到厕纸，从宜家家具到法国橡木，甚至还有十多万头牲畜，一周以来，五花八门的商品货物只能乖乖"趴在"被堵的 360 多艘船上。堵塞一天就意味着 5.5 万个集装箱延迟交付。德国保险巨头安联集团估算，苏伊士运河堵塞或令全球贸易每周损失 60 亿美元至 100 亿美元。

堵塞事件还威胁到个别国家的正常运转。据 CNN 报道，叙利亚因石油供应受阻开始实施燃料配给，以保障医院、供水、通信等基础服务能正常运转，甚至美国军方称其军舰活动受到了影响。

全球最大的家居用品零售商瑞典宜家家居连锁公司证实，搁浅货船上搭载了大约 110 个装有宜家产品的集装箱。不只零售业"痛"，制造业也一样。由于欧洲制造业特别是汽车零件供应商一直奉行"准时制库存管理"，以最大化资本效率，不会大量囤积原材料。在这种情况下，物流受阻，导致生产中断。

运河堵塞造成物流缺位，导致制造业改变目前原材料库存体系，需要增加"存货"以避免类似情况再次发生。而运河被堵造成的运输延误也将产生大量保险赔付请求，让从事海运保险的金融机构承受巨大压力，或将引发再保险等领域动荡。

2020 年下半年以来，国际海运市场受集装箱短缺、贸易复苏等因素影响，运力本已经十分紧张，海运价格已处于高位。苏伊士运河堵塞无异于向海运市场"伤口上撒盐"。出于担忧情绪，对原材料、大宗商品、中间品、消费品的价格上涨形成预期，短期内全球物品价格会出现波动。事实上，最近几天，国际油价显著上涨。

这一事件可能会强化各国对供应链安全的重视，苏伊士运河堵塞有点类似新冠疫情，属于预料之外的突发事件。疫情暴发后，对全球供应链安全造成冲击，提醒各国要做好供应链的备份，开辟"第二来源"或者说"第二渠道"。现在，又发生重要贸易航道突然被巨轮"卡死"的事情，可能会强化各国寻求供应链第二、第三渠道的想法。

苏伊士运河的堵塞凸显了世界贸易的"咽喉"、全球贸易及其漫长而复杂的供应链的脆弱。而苏伊士运河只是全球 14 个对全球食品、石油和粮食供应至关重要的"咽喉"之一。由此及彼，苏伊士运河被堵也折射出霍尔木兹海峡、马六甲海峡、巴拿马运河等世界关键水道同样存在类似隐患，必须引起警惕。

资料来源：赵鹏. 苏伊士运河世纪大堵船给全球供应链敲响警钟 ［EB/OL］.（2021-03-30）. https://m.gmw.cn/baijia/2021-03-30/1302198756.html.

应急物流本身的目标特殊，任务严峻，比一般的供应链更需要可靠性。基于应急物流本身具有的突发性、事后选择性、基础设施的临时性、流量的不均衡性、信息的不对称性、弱经济性等特点，结合供应链可靠性的相关定义和应急物流供应链的运作目标，可以定义应急物流供应链的可靠性是指在整个应急物流供应链的实施过程中，应急物流供应链保障救援对象或救援实施者能够在需要的时间内得到满足其需求应急物资的能力。

（1）应急供应链的实现流程。应急供应链的实现流程大致分为应急物资的筹措（包括采购和储备等），应急物资的运输、配送，应急物资的分配等流程，如图 6-5 所示。

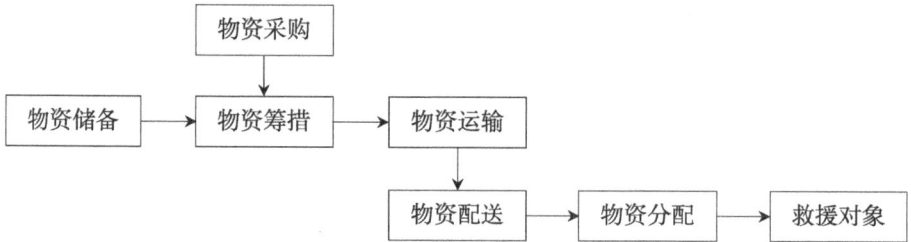

图 6-5　应急供应链的实现流程

应急物资的采购和储备是应急物资保障的基础和首要环节，截至 2021 年 5 月，全国有 113 个中央应急救灾物资储备库，储备规模达 44.58 亿元，但储备的物资品种和数量仍然无法满足新形势下应急救援的需求。应急物资的运输、配送实现了物资的空间位移，是影响应急物资供应链可靠性的重要环节，当自然灾害发生后，应急物资的运输、配送将面临道路和基础设施损坏、自然条件恶劣等一系列不利于应急物流供应链的环境因素。物资的发放是应急物流供应链的最后一个环节，是应急供应链的重要组成部分，目的在于对受灾人群实施救助或阻止灾害的延续，尽最大可能消除或减小受灾系统的损失，具有处理对象复杂、处理量大、处理时间紧迫等特点。分配机制和管理效率也是影响应急物流供应链可靠性的重要因素。

（2）应急物流供应链的可靠性模型。根据应急物流供应链流程，对实体流程进行抽象，建立由物资筹措节点、物资运输和配送节点、物资分配节点构成的应急物流供应链可靠性模型，每个节点包括 5 个因素，如图 6-6 所示。

模型中的 M、T、R 分别代表物资的储备和筹措、物资的运输和配送、物资分配三个节点。应急物流供应链的可靠性由救援对象能否得到物资、得到物资的时间是否满足需求主体的极限时间，以及得到的物资是否满足需求这三个因素组成。由模型可知，应急物流供应链是一个复杂的串联动态系统，节点上的各个因素之间相互影响，各节点之间相互制约，最终影响应急供应链的可靠性。因此，从应急物流供应链可靠性的节点影响因素来构建可靠性的评价指标体系十分重要。

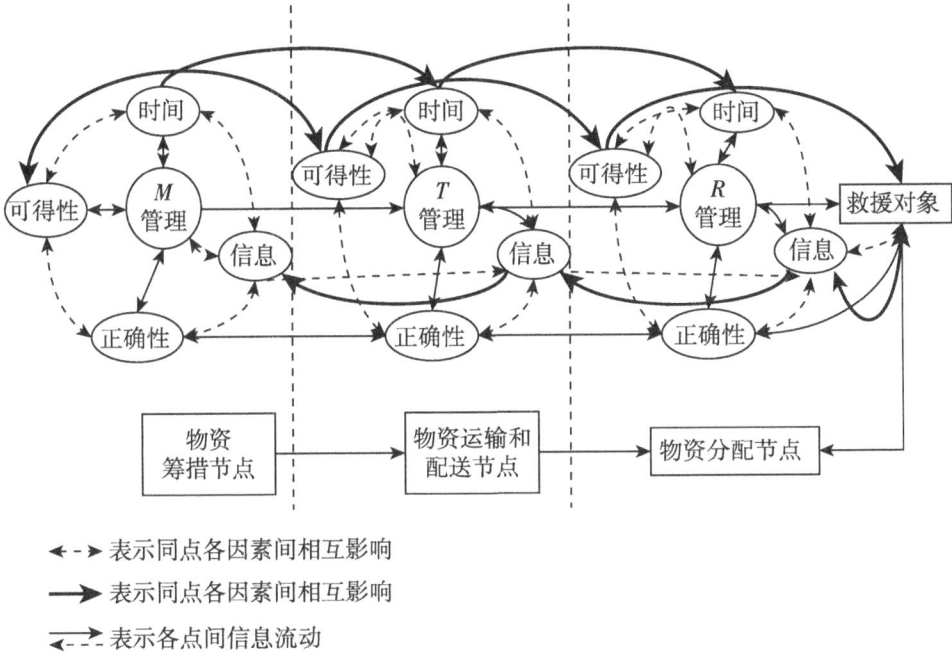

← - ► 表示同点各因素间相互影响

───► 表示同点各因素间相互影响

◄--► 表示各点间信息流动

图 6-6　应急物流供应链可靠性模型

（3）应急物流供应链可靠性评价指标体系。应急物流供应链的每个节点的可靠性受物资的可得性、物资的正确性、物资到达时间、节点管理、信息等因素的影响，同时在每个节点里五个因素之间也存在相互影响。因此应建立以应急物流供应链三个节点为核心的评价指标体系，如表 6-3 所示。其中物资的可得性是指按照需求信息节点能否有相应的物资供使用；物资的正确性是指物资的使用属性是否能够满足需求者的使用需求；物资到达时间是指物资能否在最迟时间内到达该节点；节点管理是指能否通过优化管理和流程为节点目标的高效运转提供管理支持，良好的节点管理是提高可靠性的基础；信息因素是节点能否得到或者传出必要的正确信息，在应急条件下存在信息不对称的情况，及时畅通的信息交流是保障可靠性的关键因素。

表6-3 应急物流供应链可靠性评价指标体系

目标	系统节点	评价指标
应急供应链可靠性指标体系 A	物资筹措节点 M	物资可得性因素
		物资正确性因素
		物资到达时间因素
		信息因素
		管理因素
	物资运输和配送节点 T	物资可得性因素
		物资正确性因素
		物资到达时间因素
		信息因素
		管理因素
	物资分配节点 R	物资可得性因素
		物资正确性因素
		物资到达时间因素
		信息因素
		管理因素

（4）应急供应链可靠性计算。由于影响应急供应链可靠性的因素复杂，导致应急供应链各个节点对可靠性影响的模糊性和随机性。对这种多层次、多因素指标体系进行综合评价有多种数学方法，下面运用层次分析法对应急供应链的可靠性进行计算。

第一步：应急物流供应链各节点的可靠度。依据层次分析法具体的层次划分、比较矩阵的建立、求解方法，可确定：

应急物流供应链节点 M 的可靠度为：

$$Q_M = \prod_{k=1}^{5} (1 - W_{X_{Mk}}) \tag{6-1}$$

应急物流供应链节点 T 的可靠度为：

$$Q_T = \prod_{k=1}^{5} (1 - W_{X_{Tk}}) \tag{6-2}$$

应急物流供应链节点 R 的可靠度为：

$$Q_R = \prod_{k=1}^{5} (1 - W_{X_{Rk}}) \tag{6-3}$$

其中，$W_{X_{Mk}}$ 是指系统层 M 节点的指标层第 k 个指标发生故障的概率（T、R 点类似）。

第二步：应急物流供应链的可靠性。由于应急物流供应链是由节点串联的方式构建起来的，因此系统的可靠度为：

$$A = Q_M \times Q_T \times Q_R = \prod_{k=1}^{5}(1-W_{X_{Mk}}) \prod_{k=1}^{5}(1-W_{X_{Tk}}) \prod_{k=1}^{5}(1-W_{X_{Rk}}) \quad (6\text{-}4)$$

算例 1：某应急物流的供应链体系各个节点断供的概率如表 6-4 所示，计算整个供应链的可靠性。

用式（6-1）、式（6-2）、式（6-3）计算出的结果如表 6-5 所示。

表 6-4　应急物流供应链可靠性评价指标发生故障的概率表

目标	系统性	指标发生故障的概率
应急供应链 可靠性指标 体系 A	物资筹措节点 M	物资可得性因素发生故障的概率（0.1）
		物资正确性因素发生故障的概率（0.05）
		物资到达时间因素发生故障的概率（0.2）
		信息因素发生故障的概率（0.02）
		管理因素发生故障的概率（0.01）
应急供应链 可靠性指标 体系 A	物资运输和 配送节点 T	物资可得性因素发生故障的概率（0.05）
		物资正确性因素发生故障的概率（0.01）
		物资到达时间因素发生故障的概率（0.3）
		信息因素发生故障的概率（0.02）
		管理因素发生故障的概率（0.01）
	物资分配节点 R	物资可得性因素发生故障的概率（0.05）
		物资正确性因素发生故障的概率（0.02）
		物资到达时间因素发生故障的概率（0.1）
		信息因素发生故障的概率（0.02）
		管理因素（0.01）

表 6-5　用 Excel 计算整个供应链的可靠性结果

序号	A 故障系统	B 物资可得性因素	C 物资正确性因素	D 物资到达时间因素	E 信息因素	F 管理因素	G（Excel 计算公式）可靠性	可靠性结果
1	物资筹措节点 M	0.1	0.05	0.2	0.02	0.01	=（1－B3）·（1－C3）·（1－D3）·（1－E3）·（1－F3）	0.663 6
2	物资运输和配送节点 T	0.05	0.01	0.3	0.02	0.01	=（1－B4）·（1－C4）·（1－D4）·（1－E4）·（1－F4）	0.638 7
3	物资分配节点 R	0.05	0.02	0.1	0.02	0.01	=（1－B5）·（1－C5）·（1－D5）·（1－E5）·（1－F5）	0.812 9
4	应急物流系统可靠性						=G1·G2·G3	0.344 6

从以上的算例来看，虽然每个环节的可靠性最低也在 70% 及以上（故障概率在 0.3 及以下），但整个系统的可靠性只有 34.46%，还是很低的。

结合应急物流的特点，提高应急物流供应链可靠性有下列措施：加强应急预案的建立和物资的多渠道筹措和储备；建立应急供应链协作机制，提高多供应链间的应急协作能力；构建应急信息系统，提高应急供应链运作的信息化程度，用信息技术提高应急物流供应链的可靠性；健全管理机构，完善管理机制，制定合理的规章制度，加强流程管理；加强现代物料搬运设备的使用和物流标准化在应急物流中的应用。

6.6　应急供应链的快速响应机制

快速响应（Quick Response，QR）是制造业中的准时制度。它确定了制造商、批发商和零售商的供应时间，从而使得库存水平最小化，目的是减少原材料到销售点的时间和整个供应链上的库存，最大限度地提高供应链管理的运作效率。快速响应现已应用到商业的各个领域，企业快速响应时间越短，越能把握更多商机，从而给企业带来更大的利润。快速响应是一种全新的业务方式，它体现了技术支持的业务管理思想，即在供应链中，为了实现共同的目标，各环节间都应进行紧密合作。

一般来说，供应链的共同目标包括：

（1）提高顾客服务水平，即在正确的时间、正确的地点、用正确的商品来响应消费者需求。

（2）降低供应链的总成本，增加零售商和制造商的销售和获利能力。快速响应成功的前提是与零售商和制造商保持良好的关系。这种新的贸易方式意味着双方必须建立起贸易伙伴关系，提高向顾客供货的能力，同时降低整个供应链的库存和总成本。

6.6.1　快速响应机制的特点

（1）响应快速。对市场需求的快速响应是快速反应的本质特性，通过快速设计、制造以及分销，快速提供客户需要的产品和服务，这既是对已有需求的快速响应，又是对未来需求的共同预测并持续监视需求变化以便快速响应。

（2）信息共享。信息共享直接影响供应链的绩效，通过在供应链内部整合信息，实现供应链伙伴之间销售、库存、生产、成本等信息的共享，保证供应链上的信息畅通无阻并提高供应链整体反应速度，实现对客户需求的快速响应。

（3）资源集成。依靠单个企业的资源难以快速满足客户需求，基于供应链的企业及其供应链伙伴之间核心竞争优势的集成是快速响应市场需求的基础，这既需要企业内部资源的集成，又需要整合整个供应链合作伙伴的资源。

（4）伙伴协作。现代企业之间的竞争不再是企业与企业之间的竞争，而是企业的供应链与其他企业供应链之间的竞争。只有加强供应链伙伴之间的协作关系，形成比竞争对手反应更快、运作效率更高的供应链，才能保证整个供应链的竞争优势。

（5）利益共赢。供应链合作伙伴之间的利益共赢、互利互惠是供应链正常运作的基础。企业追求的不仅仅是自己利益的最大化，而且是整个供应链利益的最大化，供应链伙伴之间必须建立同生存、共发展、利益共赢的关系。

（6）过程柔性。生产过程的柔性化是提供客户满意产品的基础。面对小批量、多品种、更富个性化的客户需求，生产过程必须富有柔性并能根据需要进行快速重组，才能更好、更快地提供客户满意的产品。

6.6.2 快速响应机制在应急物流中的构建

应急物流具有难预测性、不确定性、高时效性等特点，人们总是期望在最短的时间内有效地解决突发事件。这就要求应急供应链中的不同节点之间存在着物流、信息流、资金流等不同形式的"流"，它们之间相辅相成。信息共享使得供应链各节点能有效沟通，提高了供应链的响应能力，而快速响应是应急供应链的第一需求。

应急灾害发生后，首先必须确立一个共同的领导机构，在预案下根据灾害发生的程度确立响应的领导机构。在强有力的领导下，结合相关预案对民政及其他部门进行工作部署，收集需求信息、供应信息以及道路信息。信息的收集过程需要民政部、应急物资储备系统、交通运输系统等多个主体参与，建立一个综合信息系统可以大幅度缩短信息收集的时间。同时，由于应急灾害的发生，对于道路是否通畅也必须进行信息的收集。由于之后运输方案的制订和优化需要这几个方面的信息，因此，任一环节拖延时间都将影响整个方案的响应时间。制订运输方案后，运输过程中也可以进行道路保障，对道路抢修能力提出了很高的要求。因此，必须建立一支专业的道路保障队伍，待物资到达救灾地点后，开始配送，这需要充分发挥当地政府的作用，快速有效地把物资分发到每一位灾民手中。

本章小结

有效管理和应对突发公共事件有利于经济的稳定发展和社会的安定和谐。应急管理作为一个大体系，包含方方面面的工作，应急物资保障是其中重要的一项。应急物资能否及时供应、满足需要，往往关系到应急工作的成败。本章将供应链思想、理论和方法运用到应急管理中去，通过供应链的视角来理解应急物流。虽然应急物流具有不同于一般供应链的特点，但从供应链的角度来理解应急物流，可以加深对应急物流体系的理解。

思考与练习

1. 供应链的概念是什么？
2. 应急供应链与传统供应链的区别是什么，应急供应链的优缺点是什么？
3. 应急供应链的特点是什么？
4. 应急供应链的结构如何设计？
5. 应急供应链的风险和可靠性评价标准是什么？

第7章　突发公共事件应急物流管理

本章概述

本章从突发公共卫生事件和突发自然灾害两个方面介绍了突发公共事件的概念、分类、特征、危害，防范的措施和意义，以及突发公共卫生事件和自然灾害应急物流管理的原则、内容；阐述了国内外突发公共事件的发生概况和应急物流管理工作的现状，分析了国外在应对突发公共事件的成功经验和较成熟的突发公共事件应急体系，以及我国在突发公共事件应急体系的不足和发展的方向；探讨了突发公共事件应急物流管理的保障机制及应注意的事项；说明了应急物流管理对防范突发公共事件的重要性。

7.1　突发公共卫生事件概述

阅读材料 7-1

武汉暴发疫情，全国各省市启动重大突发公共卫生事件一级响应，有关新型冠状病毒突发疫情的每一点进展都牵动着全国人民的心。

在前线媒体的报道中，我们了解到武汉医院的医用口罩、护目镜、医用帽、防护服等医疗物资紧缺。部分一线医生为节省医疗物资，甚至在工作期间不能吃饭、喝水、去洗手间。

武汉"火神山医院""雷神山医院"施工现场，装满碎石、板材的载具来来往往，上百台施工机械、物流车辆通宵作业，确保了武汉版"小汤山"医院十天内完工。

快递小哥们春节无休，积极投入派送医疗物资、生活用品的紧张工作当中。随着中国邮政、京东、"通达系"等物流企业以及军方的运力投入，满载救援物资的车辆正从全国各地向武汉涌来。

全国口罩应急核心仓正式上线，头部电商企业宣布补货口罩将从"心脏仓"

直接发往全国各城市消费者手中。快递小哥去商家仓上门接货，全力保障消费者网购口罩的需求。

一幅应急物流全景图徐徐展开。在新型冠状病毒重大突发疫情面前，尤其是正值春节期间，人员流动频繁、物流运力下降的情况下，中国物流业如何在救援物资的收派、运输、仓储等各环节迅速响应应急物流的要求？

资料来源：新冠疫情视角下的应急物流全景图［EB/OL］. https://www.sohu.com/a/382399422_100210815.

中国是世界上受自然灾害、公共卫生安全事件影响最为严重的国家之一，从1998年的长江特大洪水、2003年的"非典"，到2008年南方雪灾和"5·12"汶川大地震，再到2020年新冠疫情，重大突发事件一次又一次挑战着中国的应急物流系统。如何在紧急情况下保障物资、人员、资金的高效流通是应急物流的关键所在。

进入21世纪，全球各类重大突发公共卫生事件屡屡发生，古老传染病的复苏以及新发传染病的流行，特别是发生在2003年的"非典"、2009年甲型H1N1流感、2014年西非埃博拉出血热（EBHF）、2015年韩国中东呼吸综合征（MERS）以及2020年席卷全球的新型冠状病毒（COVID-19），这些重大的突发公共事件都对人类生命安全和社会经济发展造成持续威胁。突发公共卫生事件已然成为全球共同面临的严峻挑战，如何应对突发公共卫生重大危机事件，是世界各国政府和国际组织高度关注与研究的重要课题之一。

相比于欧美等发达国家，我国突发公共卫生应急体系机制的建立时间相对较晚。2003年取得抗击"非典"胜利后，党和国家高度重视公共卫生服务体系建设，公共卫生和传染病防治法律法规不断健全，疾病预防控制体系基本建成，卫生应急管理体系和预案体系逐步建立。2003年及以后，我国成功应对"非典"、甲型H1N1、H7N9、鼠疫、中东呼吸综合征、寨卡病毒、黄热病等突发急性传染病。特别是在新型冠状病毒发生后，在党中央的坚强领导下，防控工作取得积极成效，既充分体现了中国特色社会主义制度的显著优势，也反映出我国卫生应急体系的建设成效。与此同时，我们也应清醒地看到，目前我国仍面临复杂严峻的公共卫生安全风险。在突发公共卫生事件发生时，无法及时、快速、完整地传递信息，大量的医疗救急器材、物资无法及时地供应、配送，贻误了最佳救急时机。为了今后有效预防、及时控制和消除突发公共卫生事件的危害，保障公众的身体健康和生命安全，研究突发公共卫生事件的应急物流管理已是当务之急。

7.1.1　突发公共卫生事件内涵

根据《国家突发公共事件总体应急预案》（2020 年 12 月），突发公共卫生事件是突发公共事件的一种类型。突发公共事件是指突然发生，造成或者可能造成重大人员伤亡、财产损失、生态环境破坏和严重社会危害，危及公共安全的紧急事件。突发公共事件主要分自然灾害、事故灾难、公共卫生事件、社会安全事件四大类。

公共卫生不单指卫生工作，它是关系到一国或者一个地区人民大众健康的公共事业，指的是通过合理配置卫生资源保障人口健康。健全的公共卫生管理体系应该包括建立疾病防治预警系统、监控系统、疫情报告体系和社区防控体系等多方面内容，它具有更广的范围。

突发公共卫生事件主要指突然发生，造成或者可能造成社会公众健康严重损害的重大传染病疫情、群体不明原因疾病，以及其他严重影响公众健康和生命安全的事件。

（1）重大传染病疫情。重大传染病疫情是指某种传染病在短时间内发生、波及范围广泛，出现大量的病人或死亡病例，其发病率远远超过正常年的发病率水平。目前，重大传染病主要有三类：①全球首次发现的新传染病，比如 SARS、新冠病毒都属于这一类；②在其他国家和地区已经发现的，如埃博拉、猴痘、黄热病等重大传染病；③在我国已经消灭的天花、脊髓灰质炎等传染病。

（2）群体性不明原因疾病。群体性不明原因疾病指在短时间内，在某个相对集中的区域内同时或者相继出现具有共同临床表现的患者，且病例不断增加，范围不断扩大，又暂时不能明确诊断病因，有重症病例或死亡病例发生的疾病。群体性不明原因疾病按照病因可分为：①感染性疾病，是由细菌、病毒、衣原体、支原体、真菌、寄生虫等病原微生物所引起的疾病；②非感染性疾病，是由一些生物化学毒物、重金属以及一些生物过敏源、药物服用或疫苗接种等引起的群体事件。

（3）重大食物和职业中毒。重大食物和职业中毒是指由于吞服、吸入有毒物质，或有毒物质与人体接触所产生的有害影响。重大食物和职业中毒事件是指由于食品污染和职业危害的原因而造成的人数众多或者伤亡较重的中毒事件。

（4）动物疫情。动物疫情是指对人类和动物危害严重，并且可能造成重大经济损失，需要采取严格控制、扑灭等措施防止扩散的，或国外新发现并对畜牧业生产和人体健康有危害或潜在危害的，或列入国家控制或者消灭的动物传染病和寄生虫病，如高致病性禽流感、口蹄疫等。

（5）其他严重影响公众健康和生命安全的事件。其他严重影响公众健康和生命安全的事件是指具有突发事件特征，即突发性，针对的是不特定的社会群体，造成或者可能造成社会公众健康严重损害，影响社会稳定的重大事件。

7.1.2 突发性公共卫生事件的特点

（1）突发性。突发公共卫生事件虽然存在着发生征兆和预警的可能，但往往很难对其真实发生的时间、地点做出准确预测和及时识别，事件发生突如其来，人们始料未及，难以准确把握事件的起因、规模、变化、发展趋势以及影响的深度和广度，如各种恐怖事件、自然灾害引起的重大疫情、重大食物中毒等。

（2）社会危害性。突发公共卫生事件直接关系到人类的生存和发展，与人们的利益休戚相关。它不但会给人民群众造成人身、经济和精神上的伤害，而且会影响政治局面的稳定、破坏经济建设、危及正常的工作和生活秩序，甚至威胁人类的生存，如 2003 年"非典"大流行期间被迫取消五一长假。

（3）复杂性。第一，造成突发公共卫生事件的原因相当复杂，有纯自然因素造成的突发事件，如地震、台风、沙尘暴、海啸等自然灾害；有人为因素造成的突发事件，如战争、重大交通事故、传染病流行等。以新型传染病为例，作为人类未知的领域，病毒和细菌每天的自然变异数不胜数，甄别、研究对人类有害的微生物并攻克它们是非常复杂和困难的。人类迄今已发现百余种传染性疾病，其中近 30 年间新发现的传染病约 40 余种，几乎每年都有 1 种或 2 种以上的新发传染病递增。第二，突发公共卫生事件的后果是复杂的，往往涉及的地域广、人员多，还往往引起多米诺骨牌效应和涟漪效应。

（4）紧迫性。突发公共卫生事件发生后，事件发展非常迅速，如果处理不及时，就会造成巨大损失。它要求事件管理者必须在有限的时间里获取充分有价值的信息，分析事件发生的原因、程度、影响，找到有效的应对措施。因此，必须采取一系列行之有效的应急措施，才能在短期内控制突发事件。如 2003 年的"非典"，由于对这一新传染病欠缺了解，受主客观因素限制，在初期阶段没有采取充分的预测、预警和防范措施，造成了疫情迅速蔓延。

（5）国际互动性。伴随着全球化进程的加快，突发公共卫生事件的发生具有一定的国际互动性。经济全球化在人员、物资大流通的同时，也带来了疫情传播的全球化。一些重大传染病可能通过交通、旅游、运输等各种渠道在不同国家和地区进行远距离传播。它能跨越洲际、国际和疆域，不分民族、种族和社会群体，跨越不同的文化和社会制度，不仅给原发区，还给其他地区或全球带来巨大灾难，如新型冠状病毒在全世界范围内迅速暴发，并在传播过程中发生病毒变异，增加了防疫难度。

7.1.3　突发性公共卫生事件的影响

阅读材料 7-2

　　湖北省武汉市部分医院陆续发现了多例有华南海鲜市场暴露史的不明原因肺炎病例，证实为新型冠状病毒感染引起的急性呼吸道传染病。2020 年 2 月 11 日，世界卫生组织总干事谭德塞在瑞士日内瓦宣布，将新型冠状病毒感染的肺炎命名为"COVID-19"。2020 年 3 月 11 日，世卫组织认为当前新冠疫情可被称为全球大流行。

　　资料来源：https：//easylearn. baidu. com/edu－page/tiangong/questiondetail? id＝1709730019363705467，此处有删改。

　　突发公共卫生事件具有突发性、破坏性和不确定性等特点。因此，突发公共事件造成的损失相当惊人。2020 年，新型冠状病毒在全球蔓延，突发的黑天鹅事件加剧百年未有之大变局的复杂程度，带来复式危机的全面爆发。首先是对全人类的健康、生命安全构成威胁，其次是对各国在消费及生产造成冲击，进而影响贸易，对全球经济构成影响。除了新冠疫情这种全球性的突发公共卫生事件以外，还有很多局部地区的突发公共卫生事件。2014 年 5 月 5 日，因为小儿麻痹症在亚洲、非洲以及中东的爆发，世界卫生组织宣布其为"野生型脊髓灰质炎病毒疫情"；2016 年 9 月 29 日世界卫生组织通报并将马尔代夫和新喀里多尼亚列入了寨卡病毒病疫区名单。2019 年在刚果民主共和国流行的埃博拉出血热疫情以及 2023 年 2 月 15 日多国发生的猴痘疫情，也被世界卫生组织宣布构成了国际关注的突发公共卫生事件。

　　突发公共卫生事件造成的间接损失同样不可忽视。由于突发公共卫生事件涉及面广，影响范围大，一方面对人们身心健康产生危害，可在很长时间内在人们心里留下阴影；另一方面，突发公共卫生事件具有很大的外部性，可见性不强，更容易产生猜疑和不准确信息，一些突发事件涉及社会的不同利益，敏感性、连带性很强，处理不好极易造成社会混乱，进而影响社会经济、政治的发展和政府的国际声誉。同时，事故灾害发生后，有更多的人在各种突发事件中致病、致伤和致残，公众的生活节奏被打乱，公众心理也会受到巨大冲击，一个地区、一个国家，乃至全球的经济也会受到影响。

7.2　重大突发公共卫生事件应急物流管理

重大突发公共卫生事件应急物流是重大突发公共卫生事件中所进行的所有物流活动的统称，包括物资的采购、运输、储存、搬运、包装、流通加工、配送，以及物流设施与装备的使用、管理和事件处理中的信息处理等活动。它以提供公共卫生事件所需应急物资为目的，以追求时间效益最大化和灾害损失最小化为目标。

近年来，随着社会经济的飞速发展，我国经历了数次重大突发公共灾害事件，仅从应急管理部、国家减灾委办公室统计的数据来看，2019 年我国突发重大公共事件超过 10 起，累计伤亡人数达到 3 000 余人。新型冠状病毒对我国突发公共卫生应急处理体系提出了严峻的挑战和考验。如果加强对公共卫生事件的评估、分析、研究和预防，可以大大地减少损失。突发公共卫生事件应急物流就是在这种背景下产生的，它是政府、医疗机构、疾病监控中心等相关单位以及社会团体为减少突发公共卫生事件带来的灾害所进行的一系列物资筹措、储备、管理、运输、发放活动的综合，贯穿防治突发公共卫生事件活动的全过程。突发公共卫生应急物流是一项复杂的人—社会—经济的系统工程，必须以现代科学技术为依托，统筹全局，动员全社会力量协同进行。我国在解决突发公共卫生事件应急处理工作中存在信息不准、反应不快、应急准备不足等问题，建立统一、高效的突发公共卫生事件应急物流处理机制是保障公众身体健康与生命安全，维护社会稳定的基本要求。

在 2003 年"非典"发生以前，我国没有一部正式的突发公共卫生事件应急法律法规，"非典"成为我国公共卫生事件应急法律体系建设的历史转折点。2003 年国务院正式发布《突发公共卫生事件应急条例》（以下简称《条例》），在总结经验教训的同时，正式将我国突发公共卫生事件的应急处置体系推向法制化轨道。《条例》明确规定突发事件发生后，国务院有关部门和县级以上地方人民政府及其有关部门，应当保证突发事件应急处理所需的医疗救护设备、救治药品、医疗器械等物资的生产、供应；铁路、交通、民用航空行政主管部门应当保证及时运送。

2009 年国务院印发《关于加强基层应急队伍建设的意见》，开始重视基层机构在突发事件应急处置中的重要作用，建立健全基层应急队伍与其他各类应急队伍及装备统一调度、快速运送、合理调配、密切协作的工作机制，经常性地组织各类队伍开展联合培训和演练，形成有效处置突发事件的合力。

2015 年国家卫生计生委应急办发布《全国医疗机构卫生应急工作规范（试行）》和《全国疾病预防控制机构卫生应急工作规范（试行）》，明确了全国医疗机构和疾病预防控制机构在应急处置中所处的重要地位以及承担的卫生应急工作，规定了明确的应急物资储备预案及流程。

2016 年国家卫生计生委制定的《关于加强卫生应急工作规范化建设的指导意见》（以下简称《意见》），对我国卫生应急工作的规范化开展提供了理论指导。《意见》明确指出，要加强队伍建设和物资技术储备，要按照标准为队伍配备现场处置和保障的设施、装备，利用互联网等技术，逐步提高物资信息化管理水平。

2017 年国务院办公厅印发《国家突发事件应急体系建设"十三五"规划》，强调"源头治理、科学防备、政府领导、社会参与"等基本原则，不断完善我国应急处置体系。其中，在应急物流管理方面，规划指出要完善应急物资保障体系，推进应急物资综合信息管理系统建设，逐步实现仓储资源、应急物资的整合、共建共享和快捷调运。

2019 年《中华人民共和国基本医疗卫生与健康促进法》第十九、二十条提出进一步健全我国突发事件卫生应急体系和传染病防控制度建设的总体意见。第六十三条提出要建立中央与地方两级医药储备，用于保障重大灾情、疫情及其他突发事件等应急需要。

《全国流行性感冒防控工作方案（2020 年版）》（以下称《方案》）提出从检测预警、人群免疫、医疗处置、社会宣教等方面做好流感防控工作，《方案》提出要统筹医疗资源，按照"四集中"原则，合理调配医疗资源，加强药品物资储备，控制重症发病率，降低病死率。

7.2.1 突发公共卫生事件应急组织

目前，我国应急管理纵向系统为"国家—省—市—县"四级组织体系，国务院是突发公共卫生事件应急工作的最高行政领导机构。2018 年应急管理部成立，负责指导自然灾害、生产安全和公共卫生事件等应急救援工作。国家卫健委及其他相关部门，如中国疾病控制与预防中心，在国务院的集中领导下，根据突发公共卫生事件的严重程度进行分级，决定是否成立国家突发公共卫生事件应急指挥部，协调突发公共卫生事件的应急处理工作。

省、自治区和直辖市的卫生健康部门在本级政府的领导下，成立各级管辖的应急指挥部，下设若干工作组，分别负责疫情防控、医疗救治、后勤保障、科研攻关、交通运输等职能。市、县卫生健康部门在本级政府的领导下，成立各级应急指挥部，应急指挥部是应急工作的主要执行者，必须严格贯彻上级组织的指导性政策，负责本地区突发事件的大部分处理工作。总体来看，我国应急工作还是以国家主导为运转核心，地方政府自主权限较小。

7.2.2 突发公共卫生事件应急物流预案

2006 年国务院颁布《国家突发公共事件总体应急预案》，构建了各类突发事件的应急预案框架，是指导各类突发事件应急处置的规范性文件。制订应急预案是一个过程，该过程需要确定目标，确立发展策略、管理办法，制订详尽的实施计划，并成立或指定具体机构去实施该过程，还包括对预案自身的评价和完善。

应急预案是针对可能发生的突发公共卫生事件，为迅速、有效、有序地开展应急行动而预先制订的方案，用以明确事前、事发、事中、事后的各个进程中，谁来做、怎样做、何时做以及相应的资源配制和采取策略等的行动指南。

（1）突发公共卫生事件应急物流预案的要求。

制订突发公共卫生事件应急物流预案，有以下七个要求：①科学性：预案的制订必须建立在科学研究的基础上；②全面性：应包括所有潜在的突发事件，即使是发生概率很低的突发事件，应涉及突发公共卫生事件处理的所有利益关系者，应跨越突发事件管理的整个过程，包括事前、事中和事后；③简洁性：语言简洁，容易理解；④详尽性：预案内容应尽量具体，各项职责应具体到"谁来做、如何做"的程度；⑤权威性：预案必须获得必要的法律或行政授权，以保证执行时畅通无阻；⑥灵活性：预案的制订必须为那些不可预见的特殊情况留有余地，以便在事情发生后能快速做出反应；⑦可扩展性：预案必须定期维护和更新，必要时还可对其进行较大改动。

（2）突发公共卫生事件应急物流预案的分类。

突发公共卫生事件按可能造成的影响程度以及反应级别划分，可将其分为以下四类：①县级：突发公共卫生事件发生局限于一个县内，凭借该县的力量能够将其控制；②地市级：突发公共卫生事件发生局限于一个地市内，凭借该地市的力量能够将其控制；③省级：突发公共卫生事件危害较大，但能被控制在一个单独的省份里；④国家级：突发公共卫生事件危害极大，超越了省级水平，需要从国家层面上来组织应对措施。

（3）突发公共卫生事件应急物流预案的内容和存在的问题。

由于突发公共卫生事件应急物流处理涉及卫健委、交通运输部、应急部等部门，因此预案应侧重理论原则与组织相统一，各有关部门协调，包括专家咨询队伍与现场处理队伍的组织。

《突发公共事件应急条例》对应急预案的内容有七个方面的要求，涵盖了组织指挥、监测预警、信息制度、处理技术、工作方案、储备高度和队伍建设。编制应急物流预案时，应将其作为重要的参考原则。针对不同突发公共事件建立具体实施方案的应急物流预案储备，做到未雨绸缪。要根据不同性质、分类和级别的突发事件，对应急物资如医疗设备、医药药品的品种和数量进行论证，防止"跟着感觉走"。例如，一些单位每年的抗洪医疗队在准备药品时大多凭"老队员"的经验，并无成文规程。应急预案中除了要有技术方面的内容，更要重视对配套法规的推敲，例如关于捐赠的法规。预案中要有培训计划，也要由人来理解和执行。

自 2003 年起，各地纷纷出台"突发公共卫生事件应急预案"，《国家突发公共卫生事件总体应急预案》于 2006 年 1 月 8 日由国务院发布并实施，这表明全国已初步形成了应急预案体系。尽管如此，应清醒地看到，现有预案尚不能完全适应突发公共卫生事件应急的需要，仍存在一些问题。主要是很少有适用于地方特点的具体化预案。同时，缺乏实用操作性。造成此类问题的原因有：虽然全国各地基本公布了突发公共卫生事件应急预案，但有的预案没有针对当地的实际情况进行科学的分析论证，在分级预警、物资储备、后勤保障等方面生硬照搬上级预案。这类预案的可操作性不强，缺乏对具体工作的指导性。因此地方上的预案可能就是上级预案的复制版本，没有结合到地方情况作相应的制订。再加上我国应对突发公共卫生事件体系本身就存在着诸多问题，因此暴露了预案的软弱和体系的不完善。

7.2.3　突发公共卫生事件应急物流信息系统

突发公共卫生事件应急物流信息系统担负着传染性疫情、重大食物中毒和职业中毒等突发性公共卫生事件应急物流的信息采集、汇总和报告，为突发性公共卫生事件应急物资的供应、生产、运输、配送等提供准确可靠的信息资料，从而为应急物流的保障做出正确的决策，也是有效救灾的重要手段。要实现应急物流的实时控制、应急物资的准确投递、不同物流主体间的完美配合，就必须全面提高应急物流管理的信息化水平。

1. 信息系统构建原则

（1）坚持统筹发展原则。系统建设必须立足当前、面向长远、有序推进，要始终贯穿整个物流管理的全过程，通过人流、物流、资金流与信息流的融合，将应急物资生产、采购、仓储、配送、分发等流程无缝衔接，确保应急物流管理信息化全面协调可持续健康发展，从而满足突发公共事件应急物流的系统化要求。

（2）坚持业务引领原则。以需求为依据，以问题为导向，紧密围绕应急物流管理工作需要，准确把握新一代信息技术在传统业务流程和工作模式改革创新的关键作用。以数据为关键要素，以应用为核心，促进技术与业务的深度融合，最大限度发挥信息化效能。

（3）坚持创新驱动原则。着力推进应急物流管理与云计算、大数据、物联网、人工智能、移动互联、IPv6、虚拟现实（VR）等新一代信息技术深度融合。

（4）坚持共享众创原则。立足业务协同与联动需求，把握大数据时代特征，广泛汇聚信息资源，构建共享服务体系，推动跨区域、跨层级、跨部门之间的信息实时交换与共享，消除信息孤岛。

（5）坚持安全可控原则。大力推进自主可控核心技术在关键软硬件和技术装备中的规模应用，不断增强信息化基础设施的韧性抗毁能力和安全保障能力，确保系统和应用可靠、可信、可控。

2. 应急物流信息系统主要功能

（1）应急资源的聚合统筹。应急物流涉及医疗、交通、食品、工程设备、救灾物资等多行业多领域数据，面临数据格式不统一、数据类别繁多，且存在数据价值密度低的情况，因此应急物流信息系统首先要完成各项数据资源的统一汇集与整理。在充分了解相关部门应急保障资源信息化的基础上，将分散的、不同格式、不同类别的应急物流保障资源数据，通过行业专网整合接入，并依托联网技术实现对救灾物资储备基地的实时监测，从而完成对应急资源和物流信息的动态掌控。

（2）应急物流指挥的全程可控。以物资运输、应急投送等不同方式的任务需求为核心，综合运用 RFID 设备、移动终端、GPS、GIS、无人机、5G 通信等先进技术与设备，把应急物流运作的各个环节连接起来，实现应急物资保障的无缝链接和全资产可视化。

（3）应急物流保障预案的优化。突发公共卫生事件具有特定的季节性和区域性，以典型突发事件的具体需求为目标，采用时间序列、动态规划、深度学习等模型方法，根据应急物流保障任务的性质、规模、范围、环境条件等，启动并生成不同阶段的应急物流保障预案，构建数字化预案数据库，为应急物流指挥提供辅助决策支撑。

7.2.4　突发公共卫生事件应急物流保障机制

为了更好地防范突发公共卫生事件的发生，并在发生后能采取有效措施积极应对，从政府到地方都要努力做好应急物流管理，建立相应的保障机制满足应急物流实施的必要条件，使灾情或疫情得到有效控制，使损失降低到最小。

（1）信息系统。国家建立突发公共卫生事件应急决策指挥系统的信息、技术平台承担突发公共卫生事件及相关信息收集、处理、分析、发布等工作，采取分级负责的方式实施。要在充分利用现有资源的基础上建设医疗救治信息网络，实现卫生行政部门、医疗救治机构与疾病预防控制机构之间的信息共享。

（2）疾病预防控制体系。国家建立统一的疾病预防控制体系。各省（区）、市（地）、县（市）要加快疾病预防控制机构和基层预防保健组织建设，强化医疗卫生机构疾病预防控制的责任建立、功能完善、反应迅速、运转协调的突发公共卫生事件的应急机制，健全覆盖城乡、灵敏高效、快速畅通的疫情信息网络，改善疾病预防控制机构基础设施和实验室设备条件，加强疾病控制专业队伍建设，提高流行病学调查、现场处置和实验室检测检验能力。

（3）应急医疗救治体系。按照"中央统筹、地方负责、统筹兼顾、平战结合、因地制宜、合理布局"的原则，逐步在全国范围内建成包括急救机构，传染病救治机构和化学中毒与核辐射救治基地在内的，符合国情、覆盖城乡、功能完善、反应灵敏、运转协调、持续发展的医疗救治体系。

（4）卫生执法监督体系。国家建立统一的卫生执法监督体系。各级卫生行政部门要明确职能，落实责任，规范执法监督行为，加强卫生执法监督队伍建设。对卫生监督人员实行资格准入制度和在岗培训制度，全面提高卫生执法监督的能力和水平。

（5）应急卫生救治队伍。党的十九届五中全会通过了《中共中央关于制定国民经济和社会发展第十四个五年规划和二〇三五年远景目标的建议》，提出完善突发公共卫生事件监测预警处置机制，健全医疗救治、科技支撑、物资保障体系，提高应对突发公共卫生事件能力。将落实人员保障作为首要任务，积极建设平战结合的应急医疗救治"预备役"队伍。各级政府、卫健委、医院管理等上级部门要做好医院应急医疗救治的法律和制度保障，保证人员培训、队伍组建和疫情防治物资的持续投入。

（6）加强国际合作。国家有计划地开展应对突发公共卫生事件相关的防治科学研究，包括现场流行病学调查方法、实验室并用检测技术、药物治疗、疫苗和应急反应装备、中医药及中西医结合防治等，尤其是开展新发、罕见传染病快速诊断方法、诊断试剂以及相关的疫苗研究，做到技术上有所储备。同时，开展应对突发公共卫生事件应急处理技术的国际交流与合作，引进国外的先进技术、装备和方法，提高我国应对突发公共卫生事件的整体水平。

（7）物资储备。各级人民政府要建立处理突发公共卫生事件的物资和生产能力储备。发生突发公共卫生事件时，应根据应急处理工作需要调用储备物资。卫生应急储备物资使用后要及时补充。

（8）经费保障。应保障突发公共卫生事件应急基础设施项目建设经费，按规定落实对突发公共卫生事件应急处理专业技术机构的财政补助政策和突发公共卫生事件应急处理经费。应根据需要对边远贫困地区突发公共卫生事件应急工作给予经费支持。国务院有关部门和地方各级人民政府应积极通过国际、国内等多渠道筹集资金，用于突发公共卫生事件应急处理工作。

（9）通信与交通保障。各级应急医疗卫生救治队伍之间要保持信息通畅。同时，交通运输部门主要负责优先保证医疗救援人员、医疗物资运输用飞机、车辆、船舶的及时调配和交通畅通。

（10）法律保障。国务院有关部门应根据突发公共卫生事件应急处理过程中出现的新问题、新情况，加强调查研究，起草和制定应对突发公共卫生事件的相应文件，形成科学、完整的突发公共卫生事件应急体系。国务院有关部门和地方各级人民政府及有关部门要严格执行《突发公共卫生事件应急条例》等规定，根据要求，严格履行职责，实行责任制。对履行职责不力、造成工作损失的情况，要追究有关当事人的责任。

（11）社会公众的宣传教育。县级以上人民政府要组织有关部门利用广播、影视、报刊、因特网、手册等多种形式对社会公众广泛开展突发公共卫生事件应急知识的普及教育，宣传卫生科普知识，指导群众以科学的行为和方式对待突发公共卫生事件。要充分发挥有关社会团体在普及卫生应急知识和卫生科普知识方面的作用。

7.2.5　突发公共卫生事件应急物流的发展方向

（1）法治化思维成为必然趋势。《中华人民共和国传染病防治法》《灾害事故医疗救援工作管理方法》《职业病防治法》《传染病非典型肺炎防治管理办法》《公共场所卫生管理条例》《学校卫生工作条例》和《医疗机构管理条例》，特别是《突发公共卫生事件应急条例》等法律法规的出台和实施，更为我国建立健全公共卫生应急机制提供了充分的法律依据。完善我国公共卫生体系，加强公共卫生应急物流管理，建立健全公共卫生应急机制，必定会促进社会事业的长足进步，为保障广大人民群众生命安全和身体健康，促进社会、经济协调发展提供强有力的保障。

（2）多部门建立及健全应急协调联动机制。跨部门、跨区域等应急协调联动机制的探索由来已久，2003年"非典"后，我国开始构建以综合性为特征的应急管理体系。近年来，民政部多措并举，在提高综合协调效能上狠下功夫。如今，多项军地、政企、央地协作的长效机制正在建立健全，应急管理部与财政部建立了救灾物资应急采购机制，确保了特别重大自然灾害救灾物资的筹集；与交通运输部建立社会力量车辆跨省通行服务保障工作机制；与中国民航局、国铁集团构建了救援队伍、装备和救援物资快速输送系统；与中交集团等七家相关央企建立应急力量预置和应急资源储备协调联动机制等。

（3）智能化设备或机器人的广泛应用。突发性公共卫生事件往往具有广泛的传播性，减少人与人的正面接触，对切断传播途径、控制传播范围、降低致病率起着重要的作用。随着互联网、物联网、5G、人工智能、大数据等新兴技术的蓬勃发展，面向突发性公共卫生事件的应急物流系统的构建应充分考虑将"无人式""远程化""虚拟式""数据化"等新型操作模式应用到应急采购、生产、集散、物流配送、分发等各个环节，从而降低人员感染和传播的可能。据媒体报道，新冠疫情期间，在北京、上海、武汉等城市，已有不少配送机器人代替配送小哥，使飞沫传播和接触传播的可能性降到最低，避免配送环节的"人传人"风险，在遏制病毒传播方面起着十分重要的作用。

7.2.6　国外突发公共卫生事件应急机制的经验借鉴

1. 美国突发公共事件应急机制

美国对突发公共卫生事件应急处置体系建设的探索较早，在经历了 2001 年"9 · 11"事件、2002 年炭疽病和 2003 年猴痘病毒后，美国制定出一套应对突发公共卫生事件的体系。

美国突发公共卫生事件为三级应对体系，自顶向下包括联邦疾病控制与预防系统 CDC（Centers for Disease Control）—地区/州医院应急准备系统 HRSA（Health Resources and Services Administration）—地方城市医疗应急系统 MMRS（Metropolitan Medical Response System）。当出现突发公共卫生事件时，指挥系统由 CDC 提升到联邦应急计划，总统有权根据危机事态的严重程度决定是否需要宣布国家进入"紧急状态"，并启动联邦应急计划；HRSA 主要通过提高医院、门诊中心和其他卫生保健合作部门的应急能力，来发展区域应对突发公共卫生事件的能力。主要负责药物获得、急救、运输、信息传递、隔离检疫、医务人员培训以及医院系统协调；MMRS 通过地方的各个执行部门，如消防、自然灾害处理部门、医院等部门，现场救援人员协作，确保城市在一起公共卫生危机中最初48 小时的有效应对。美国突发公共卫生事件的应急机制，将公共卫生系统与其他系统相互串联了起来，因为很多突发公共卫生事件并不只是与公共卫生有关，可能其中还会联系到能源、环境、电信等部门。对于中国的启发有：要了解突发公共卫生事件应对的主要内容，包括公共卫生、突发事件管理、执法、医疗服务和第一现场应对人员等在内的多领域的综合、联动、协作系统。

2. 英国突发公共卫生事件应急机制

英国在国民医疗服务体系的各个层面树立一种"病人第一"的全新理念。卫生部（Department of Health）设立四个分区战略卫生局和社会保障委员会，分别负责英格兰北部、南部、中部和东部、伦敦四个大区。

英国突发公共卫生事件应对系统是一个综合体系，包括战略层面和执行层面两个主要部分，其中战略层面由突发事件计划协作机构（Emergency Preparedness Coordination Unit，EPCU）负责，而执行层面则由国民健康服务系统（National Health Service，NHS）及其委托机构开展。其中，EPCU 的主要职责是制订、颁布、修改突发公共卫生事件应对计划，从突发事件处理中总结经验教训，并与应对系统中的其他部门协调合作。NHS 的职责是确保地方卫生服务机构能够在突发事件发生时做出快速恰当的反应。基本医疗委托机构（Primary Care Trusts，PCTs）是英国公共卫生应急系统中的核心，其职责是支持 NHS 基础设施和医院建设，并在突发事件应对中与地区公共卫生官员保持联络。

英国大多数突发事件都是在地方层面处理的，地方响应是突发事件响应的重点。只有当事件的影响范围和事件本身的影响程度超过了地方范围和地方国民医疗服务体系所能承受的能力时，才寻求更高一级的地区或中央政府的协调帮助。

PCTs 的牵头机构作为 PCTs 的代表，负责协调各 PCTs 之间的行动。卫生部则负责连接 NHS，管理地方 NHS 机构，在大规模突发事件中与地方其他应急部门合作。健康和社会保健理事会与 NHS 系统协同，开展地区协作。卫生部的医药官员、执行官员则是进行跨部门协作，向公众提供建议和相关信息。

阅读材料 7-3

2001 年 2 月 19 日，在英国英格兰艾塞斯郡的一家屠宰场，发现了待宰的 28 头猪有口蹄疫症状。这一发现是 2001 年英国口蹄疫大规模暴发的开始。

2 月 20 日，口蹄疫症状得到证实，疫情发展极快，波及英国各地。英国农业、渔业和食品部大臣尼克·布朗飞往布鲁塞尔与欧盟农业官员进行紧急磋商。当时的英国首相布莱尔于 2 月 27 日晚召开内阁紧急会议，商讨对策。之后，英国政府采取了一系列措施来控制疫情的蔓延。措施包括禁止所有牲畜离开饲养场，将原来为期 7 天的禁令再延长两个星期；为缓解已经出现的肉类供应短缺，允许将那些被证实未被传染的牲畜送到指定的屠宰场屠宰；对于蒙受巨大损失的农民，政府支出 1.67 亿英镑的赔偿；继续严密封锁所有乡间道路，关闭伦敦郊区的 3 个皇家公园和自然保护区，取消一系列大型活动。对其他 12 个农场的牲畜进行检查。一时间英国的各个农场忙于屠宰、掩埋、焚烧牲畜。据统计，英国 2001 年集中宰杀、焚烧了近 700 万头感染口蹄疫的牲畜，焚烧场面曾让许多英国人不寒而栗。

2001 年的口蹄疫持续了近一年时间，英国经济损失约 80 亿英镑（约合 160

亿美元)。为防止疫情扩散,英国被迫关闭大量国家公园、自然保护区和通往乡间的公路,取消一系列大型活动。欧盟委员会在2001年也禁止了英国肉、奶制品出口。英国畜牧业、旅游业由此遭受沉重打击。英国的肉禽业花了几年时间才恢复过来。

英国政府在应对突发公共事件时所采取的措施和政策如下:

首先,迅速发布疫情警告。一旦发现有突发公共卫生事件,英国卫生部当天立即向全体医务人员下发危机警报,介绍该病的特征、传播途径和影响范围,并发出旅行通知,要求民众尽量不要去疫区旅行。保健署针对患者家属、朋友发出通知,要求进行健康检查。医务人员也要向当地传染病控制中心报告疫情。其次,如果是突发性新型传染病,要积极查找病因。英国公共卫生实验室服务中心对患者的样品进行检测,并与世界卫生组织合作。最后,及时发布疫情通报。在疫情通报中,除了介绍患者本人的情况外,通常还详细介绍其感染途径和受感染期间的活动行程,以便对其他有可能与其接触的人进行及时检查。另外,媒体的舆论监督也起了不容忽视的作用。这一点在英国疯牛病、口蹄疫危机中都有体现。媒体报道虽可普及相关知识,对政府政策措施进行监督,但若引导不当,也会片面夸大事实,扰乱人心,起负面作用。

总体来看,英国的应急机制效率较高,经过疯牛病、口蹄疫等重大疫情之后已经累积形成了疫情信息渠道和防治模式,对突发公共卫生事件的应对有着很大推进作用。英国拥有职责分明、比较健全的疫情监测机构,一旦发现传染病苗头,马上可以组织力量进行处理。英国的责任部门拥有着熟练的处理危机经验,成熟的应急机制使得实际操作反应迅速、得心应手。

资料来源:司马皓. 全球历史上的重大疫情 [N]. 新华社,2007-08-06.

3. 日本突发公共卫生事件应急机制

日本因其地理位置特殊,是世界自然灾害高发国家。据不完全统计,日本每年地震次数高达1 500次,在经历了1995年7.3级阪神大地震、2011年9.0级福岛大地震后,日本逐渐形成了一套比较全面的综合性应急管理体系。

公共卫生管理与服务体系基本上由三级政府两大系统通过纵向行业系统管理和分地区管理的衔接形成全国突发公共卫生事件应急管理网络。这一系统同时被纳入整个国家的危机管理体系。平时,在预防工作中起主导作用的是全国各都道府县的地方保健所和市町村的保健中心。国立传染病研究所感染信息中心进行法定的传染病发生动向跟踪监视调查,每周五前上报上周情况并在网上公开。

面对突发公共卫生事件的危险,日本政府会向国民及有关机构发出紧急通报，通告突发公共卫生事件的信息，同时召开干事会，研讨对策。中央主管机构对于突发公共卫生事件应急管理的最主要职责是收集信息并制定和实施应急对策。在日本突发公共卫生应急处理系统中，消防（急救）、警察、医师会、医疗机构协会、通信、铁道、电力、煤气、供水等部门，也按照各自的危机管理实施要领和平时的约定相互配合。

日本历来非常重视预防工作，早在 1947 年的时候就公布实施了《保健所法》，并于 1993 年修订改名为《地域保健法》。预防工作起主导作用的是分布于全国各地的保健所。保健所是日本公共卫生管理的特色，保健所的工作基本上把公共卫生面临的所有的问题都包含了，如一些有关住室、水道、废弃物处理、医事及其药事、保健妇（士）等非常细节的事项，而在中国是分散在卫生、民政、环境、药品监督、教育等五个政府部门，涉及医院、传染病院、精神病院、CDC、卫生监督所、妇幼保健所、老人院、环境监测站、药品监督所、学校十种单位。

在日本有些企业对来自感染地区的人员，采取了几乎是"隔离审查"式的防范措施。规定从感染地区归国的人员必须独居一室一个星期左右，在确认没有发病之后才可回到公司正式上班，并在一定期间内不得参加大型会议等各种集体活动，不能出现在人多的地方。

日本是一个地震多发的国家，因此也有着一套适用于本国的地震防灾应急机制。1978 年颁布的《大规模地震对策特别措施法》，详细地制订了地震防灾的基本计划、加强计划、应急计划等，成为后续抗震法律的基础性文件。为了减少地震的灾害损失，政府特别强调先期处置和信息收集，完善紧急启动体制，包括职员召回和职员紧急配备制度。日本的防灾应急体制主要体现在灾后的 72 小时之内，在这段时间内，日本根据各个不同时间段采取应急措施。例如，灾后 6 小时内，主要是派遣医疗队救助伤病人员；灾后 12~24 小时内，主要是转移伤病人员；灾后 24~48 小时之内，供应储备物品，分配捐款和捐物，等等。

阅读材料 7-4

亚洲开发银行（亚行）2020 年 5 月 15 日发布报告称，新冠疫情造成的全球经济损失在 5.8 万亿至 8.8 万亿美元之间，相当于全球国内生产总值的 6.4% 至 9.7%。

这份名为《新冠肺炎疫情潜在经济影响最新评估》的报告提到，如果疫情全球大流行持续 3 个月，亚洲东部和大洋洲地区（亚太地区）经济损失将达 1.7 万亿美元；如果持续 6 个月，该地区经济损失将达 2.5 万亿美元，占全球产出下滑总额的 30%。

报告称，各国政府为应对疫情采取的边境管控、旅行限制等措施，将使全球贸易总额减少 1.7 万亿至 2.6 万亿美元。

就业方面，报告称，疫情防控期间全球将有 1.58 亿至 2.42 亿人失业，亚太地区失业人口占其中的 70%；全球劳动收入将减少 1.2 万亿至 1.8 万亿美元，其中亚太地区的损失约占全球的 30%。

亚行曾在 4 月初发布报告预测，疫情对全球经济造成的损失在 2 万亿至 4.1 万亿美元之间。

资料来源：郑昕，袁梦明．亚行：新冠疫情导致全球经济损失或高达 8.8 万亿美元［N/OL］．（2020－05－15）．https：//baijiahao.baidu.com/s？id＝1666735274746789655&wfr＝spider&for＝pc．

7.3　突发洪水灾害下的应急物流管理

人类总是试图充分利用各种自然资源以改善自己的生活质量。但在人类的发展过程中不可避免地面临着各类自然和人为灾害的侵袭与损害。统计资料表明，洪水是对人类威胁最为严重的自然灾害。洪涝灾害也是我国主要的自然灾害种类，面对严峻的灾害形势，政府十分重视减灾、救灾工作。

阅读材料 7-5

2023 年受台风"杜苏芮"影响，从 7 月 29 日到 8 月 2 日，北京遭遇 140 年来最大降雨。7 月 30 日，门头沟大雨不断，雁翅水文站外河道水位快速上涨。作为永定河进入北京的第一个水文站，雁翅水文站是永定河山峡段的重要控制站。8 月 1 日上午 10 点，测出 1 700 立方米每秒的洪峰，这也是雁翅水文站建站以来的最大洪峰。

特大暴雨还在继续。洪水从永定河山峡段，倾泻而下进入平原段。7 月 30 日开始，卢沟桥分洪枢纽的水位急剧上涨。卢沟桥分洪枢纽是永定河在北京城内的最后一个控制性工程。7 月 31 日上午 11 点，平常流量只有 20 多立方米每秒的永定河，在卢沟桥形成 4 650 立方米每秒的巨大洪峰，创下 1925 年以来的最高纪录。永定河分洪枢纽的洪峰流量从 500 立方米每秒，到 4 600 多立方米每秒只用了 4.5 小时。

面对最大洪峰，水利部、海河防汛抗旱总指挥部紧急组织京津冀防洪会商，果断决策开启卢沟桥分洪枢纽小清河分洪闸，北京首次动用了 1998 年建成的滞洪水库拦蓄洪水。滞洪水库库容 8 000 万立方米，截至 8 月 1 日上午 8 点，已分蓄洪水 7 500 万立方米，最大限度地发挥了蓄洪调峰作用。在极端困难和危险的情况下，永定河成功实现洪水始终约束在平原段河槽内行洪，卢沟桥洪峰流量由 4 650 立方米每秒调低到北京出城时的 1 330 立方米每秒，既保障了北京中心城区的防洪安全，又为下游洪水防御创造了更多条件。

资料来源：王琛琛. 永定河：当特大洪水来袭 [N].北京日报，2023-08-13，此处有删改。

洪水灾害中，抢险救灾所涉及的保障物资主要有以下四类：①防汛类物资，如橡皮船、冲锋舟、救生船、救生衣、救生圈、编织袋和麻袋、块石、砂石料、铁铲、土工布、塑料膜、铁锤、铁铲等。②生活类物资，如衣被、毯子、方便食品、救灾物资、饮水器械、净水器等。③医疗器械及药品。④建材类物资，如水泥、钢材等。为了配合防汛应急预案，应成立应急物流组织机构，以实现应急物流的筹措与采购，应急物资的储备以及应急物资的调度、运输与配送。

7.3.1 洪水灾害应急物资的筹措

要确保洪水灾害情况下筹措到所需物资，必须建立高效、规范、安全的应急物资筹措渠道，由物资公司负责组织实施。

（1）防汛物资的筹措。防汛物资包括橡皮船、冲锋舟、救生船、救生衣、救生圈、编织袋和麻袋、块石、砂石料、铁铲、土工布、塑料膜、铁锤、铁铲等。其主要筹措渠道是动用储备物资。

防汛物资的筹集和储备实行"分级负责、分级储备、分级管理"以及"按需定额储备、讲究实效、专务专用"的原则，采取国家、省级、地方专储、代储和单位、群众筹集相结合的办法。

防汛指挥机构、重点防洪工程管理单位以及受洪水威胁的其他单位应按规范储备防汛抢险物资，并做好生产流程和生产能力储备的有关工作。

汛前要对社会团体储备和群众储备的防汛物资进行督查落实，按品种、数量、地点、责任人、联系电话等进行登记造册，以备汛期随时调度使用。

有承担防汛物资储备任务的企事业单位、社会团体以及乡（镇）、村群众，要认真按照防办下达的储备任务落实到位，确保储备物资完好、管用，并按落实到位物资的品种、数量、地点、责任人、联系电话等进行登记造册，报防汛指挥机构备案。防汛物资储备单位要建立主管领导负责制和业务人员岗位责任制，制订出物资紧急调度、供应与运输到位的实施方案。

大型抢险设备的不足部分可与社会上有设备的单位，预先签订协议，以租赁方式租入设备，保证抗洪抢险的需要。

（2）生活类物资的筹措。生活类物资包括衣被、毯子、方便食品、救灾物资、饮水器械、净水器等。可由粮食局负责组织粮、油的供应和生产；由经贸局负责组织肉、禽、蔬菜和日用工业品的生产、应急调度。

（3）医疗器械及药品的筹措。这类物资可采用动用储备（供应商库存）、直接征用、市场采购等方法，若应急物资的数量仍不能满足需求，可组织相应的供应商突击生产，甚至国外进口采购。由医药公司负责组织实施。

（4）建材类物资的筹措。建材类物资包括水泥、钢材等，主要用于保障应急抢险和灾后重建。

7.3.2　洪水灾害应急物资的储备管理

救灾物资的储备，是实施紧急求助、安置灾民的基础和保障。1998 年 7 月民政部、财政部下发《关于建立中央级救灾物资储备制度的通知》，许多省份根据自身的情况建立了自己的救灾物资储备中心。

在政府建立自身的专门性救灾物资储备基础上，可走市场化的道路，遵循"化整为零、分级代储、保障供给"的原则，整合储备资源。

（1）对于生活类、药品类等对时效性及对保存环境要求较高的物资可以依法通过经济或者行政方法，由生产厂家、供应商及医疗机构代储，以降低成本，保证物资的质量。

（2）对于防汛物资，可采取分级就近代储的办法。各有关部门应根据需要储存充足的相关应急物资，及时补充和更新常用储存物资。

防汛物资储备历来是防汛准备工作的难点，存在资金投入多、仓储空间大、储存和保管等困难。储多了用不掉，储少了不够用，时间长了又会变质。浙江江山市防汛抗旱指挥部本着"宁可备而不用，不可用而不备"的原则，采取"专储、代储和社会化储备"相结合的办法，有效解决了防汛物资储备难的问题，值得学习和借鉴，具体做法如下：

①专储，即由市防汛指挥部专门储备。每年汛前，指定市供销社按规定地点、时间、品种、数量、质量要求储备。

②代储，即委托有关企业储备。根据区域分布，与浙江天蓬畜业有限公司、江山市粮食收储有限责任公司签订防汛物资储备协议。规定储备时间、物资要

求、提取方法、相关责任和费用结算方法。所储物资若汛期未用，则付给一定数额的保管费；汛期调用，抢险完毕后按实际使用数付费。市防办将对物资进行不定时抽查，如发现未按要求储备物资的情况将追究其相应责任。受委托方专设仓库屯放，并设立值班室，落实专人负责物资的保管，汛期必须安排人员 24 小时值班，确保甲方在任何时候能随时调用物资。

③社会化储备。除要求乡镇、村储备一定数量的防汛物资外，采取就地取材、减少资源浪费的办法。水库一般都处在较偏僻的山区，库区附近毛竹、树木等资源丰富，由水库所在乡镇政府与当地农民签订协议，指定砍伐点，这既解决了山区物资运输的不便，又争取了抢险时间，也解决了资金的困难和资源的浪费。

7.3.3　洪水灾害应急物资运输管理

在洪水灾害发生时，公安、交通、铁路、公路、水路、民航部门负责应急运输保障工作，主要负责优先保证防汛抢险人员、防汛救灾物资运输；蓄滞洪区分洪时，负责群众安全转移所需地方车辆、船舶的调配；负责分泄大洪水时河道航行和渡口的安全；负责大洪水时用于抢险、救灾车辆和船舶的及时调配。为了科学配置和使用应急运输力量，形成高效、快速、顺畅、协调的应急运输系统，需要建立动态数据库，明确各类交通运输工具的数量、分布、功能、使用状态等，采用包括 GPS、北斗、GIS 等手段对整个运输过程进行监控调度。

在组织应急物流运输过程中，应急物流组织机构要统筹考虑运输需求情况（人员运输、物资运输、抢险装备运输等）、运输资源（汽车、火车、船、飞机）的供给情况、运输设备情况、道路情况（公路、桥梁是否被水淹没或冲垮）等，协调好人员、抢险设备、应急物资的运输关系，合理配置和调度运输力量，从而提供应急物流的快速保障力量。

交通运输设备、工具受损时，有关部门或当地人民政府应迅速组织力量进行抢修，必要时可紧急动员和征用其他部门及社会交通设施、装备。当铁路、公路被洪水淹没或冲垮时，可以增援空中或海上救援力量。需要强调的是，常规的空中力量增援的派遣程序比较复杂，时间长，因此，在应急状态时，精简的派遣程序可为应急物流实施救援工作赢得宝贵的时间。

7.3.4　洪水灾害应急物资配送管理

洪水灾害应急物资配送是在洪水灾害情况下，满足终点用户——灾区用户应急物资需求的活动，处理好整个应急物资保障供应链"最后一公里"的问题，是应急物流配送体系能否真正发挥作用的关键。

采取灵活的配送方式，科学确定配送需求指标体系。根据不同的需求指标确定三级预警体系，分别为一般级、严重级、紧急级，如常规企业的应急需求可定为一般级。对每个预警级别采取相应的配送方式，实施有效配送服务。整个社会物流配送系统通过个性化的针对性应急物流配送，确保物资供应，对稳定社会秩序、维护公共安全、保证国家经济建设的稳步发展起到重要作用。

7.3.5　应急款项的筹措与管理

各级人民政府要做好突发公共事件应急处置工作的资金保障，逐步建立与经济社会发展水平相适应的应急经费投入机制。

财政部门将应对洪水灾害的日常经费和物资、装备、基础设施建设、人员安置、基本生活困难救助等专项经费列入年度预算；每年预留一部分资金，保障应急处置支出需要。

阅读材料 7-6

2021 年国务院新闻办公室举行防汛救灾工作情况发布会。从 7 月 17 日到 22 日，河南省出现了历史罕见的极端强降雨，强降雨的中心主要是位于郑州、鹤壁、新乡、安阳和平顶山，多条河流发生超警以上洪水，像卫河及其支流大沙河、安阳河、共产主义渠、贾鲁河等河流发生了超历史洪水。

河南的雨情汛情主要有四个特点：一是降雨总量大、雨强极值高。从 17 日到 22 日，河南省有 39 个市县累计降雨量是当地常年全年降水量的一半以上。10 个市县超过了当地常年全年的降水量。郑州、鹤壁、安阳、新乡等 19 个市县日降雨量突破了历史极值，其中，郑州市的二七区尖岗气象站 24 小时降雨量达到了 696.9 毫米，超过了郑州全年平均降水的总量 640 毫米。

二是洪水的来势猛，工程出险多。受强降雨的影响，12 条河流发生了超警洪水，其中有 5 条超过保证水位，6 条超历史水位。淮河流域的贾鲁河中牟水文站 21 日超历史水位 1.43 米，水位和流量都为 1960 年有资料记录以来的第一位。常庄、郭家咀、五星三座水库分别出现了管涌、漫坝和裂缝等险情。浚县新镇码头村发生了决口的险情。卫河新乡牧野大道发生了决口险情。周口市西华县贾鲁河右岸鲤滩村发生了管涌险情。这场洪水河南省共启用了 7 个蓄滞洪区。

三是影响范围广，社会关注度高。河南省多个城市的城区发生了严重内涝，其中郑州市地铁全线停运，大面积断电、停水，通信信号差，市民的生产生活受到了严重影响。郑西、郑太、郑徐高速铁路以及普速的陇海线、焦柳线、宁西线、京广线部分区段封锁或者限速运行，影响旅客列车 186 列，209、310 国道交通中断。常庄、郭家咀水库险情危急郑州市城区和南水北调中线工程安全。社会的舆论高度关注这次河南郑州的洪涝灾害情况。

四是灾害的损失重，人员伤亡大。7 月 16 日以来，河南省洪涝灾害已造成郑州、新乡等 16 个市、150 个县市区、1 366.43 万人受灾，有 73 人遇难。累计紧急转移安置 147.08 万人。5.5 万间房屋倒塌，农作物受灾面积 1 021.4 千公顷，其中绝收 179.8 千公顷，直接经济损失更大。

面对严重的汛情灾情，国家防办、应急部加强统筹协调，全力组织做好防汛抢险救灾的各项工作。

一是以解放军和武警部队协调联动，解放军和武警部队累计投入 4.6 万人次，民兵 6.1 万人次，参与到河南的抗洪抢险。

二是火速调派消防救援力量，应急管理部分三批次从 12 个省份调派了消防救援力量约 4 000 人，携带了大量的设备，包括舟艇、排涝车、大中型的移动排水泵站等，紧急驰援河南。

三是调派国家安全生产应急救援队伍 14 支，共计 376 人，携带 82 台排水装备赶赴鹤壁市；从湖北、陕西、江西等地应急管理部门和相关企业抽调 22 支应急排涝队伍，共计 500 人，携带 154 台（套）大流量的排水设备执行排涝抢险任务。

四是协调央企，如中国安能、中国电建、中国能建、中国铁建等中央企业的 1 800 多人第一时间投入抗洪抢险。其中，中国安能参与了郭家咀水库漫坝的抢险、新乡卫辉市被围困群众的救援工作，成功堵复了浚县卫河的决口等。

国家相关部委和相关企业大力支持河南的抢险救援，国家发改委调派了 18 支专业抢险队伍到郑州参与救援，交通运输部抽调了人员 252 人次，投入了应急钢桥、长臂挖掘机等各类装备 147 台抢通保通。同时调集了 200 多人、50 台套大型专用设备支持郑州地铁全力做好排水清淤。国家电网调派全国 26 个省份共计 1 万多名电力抢修人员抢修电力设施。湖南、广东、重庆等省市应急部门也主动调集抢险力量和装备增援河南。

资料来源：郝萍 . 河南省洪涝灾害已造成 1 366.43 万人受灾［EB/OL］.（2021-07-28）. https：//baijiahao. baidu. com/s？id＝1706513685277561016 &wfr＝spider&for＝pc.

7.4 突发地震灾害下的应急物流管理

阅读材料 7-7

2011 年 3 月 11 日 14 时 46 分（东京时间），日本宫城县牡鹿半岛东南偏东 130 千米发生里氏 9.0 级大地震，深度约为 24 千米，造成 15 872 人死亡，2 769 人失踪，给日本造成的直接经济损失约 20 万亿日元。地震引发了高达 10 米的大规模海啸，海浪铺天盖地卷来，横扫沿海城镇，摧毁了大量建筑、道路、桥梁。据统计，死于海啸的人数占本次地震总死亡人数的 92.4%。与此同时，日本福岛核电站出现核泄漏，并发生爆炸事故，全国进入"核事故紧急状态"，大批居民举家迁移，（截至 2019 年 3 月 8 日）仍有约 5.2 万人不得不过着疏散在外的生活。在这次地震中，东京湾沿岸的土地还发生了严重的砂土液化灾害，受灾面积约 41 平方千米，约 14 000 栋房屋由于液化遭到严重破坏。

资料来源：地震三点通. 日本"3·11"大地震十周年回顾与启示 ［EB/OL］. （2021 - 03 - 11）. https://baijiahao.baidu.com/s? Id = 1693903175993213919&wfr = spider&for = pc.

阅读材料 7-8

青海省玉树州 2010 年 4 月 14 日凌晨发生地震，最高震级 7.1 级。地震震中位于玉树州的州府所在地——玉树市结古街道，当地居民的房屋 90% 都已经倒塌。据悉，当地多数人尚未起床，伤亡较为严重。自从早晨 7 点 49 分发生 7.1 级地震以来，玉树已经连续发生 4 次余震，分别为 4.8、4.3、3.8 和 6.3 级。中国地震救援队已经处于待命状态，正在了解当地灾情，准备随时开赴该地区。青海玉树地震发生后，陕西省交通运输厅管辖的陕西高速集团积极响应中央重要指示，全力以赴做好抗震救灾交通保畅工作，并出台五项有力措施，确保抗震救灾官兵、医护人员和救灾物资车辆斗志昂扬奔赴灾区。一是成立抗震救灾道路保畅领导小组，分片包干；二是紧急启动快速高效的道路保畅方案。连霍高速西宝、潼西改扩建施工路段坚决按照保畅优先的原则，确保抗震救灾车辆的安全畅通。三是抗震救灾人员和车辆一律免费放行；四是各服务区免费为救灾人员提供餐饮、住宿等各种文明服务；五是路政部门加大路面巡查力度，强化路警联动。快速处置通行过程中的各类突发性事件。同时实行 24 小时领导带班值班，及时报告路面畅通情况，快速处置突发情况。

在地震灾害发生时，虽然各级政府均积极成立地震救灾指挥中心以及地震救灾、通信、医疗各种专门小组，其他非灾害地区也给予人力、物力支援。由于地震灾害带来的交通、通信中断等原因，在地震灾害发生时，不但无法将地震灾情及时、完整地传达到地震救灾指挥中心，而且大量的地震救灾器材、物资也无法及时地供应、配送，贻误了最佳救灾时机。在 2008 年汶川地震中，有不少灾民被困在偏远地区，加之公路在地震中被毁坏，这些原因严重阻碍了救援物资的运输。一方面，大量救援物资积压在震区外；另一方面，大批灾民仍面临着严重的食品和药品短缺问题，救援的资金和物资已经不是救援行动面临的主要问题，而是后勤运输方面存在的"瓶颈"。为尽快将救援物资送往灾区各地，需要大量的后勤支援，如飞机、直升机和空中管制人员等。由此可见，在地震救灾中，研究地震灾害应急物流管理，认真考虑救灾捐赠物资的需求反馈、物资收集、包装、保管、运输、发放等内容，对于及时、准确地将救灾需要的物资运送给灾民，保证救灾效果，具有十分重要的意义。

资料来源：根据百度百科上"玉树地震"综合整理。

由于地震灾害的突发性、不可预测性和影响面广等特点，且地震灾害应急物流采用的是与营利性组织物流不同的渠道模式，因此，地震灾害应急物流管理具有一定的特殊性。

（1）组织者的特殊性，地震灾害应急物流的组织者通常是政府及各级组织机构，有时会涉及不同的国家和地区，可以说，处理地震灾害是一种政府和民众的政治行为。

（2）环境的特殊性。由于地震发生的时间、地点通常是无法预测的，而且受灾程度也无法完全控制。因此，物流管理在许多要素的影响下具有不可预测性。

（3）供需的特殊性。一般来说，企业物流系统都已知商品的供给者与需求者，然后根据需要进行商品的加工、储存与保管，有稳定的运输、配送作业，物流活动以追求低成本为主要目标。而地震灾害应急物流管理则是在地震发生后，按照地震救灾指挥机构的要求，快速把社会采购或捐赠的应急物品运往灾区，物流活动以追求时效为目标。

（4）供应链模式的差异性。地震灾害应急物流供应链的特点是供应方是被动的，其无法预先知道需求方的要求；而需求方也无法提前把信息反馈上去，以拉动供应链的运作。因此，链条的中间部分，即地震救灾活动的组织者是推动链条运作的主要动因，供应链的目的是在高效的基础上实现对灾区的救助。

7.4.2　国外救灾物流管理

国外的救灾物流一般实行分阶段管理。根据灾害进展，开展有针对性的救援，力求做到既不延误供应，又不盲目供应，实现救灾应急物资效益最大化的目标。

（1）美国的救灾物流管理。由联邦应急管理署负责统筹所有的防救灾事务，当灾害发生时，物流管理单位迅速转入联邦紧急反应状态，根据灾害需求接收和发放救灾物资。

美国的《国家地震灾害减轻法》是 1977 年 10 月由美国国会通过的，该法规定了实行国家地震灾害减轻计划（National Earthquake Hazards Reduction Program，NEHRP）。其任务包括：改善对灾害的了解、描述和预测；完善建筑法规和土地利用计划；通过灾后调查和教育降低风险；提高设计和建造技术；促进研究结果的应用。

（2）德国的救灾物流管理。德国灾害预防机制由多个担负不同任务的机构组成，利用计算机捐赠管理系统，一旦有灾难通知，会迅速组织救灾物品送往灾区。

（3）日本的救灾物流管理。日本救灾物流管理的主要做法有：一是制订灾害运输替代方案，事前规划陆、海、空运输路径；二是编制救灾物流作业流程手册，明确救灾物资的运输、机械设备以及其他分工合作等事项；三是避难所的规划，预先规划避难所，并将其作为救援物资的发放点；四是将救灾物资分为三个阶段，第一阶段由政府行政单位负责，第二阶段由物流公司负责，根据政府要求采取较主动的方式进行配送，第三阶段仍由物流公司负责，依据订单进行配送。

7.4.3　我国地震灾害物流管理

1. 我国现有地震灾害物流管理体系

地震灾害物流直接关系到地震灾害救助的成败，以提供地震灾害所需物资为目的，以追求时间效益最大化和灾害损失最小化为目标。我国现有的地震灾害救助系统是实行政府统一决策，各部门按决策和职能分工负责、互相配合；以地方政府为主，按行政区域统一组织指挥，统一调配人力、器械和物资；充分利用中国人民解放军服从指挥、组织严密、机动力强、反应迅速的特点，发挥军队在抢险救灾中的主力作用。而在我国的救灾物资管理体系中，救灾物资主要来源于中央救灾物资储备库和未受灾地区的社会捐赠物资。救灾物资的收集、运输、发放工作主要依靠各级政府。

2. 我国地震灾害救灾物流存在的问题

以"5·12"汶川大地震为例进行分析。

（1）应急物资数量不足。在这样的自然灾害面前，由于缺乏必要的思想准备，也缺乏必要的物资准备，震后急需的物资数量明显不足。为了安置无处安身的灾民，民政部在5月12日地震发生后当天，就发出调令，从合肥、郑州、武汉、南宁四个物资储备库调拨救灾帐篷45 650顶。5月13日，民政部再次向各地发出指令，要求迅速调运中央直属库所有帐篷。仅仅两天，民政部设立在哈尔滨、沈阳、天津、郑州、合肥、武汉、长沙、南宁、成都、西安10个城市的中央级紧急物资储备库灾前库存的约18万顶帐篷就被全部调空。然而，为安置川、陕、甘三省无处安身的灾民，共需300多万顶帐篷，仅绵阳一市，就至少需要帐篷60万顶。绵阳民政局现有库存棉被200多套、帐篷不到200顶。而对上百万人受灾、400余万人需要转移的绵阳，这些已有的救灾物资储备简直是九牛一毛。另外中央储备库数量不足，致使灾后多种物资缺乏，尤其是帐篷、食品、饮用水、部分药品、生活用品等，而且救灾物资运距过远，运输时间长，影响了救灾工作的时效。

（2）应急物资种类不足。我国目前的应急生活必需品储备有食糖、肉类、边销茶、粮食、食用油等。但灾后的防疫、医疗器械、救生器械不足，如医疗卫生应急所需的消毒、全麻、抗生素等药品和器材的匮乏。由于灾区居民居住分散，转送接诊困难较大，野战手术车也严重紧缺。而且严重缺水（如矿泉水），灾后的生活必需品紧缺，如妇女儿童用品、衣物等。此外一些救生器具也奇缺，照明器具等物资尚无储备。表7-1为2008年5月17日，即汶川大地震发生5天后广元市抗震救灾物资需求表。

表7-1　5月17日广元市抗震救灾物资需求表

物品名称	需求数量	要求运送地点
帐篷衣物类		
帐篷	50万套	快运广元
棉被	30万套	快运广元
衣物	20万套	快运广元
行军床及棉垫	20万套	快运广元

（续上表）

物品名称	需求数量	要求运送地点
设备类		
电视转播车	1 台	快运广元
压缩式垃圾车	6 台	快运广元、青川
洒水车	4 台	快运广元、青川
抽水设备	15 台（套）	快运剑阁、青川
发电机	550 台（套）	快运广元、青川、剑阁
越野车辆	10 辆	快运广元
电筒	17 000 个	快运青川、苍溪、剑阁
蜡烛	3 万盒	快运利州 1 万盒、苍溪 2 万盒
雨衣靴	5 000 套	快运青川、旺苍
收音机	3 万台	快运广元
电视机	2 000 台	快运广元、青州
光纤	500 吨	快运广元
应急灯	1 000 盏	快运广元
卫星电话	50 部	快运广元
手提电脑	12 台	快运广元
燃油类		
汽油	680 吨	快运剑阁、旺苍、朝天
柴油	1 870 吨	快运剑阁、旺苍、朝天、苍溪
用具类		
塑料彩布条	120 万平方米	快运青川 100 万平方米， 其余快运、旺苍、朝天、苍溪
塑料薄膜	800 吨	快运苍溪
绳子	1 200 把	快运旺苍、朝天
炊具	2 000 套	快运广元、青川

（续上表）

物品名称	需求数量	要求运送地点
食品类		
矿泉水	1 500 件	快运元坝、利州
方便食品	10 000 吨	快运广元、青川
大米	6 000 吨	快运广元、青川
面粉、面条	6 000 吨	快运广元、青川
罐头	10 万件	快运广元
饼干	50 万件	快运广元
火腿肠	30 万件	快运广元
牛奶	30 万	快运广元
食用油	6 万桶（5kg 装）	快运青川
食用盐	45 吨	快运青川
药品类		
消毒药品	200 件	快运广元、青川
感冒药	100 件	快运广元、青川
防中暑药	100 件	快运广元、青川
防泻药	100 件	快运广元、青川

我国的中央物资储备库存在所储备物资种类少、数量少的问题。此外，据商务部提供的资料，除北京、上海等少数地区外，大部分地区没有建立应急生活必需品储备，即使是建立了储备的地区，储备品种也非常有限。如我国许多经济薄弱的省份，医药储备规模较小。一旦发生灾害和疫情，总是急待救援；即使是经济较发达的地区，如上海、广东、浙江等省市，救灾、防疫药品储备也处于"杯水车薪"的尴尬境地。而中西部地震活动强烈，却存在库房数量少、规模小、储存物资少的问题。因此，救灾物资储备远远不能满足灾害性地震事件应急工作的需要。

（3）现有救灾物资供应体系的缺陷。首先，目前我国救灾物资实行的是多部门管理，这种灾害管理体制导致资源不能适时地、合理地储备，应急资源得不到科学的优化配置，极易造成救灾物资种类和时间上的失衡。灾害应急资源的管理工作多处于松散状态，统一、整体、细微的准备不足。其次，应急救灾资源的管理低效，缺少对资源配置绩效的评价和管理标准。资源流动凝滞，大多是事后紧急筹集、调动救灾资源的传统做法，使各种已有资源不能实现有效整合，资源只能简单相加而无法产生系统作用。如到了震中后期，有些物资已饱和，但仍源源不断地运往灾区，而有些物资依然奇缺，这样资源调配不当、积压甚至浪费的现象时有发生。

（4）运送受阻、信息不畅。抗震救灾难度大，物流不通畅。灾害造成了四川全省有 21 条高速公路、15 条干线、2 756 条农村公路的路基路面桥梁结构受损，损毁的里程超过 2 万公里。震中汶川县海拔 1 325 米，周围有茶坪山脉、邛崃山脉等众多山体围绕，地形复杂、交通不便，震后道路、通信中断。但救灾部队驻地分散、灾区市场几乎瘫痪、道路时断时续、联络不畅、后方市场资源调度困难等实际情况，加之常常是阴雨天气，给物资运输造成了很大困难。以中国移动公司为例，地震使其成都地区的 570 个基站中断，1 064 皮长公里光缆、35 座铁塔、103 套传输设备受损。通信中断后外界不能深入了解灾区状况，不明白灾区需求，使得人员和物资准备不充分。尤其是灾情严重时，外界仍不太了解灾区需求，常常物资短缺，只能紧急生产和采购。

3. 地震灾害应急物流组织

在地震灾害紧急救援过程中，应把救灾的组织工作列为首要大事。因为只有完善、高效、强有力的组织机构，才能够在破坏性地震发生后，立刻承担起救灾的领导指挥重任，并以最快捷的速度组织全社会的人力、物力对灾区实施全方位的大营救。

不仅国务院专设了抗震救灾指挥部，而且中国各省、市、自治区也都设立了相应的部门。在那些地震危险区或重点防御区，各地（市或州）、县（市、区或旗）的人民政府除了设立防震减灾主管部门外，还按照《破坏性地震应急条例（2018）》的要求，赋予这些主管部门以指导和监督本区域内地震应急工作的权力。为此，各级地震主管部门还针对本地区的具体情况，结合实际编制了各自的《破坏性地震应急条例》。可以设想，有如此完善的地震应急救灾组织体系，在未来的破坏性地震发生时，一定能够在减轻人员伤亡和避免财产损失方面发挥巨大作用。

（1）地震灾害事件分级及组织响应。

根据《国家地震应急预案》将地震灾害分为四级。即一般、较大、重大、特别重大。一般地震灾害是指造成 10 人以下死亡（含失踪）或者造成一定经济损失的地震灾害。当人口较密集地区发生 4.0 级以上、5.0 级以下地震，初判为一般地震灾害。较大地震灾害是指造成 10 人以上、50 人以下死亡（含失踪）或者造成较重经济损失的地震灾害。当人口较密集地区发生 5.0 级以上、6.0 级以下地震，人口密集地区发生 4.0 级以上、5.0 级以下地震，初判为较大地震灾害。重大地震灾害是指造成 50 人以上、300 人以下死亡（含失踪）或者造成严重经济损失的地震灾害。当人口较密集地区发生 6.0 级以上、7.0 级以下地震，人口密集地区发生 5.0 级以上、6.0 级以下地震，初判为重大地震灾害。特别重大地震灾害是指造成 300 人以上死亡（含失踪），或者直接经济损失占地震发生地省（区、市）上年国内生产总值 1%以上的地震灾害。当人口较密集地区发生 7.0 级以上地震，人口密集地区发生 6.0 级以上地震，初判为特别重大地震灾害。

根据地震灾害分级情况，将地震灾害应急响应分为Ⅰ级、Ⅱ级、Ⅲ级和Ⅳ级。应对特别重大地震灾害，启动Ⅰ级响应。由灾区所在省级抗震救灾指挥部领导灾区地震应急工作；国务院抗震救灾指挥机构负责统一领导、指挥和协调全国抗震救灾工作。应对重大地震灾害，启动Ⅱ级响应。由灾区所在省级抗震救灾指挥部领导灾区地震应急工作；国务院抗震救灾指挥部根据情况，组织协调有关部门和单位开展国家地震应急工作。应对较大地震灾害，启动Ⅲ级响应。在灾区所在省级抗震救灾指挥部的支持下，由灾区所在市级抗震救灾指挥部领导灾区地震应急工作。中国地震局等国家有关部门和单位根据灾区需求，协助做好抗震救灾工作。应对一般地震灾害，启动Ⅳ级响应。在灾区所在省、市级抗震救灾指挥部的支持下，由灾区所在县级抗震救灾指挥部领导灾区地震应急工作。中国地震局等国家有关部门和单位根据灾区需求，协助做好抗震救灾工作。

地震发生在边疆地区、少数民族聚居地区和其他特殊地区，可根据需要适当提高响应级别。地震应急响应启动后，可视灾情及其发展情况对响应级别及时进行相应调整，避免响应不足或响应过度。

（2）组织指挥体系。

组织指挥体系分为国家和地方层面的抗震救灾指挥机构。

国家抗震救灾指挥机构。国务院抗震救灾指挥部负责统一领导、指挥和协调全国抗震救灾工作。地震局承担国务院抗震救灾指挥部日常工作。必要时，成立国务院抗震救灾总指挥部，负责统一领导、指挥和协调全国抗震救灾工作；在地震灾区成立现场指挥机构，在国务院抗震救灾指挥机构的领导下开展工作。

地方抗震救灾指挥机构。县级以上地方人民政府抗震救灾指挥部负责统一领导、指挥和协调本行政区域的抗震救灾工作。地方有关部门和单位、当地解放军、武警部队和民兵组织等，按照职责分工，各负其责，密切配合，共同做好抗震救灾工作。

（3）应急队伍保障。

地震灾害应急队伍支援及组织方案如表 7-2 所示。

表 7-2　应急队伍支援及组织方案

应急队伍	先期处置队伍	第一支援梯队	第二支援梯队
人员抢救队伍	社区志愿者队伍	地方救援队伍 国家地震救援队伍 当地驻军部队	邻省地震救援队伍
工程抢险队伍	当地抢险队伍	行业专业抢险队伍	邻省抢险队伍
次生灾害特种救援队伍	消防部队	行业特种救援队伍	邻省特种救援队伍
医疗救护队伍	当地的急救医疗队伍	当地医院的后备医疗队	附近军队医疗队
地震现场应急队伍	省地震局现场 应急队伍	中国地震局 现场应急队伍	邻省地震局 现场应急队伍
建筑物安全鉴定队伍	省地震局和住房和 城乡建设厅建筑物 安全鉴定队伍	中国建筑局和建设 部建筑物安全鉴定 队伍	邻省地震局和住房和 城乡建设厅建筑物安 全鉴定队伍

（4）我国地震灾害紧急救援队伍组建情况。针对地震灾害的特点和其救灾过程的实际情况，为增强我国减灾能力，减小地震灾害造成的影响，我国于 2001 年 4 月 27 日宣布组建了中国第一支"地震灾害紧急救援队"。截至 2018 年年底，我国已建成国家地震灾害紧急救援队 1 支（480 人）；省级地震救援队 76 支（12 443 人）；市级地震救援队 1 000 多支（10.6 万人）；县级地震救援队 2 100 多支（13.4 万人）；地震救援志愿者队伍 1.1 万支（69.4 万人）。这些救援部队具有地震专业知识，熟悉地震救灾业务，根据救灾需要，全面装备了专业化的人力资源。其类似于战争时的快速反应部队，对突然发生的破坏性地震灾害事件具有更强大的救助能力。

值得一提的是地震灾害救援队伍必须有很强的机动能力和突击救治能力。由于震后灾区的设备物资多被压埋或破坏，震后紧急救援急需大量药品、器材和其他物资。现在建筑倒塌后，靠一般的手工工具很难挖救，救援者必须有大量的专业救援物资和设备，必须有特别强大的机动能力和突击救治能力。灾区破坏严重，水、电、食品、住宿和药品等来源困难，生活保障条件极其艰苦，救灾队伍必须有良好的自我生存能力和后勤保障能力，否则自身难保，无从救治。如在以往地震中，有的医疗队只去人，没带药品器材和生活物品；有的所带医疗用品不到 1 天就全部用完，后续物资第 3 天才开始批量运到，对救治伤员影响较大。1998 年河北张北地震时出现严寒，许多医疗队因自身没有防寒准备，致使多人伤病。

此外，在中国历次强烈地震灾害紧急救援中，人民解放军曾是最主要的人力资源。1976 年河北唐山地震时，数千名解放军官兵急行军赶赴灾区；2008 年四川汶川地震时，上万名解放军指战员日夜奋战于抢救现场，等等。在这些地震灾害中人民解放军都发挥了巨大作用，拯救了成千上万灾民的性命。纵观世界各国，在强烈地震灾难发生后，为应付急需，大都动用了军队。

显而易见，正是由于军队这个集体具有灵活、机动、敏捷、快速等特点，才使其成为各种抢险救灾，包括地震救灾的一支主力军。但是，军队的主要功能毕竟不是抢险救灾，因而在装备及效能等方面，必然存在一定缺陷。

4. 地震灾害应急物流预案

自 1976 年唐山大地震以后，尤其是 20 世纪末期以来，中国地震局组织力量认真研究了国内的救灾经验，提出将"地震应急"作为防震救灾工作的四个环节之一，同时指出应急准备乃至地震应急工作的核心内容是制订地震应急预案。提出了凡是可能发生破坏性地震地区的县级以上地方人民政府应当制订本行政辖区的地震应急预案的对策意见。

国务院办公厅印发《国家破坏性地震应急预案》（国办发〔1996〕54 号）的通知，为地震救灾提供了纲领性文件，同时，各级地方人民政府和有关部门、单位也遵照国务院的要求，并参照该预案，认真制订了各自的预案。各级、各类地震应急预案的制订，极大地推动了我国地震应急工作，起到了"凡事预则立"的作用。在若干次临震应急，特别是震后应急工作中，不少预案的实施取得了减轻地震灾害损失的实效。此后，国家通过了法律、法规，这使得我国地震应急工作经验和成功做法进一步得到了肯定和确认。地震应急和制订应急预案的有关规定先后载入国务院实施的《破坏性地震应急条例》（1995 年 4 月 1 日起施行）和《中华人民共和国防震减灾法》（1998 年 3 月 1 日起施行，以下简称《防震减灾法》）。

在防震减灾工作中，制订地震应急预案有重要意义和实际价值。其重要意义是通过制订地震应急预案，各级政府可充分发挥其在减轻地震灾害中的主导作用，使本地区的经济建设能够顺利进行。其实际价值是临震和震后应急的成功与否取决于地震应急预案是否具有科学性和可操作性。因此制订地震应急预案在整个地震应急工作中具有第一位的作用。《国家破坏性地震应急预案》已于 1996 年 12 月由国务院批准实施。

我国《防震减灾法》第四十七条明确了地震应急预案的内容应当包括：组织指挥体系及其职责，预防和预警机制，处置程序，应急响应和应急保障措施等。具体的内容包括：①应急机构的组成和职责；②应急通信保障；③抢险救援人员的组织和资金、物资的准备；④应急、救助装备的准备；⑤灾害评估准备；⑥应急行动方案。

预案中必须明确地震灾害紧急救助系统的组织结构，包括纵向组织层次和横向职能部门的设置及相应的职责、权利和义务。预案中要规定物资支援包括应急物资的种类、供应、储备、包装、交通运输、配送、发放，以及应急物流的信息、通信、建设管理所需设备、装备等紧急支援职能，根据政府机构拥有的职权、资源或与完成具体的紧急支援职能有关的技术专长来确定主要负责机构和支援机构。通过制订预案，形成机制，使政府各有关机构对地震灾害立即自动地做出反应，根据预案中所明确的任务，竭尽全力地履行本部门的职能，自动、及时地对灾区给予紧急支援，拯救生命，减轻人们的痛苦，保护财产，而不必等待具体任务下达后再采取行动。

平时要开展地震灾害救灾演习来提高物流系统的应急反应能力。预案中应急物流管理应分阶段进行，即对于地震前期和地震中、后期的救援组织，救援物资应分开对待，以免出现救援不力或是物资过剩的现象。总之，地震灾害应急物流预案应具有科学性、可操作性和体系性。

5. 地震灾害应急物流信息系统

当前，我国地震灾害虽然有一些应急措施，在地震灾害救灾中发挥着重要的作用，但我国地震灾害的应急反应和快速处置能力有待提高，主要表现为：受经济条件制约，相当一部分地区的灾害信息报告体系不够健全，不能满足灾害应急管理对信息及时性、准确性的要求。其中，预警系统、网络平台、跟踪系统是信息保证较为重要的三个部分，都需要大力提升。

（1）建立地震灾害预警系统。我国是全球地震灾害最严重的国家之一，地震的发生会带给人们巨大的灾难，预警系统是在搜集、分析大量灾害信息的基础上，对险情进行预测，一旦出现危害，通过警报系统预警，并尽可能将问题扼杀在萌芽状态。

地震预警区别于地震预报，地震预报是指地震发生前通过对地球物理、化学、磁场、形变的微观观测和生物、自然现象等宏观变化进行事前预测，由地震工作主管部门提出预测意见并经国务院和省级以上人民政府统一发布。地震预警技术依托达到一定密集度的地震观测和强震动观测台网的实时观测数据，利用地震波自身特性和传播规律，并运用电子通信技术发出地震预警警报，启动应急制动系统，提醒人们安全避险和撤离，以减轻人员伤亡和灾害损失。

由于东南亚地区没有关于海啸的预警系统，导致海啸中灾民死伤惨重。2004年12月印度洋海啸发生后不到1个月，联合国即开始建立全球灾害预警系统。目前，中国已经初步建成地震监测预警体系，并发挥其相应的作用。在建立预警系统时，要注意预警的提前性和准确性，从而最大限度地实现减灾目的。

地震预测预警是减轻地震灾害的重要途径，其大致有以下三种类型。①震时警戒系统。如上所述，震时警戒系统是美国加州理工学院金森博雄提出的，是利用地震波的传播相作为预警依据。其原理为发生地震瞬间，利用地震波传播速度和电磁波传播速度的时间差，由先到的无线电信号进行预警，实施切断供电、燃气、易燃易爆和有毒有害危险设备等各类生命线工程，使其处于安全状态。一旦地震波到达，可避免各种严重的灾害发生。②震时应急系统。震时应急系统是地震发生时，当地震动超过一定阈值时直接触发生命线工程等各类防御装置，并使其处于安全状态而避免引起严重灾害。近20年来，震时应急系统在一些多震灾国家被应用，取得了较好的结果。我国已有科技人员开始进行震时自动关闭危险管道的特殊阀门的研究工作，如临震时煤气和电力、自来水自动关闭技术。③地震动模型预警系统。作为地震预警系统的进一步开发，还可以发展震时地震动模型应急警戒系统。这一系统是研究重点震灾防御区在某些设定地震情况下，针对区域性特定构造和防御区特定的场地效应，研制出地震动模型。一旦有强震发生，实时输入强震参数，由该模型迅速给出（输出）地震动的空间和强度分布，并根据地震动的强度空间分布，实时启动重要防御系统的应急警戒系统，以减少灾害。

（2）建立地震灾害信息网络平台。地震救灾信息网络平台是应急物流的基础设施，是地震救灾物流的基本平台，是应急物流系统高效率、灵活性、可靠性的保证。地区救灾中心通过该网络平台与辖区的运输部门、专用救灾库、普通库进行连接，以便各专项物资管理部门了解各个物流公司的设备情况、人员情况、运营情况、运输能力、库房容量、主要业务等，在应急情况下根据各物流企业的特点，合理安排好救灾物资的筹集、采购、流通、配送等各项工作。

地震灾害网络平台应着重构筑救灾储备网络体系，完善救灾应急资金和物资的紧急拨付机制。一是要根据灾害分布情况，在全国范围内建立起救援装备和物资的储备网络，要及时制订全国救灾物资储备规划，国家和升级救灾物资可以由规划中的市（州）、县救灾仓库代储、保管，方便调用。同时，县（市）自身也要配备必要的救灾物资。二是要建立紧急采购救灾物资的工作程序。救灾储备毕竟只能满足实际救灾需求的很少一部分，大量的救灾资源必须靠灾后政府采购获得。县（市）以上灾害管理部门要在灾害发生之前，提前与提供主要救灾资源如粮食、纯净水、方便食品、搭建临时帐篷的器材等供应商签订采购合同。一旦灾害发生，供应商可以最快速度提供价廉优质的救灾物资，这样既减少因物资储备产生的资金占用和保管费用，又能满足灾后紧急救援需求。三是各级财政必须预算相应的救灾应急资金，一旦突发灾害，首先动用本级救灾应急资金。同时，要进一步完善申请、拨付应急资金和物资的紧急拨付办法，尽量缩短行政审批环节的时间，在特殊情况下，可以先拨款物，再补办有关手续，确保资金和物资及时拨付到位。

（3）建立救灾物流跟踪系统。有了救灾物流跟踪系统，可以对救援过程中所使用的物流设备、设施进行跟踪，从而使得从装箱运输一直到灾区的整个救灾流程都非常清楚。建立救灾物流跟踪系统需要使用相应的技术，如射频技术等。

7.4.4 地震灾害应急物资管理

"救灾"，就是在灾情发生时抢救人员及财物、抗击灾害，一方面调离灾区人员和财物，另一方面从非灾区调集救援人员和救灾物资（如冲锋艇、食品、衣物、帐篷等）。在短时间内，大量的人员、物资大范围地进行流动，大量的资金流和信息流也同时形成。地震灾害救灾物资主要指：发生地震灾害后，民政部门组织的各类救灾物资；国内外社会各界组织、单位、个人通过民政部门无偿向灾区捐赠的各类救灾物资；政府统一组织的经常性捐赠的各类物资。

1. 我国救灾储备中心情况

地震等突发事件发生后，除了当地政府紧急救援外，中央政府也给予必要的补助和支援。为了应对突发自然灾害救灾应急物资的需求，1998 年起，民政部、财政部发出《关于建立中央级救灾物资储备制度的通知》，规定了每个代储点的地理位置及储备物资的种类，构建了 8 个中央级救灾储备物资代储单位（即民政部救灾物资储备库）。

在储备布局上，按照"自然灾害发生 12 小时之内，受灾群众基本生活得到初步救助"的基本要求，民政部在北京、天津、沈阳、哈尔滨、合肥、福州、郑州、武汉、长沙、南宁、重庆、成都、昆明、拉萨、渭南、兰州、格尔木、乌鲁木齐、喀什设立了 19 个中央救灾物资储备库，各省（自治区、直辖市）和多灾易灾的地市和县（区）设立了本级救灾物资储备库，"中央—省—市—县"四级储备体系基本建立。

在储备品种上，按照党中央、国务院"保障受灾群众有安全住所、有饭吃、有衣穿、有洁净水喝"的总体要求，中央救灾物资从最初的帐篷单类扩充到帐篷类、被服类、装具类 3 大类 14 个品种，涵盖受灾群众急需的帐篷、棉衣被、睡袋、折叠床等。需求量较大、价值较高、需定制定招、生产周期较长的救灾物资，主要由中央负责储备。地方以实物储备和协议储备的方式存储保质期短、符合当地灾害特点的物资，如内蒙古自治区储备了一定数量的蒙古包、南方多个省市储备了毛巾被、秋衣等救灾物资。

2015 年 8 月，民政部等九部门联合印发《关于加强自然灾害救助物资储备体系建设的指导意见》，围绕救灾物资管理体制机制、储备网络、主体责任、储备方式、调运时效、信息化管理、质量安全以及储备库管理等重要环节，指导各地推动建立符合我国国情的"中央—省—市—县—乡"五级救灾物资储备体系。

2016年12月国务院办公厅印发了《国家综合防灾减灾规划（2016—2020年）》将"全国自然灾害救助物资储备体系建设工程"列为五个重大项目之一，形成分级管理、反应迅速、规模适度、种类齐全、功能完备、保障有力的五级救灾物资储备体系；科学确定各级救灾物资储备品种及规模，形成多级救灾物资储备网络。进一步优化中央救灾物资储备库布局，支持中西部多灾易灾地区的地市级和县级救灾物资储备库建设，多灾易灾城乡社区视情设置救灾物资储存室，形成全覆盖网络。

2. 地震救灾物资管理存在的问题

我国救灾物资捐赠基本属于应急捐赠，只有在灾害发生时，通过政府号召，组织社会团体民众捐赠。由于救灾信息不够畅通、捐赠组织繁多等原因，除政府储备救灾物资外，社会捐助物资很容易出现种类、时间上的供需失衡。如在震后早期，急需大量急救物资，但常常不能及时送到。到震后中后期，灾区物资达到饱和后，救援物资仍源源不断地运来，常发生救灾物资过剩和品种调配不当等现象，积压、浪费等情况时有发生。应需要什么给什么，用多少送多少，减少不必要的损失浪费。因此，震前要有物资储备，震后根据需要及时供给，同时必须采取有效的管理和调控措施，防止出现地震救援真空或物资供应过剩的现象。

3. 地震灾害救灾物资的运输

有了地震救灾物资后，还要合理安排运输线路，以保证及时将救灾物资送往灾区。

首先应合理规划运输线路。救灾货物从哪里调运，调运的线路规划应由地震救灾指挥中心统筹安排、合理布局。如2003年新疆巴楚发生6.8级地震，其救灾物资均是从武汉和郑州中央库调运的，而没有先启用离震中更近的中央库。这样的调运会增加运输时间至少一天，增加了运输成本和运输压力，增加了灾民的痛苦，这是没有统筹运输规划造成的。

在线路规划中注意全国和受灾地运输规划的不同。物资由全国运往灾区的交通路线由于未受灾情影响，和日常的运输规划相同；受灾物资在当地的运输与分发中应注意摒弃过去现成的交通规划，根据受灾后的地貌特征，重新规划出运输路线。在2004年印度洋海啸救灾中，救援物资在机场、港口堆积如山，却很难继续往下分发，这也是由于受灾地无新的运输规划造成的。运输线路规划可采用线性规划法和图上作业法，以利于货物运输，保证时间效益最大化和灾害损失最小化。

规划好运输线路之后，还要对运输力量进行合理安排。对运输力量的安排，可采用对陆、水、空运力征用的办法，国家给予相应的补偿。如 2004 年东南亚救灾中，南方航空公司就取消了一班货机定期航班，以全力保障救援物资的及时运输。对地方物资部门提报的救灾物资计划实行特事特办、急事急办，简化手续，确保物资运输安全、快速运送。当地的货物运输类似于配送，由受灾地的运输公司进行。运管部门主动与当地地区救灾中心联系，及时掌握灾情和救灾物资储备动态，制订应急预案，保证足够的运力，做到车船运力、机驾人员、装卸队伍、后勤保障充分到位，以确保救灾物资运输及时迅速。健全受灾地区交通系统 24 小时值班制度。

其次还要合理安排运输的货物。运输货物需分急需运输、网络修复和分批运输。急需运输包括人员运送及救灾物资运输。人员运送是第一时间对灾民群众进行转移安置和运送病人入院治疗，其中需考虑的物流问题有：转移地点的选择、就近医院的选择、转移车辆的提供。救灾物资运输指医药用品、生活必需品的先期抵达，一些急需的物资可由空运运往受灾地区，应考虑怎样迅速发往灾民手中。灾民安顿之后，下一步是对交通运输网络的修复，主要是航道、铁路及公路网络的修复。只有交通网络的快速恢复，才能推动救灾工作的顺利进行。分批运输是指灾区重建的物资运输。基本设施的毁坏应进行随后的恢复，需要大量原材料如钢材、建材的运输，可由具有货运能力的低成本运输设备完成，如水运和铁路运输等。

4. 地震灾害救灾物资的发放

地震救灾及捐赠物资由民政部门提出方案报政府同意后进行分配，分配时必须遵循"先急后缓，突出重点"的原则，统筹安排，合理使用。发放救灾捐赠款物时，应当坚持民主评议、登记造册、张榜公布、公开发放等程序，做到账目清楚、手续完备、制度健全，并向社会公布。救灾物资严格按规定用途专项使用，不得平均发放、优亲厚友，任何组织和个人不得截留、平调或改变用途。发放救灾物资时必须严格按照国家有关部门的规定进行。

救灾物资发放点可设置在大型空地，如广场、学校或体育场，应将受灾民众居住活动场所和救灾物资存放点隔离。救灾物资发放点应规划出合适的救灾物资领取进出通道，避免救灾物资发放混乱。

在地震救灾紧急期，救灾物资的发放以政府组织为主。而到了中后期，则可借鉴国外和企业物流运作经验，委托专业社会团体或第三方物流企业开展。根据物资供应和灾民实际需要，分级分类进行物资的合理发放，一方面可以提高救灾物资的发放效率，满足灾民需求，提高救灾效率；另一方面也可以有效避免救灾物资发放过程中的人为不公及腐败现象。同时可以减轻政府负担，使政府更早地将工作重点转向生产恢复和生活重建地组织管理。

7.4.5　地震灾害应急物流的发展方向

1. 运用陆、海、空运输装备，实施立体救助

地震灾害应急物资在物流工程中的采集、包装、运输、储存等环节，在技术的内涵和外延上都应得到延伸，从先前的单一平面式保障方式，扩展到陆、海、空三维空间保障方式。以前国内灾害的救助中，空运较少，给偏远地区的灾害救助带来困难。地震对地面交通的道路、铁路、桥梁破坏严重，因此，最便捷高效的运输方式是空运。2008 年 5 月汶川地震第一时间的救援物资很多是通过空运方式先到成都，再中转到灾区的。

随着我国综合国力的提升，应急物流运输装备也愈发精良。目前，中国空军国产最先进的运输机型有运-20 和运-9，其中，中型运输机由于比大型运输机的适应性更好，且运-9 具备在土质跑道上起降的能力，因此适应范围更大于运-20大型运输机，而且涡桨运输机速度普遍较低，可以更加精确地定位空投地点，以最快的速度运输抢险物资和人员，并运出伤员，绝对是地震救援战场上的多面手。

2. 运用高新技术物流装备，提高快速救助能力

现代救助物流新技术应逐渐向物流自动化技术、可视化技术、信息化技术方向发展，它们之间既相互依赖，又相互支持，更相互融合，并科学、高效地运用于物流系统的各个环节。例如，在救灾应急物资的储存、分拣环节，物流技术主要趋向于自动化；在救灾应急物资的调度、运输环节，物流技术则趋向于可视化；在救灾应急物资的监控、管理环节，物流技术则趋向于信息化。具体来说，现代救灾物流新技术的运用，主要表现在四个方面：一是运用条形码技术、射频卡、手持单元等识别技术，对补给物资进行识别与分类；二是运用全球定位技术和无线传输等技术对运载物资进行可视化管理；三是运用计算机网络技术、卫星通信等技术对所有救灾物资进行实时指挥与监控；四是运用自动化库房等技术，大力提高储存的安全性能及改善物资储存条件。

本章小结

突发公共事件在我国这样幅员辽阔的国家时有发生，加上我国应急管理体制目前还不完善，应急物流体系本身也存在很多的问题，因此在突发公共事件发生时，应急管理和应急物流暴露了不少问题。本章介绍了常见的突发事件和我国目前处理方法的不足之处，借鉴了国外各种突发公共事件的处理情况，分析了我国将来在突发公共事件中，应急管理体制和应急物流的发展趋势。

思考与练习

1. 突发公共事件有哪些种类？

2. 分析突发公共卫生事件应急物资管理的特点。

3. 简述突发自然灾害的种类和各类自然灾害中应急物资管理的要点。

参考文献

［1］魏耀聪，倪景玉，黄定政．加快构建政府主导的应急物流体系［J］．中国应急救援，2021（2）：36-40.

［2］温春娟．我国公共卫生应急物流体系的完善思考［J］．中国市场，2021（9）：157-158.

［3］姜旭，胡雪芹，王雅琪．社会化应急物流管理体系构建：日本经验与启示［J］．物流研究，2021（1）：14-20.

［4］徐东．加快推进应急物流体系建设　聚力提升国家应急管理能力［J］．中国减灾，2021（1）：27.

［5］孙琳．疫情下应急物流仓储管理智能化研究：以武汉某慈善机构为例［J］．物流技术，2020，39（9）：21-24.

［6］赵绍辉．确立原则　攻关技术　智慧调配：应急物流管理大数据平台建设方案［J］．中国应急管理，2020（7）：54-56.

［7］许蕾．重大突发事件下国内外应急物流研究综述［J］．中国储运，2024（3）：103-104.

［8］王成林，吴雪莲，孙彦标，等．区域应急物流服务模式构建研究［J］．全国流通经济，2020（5）：25-26.

［9］赵凯飞．基于应急物流的物流信息系统构建探讨［J］．物流工程与管理，2018，40（12）：71-72.

［10］JIAN R F, GAI W M, LI J Y. Multi-objective optimization of rescue station selection for emergency logistics management［J］. Safety science, 2019, 120：276-282.

［11］TIKANI H, SETAK M. Efficient solution algorithms for a time-critical reliable transportation problem in multigraph networks with FIFO property［J］. Applied soft computing, 2019, 74：504-528.

［12］CHEN W Y，ALAIN G，ANGEL R. Modeling the logistics response to a bioterrorist anthrax attack［J］. European journal of operation research，2016，254（2）：458-471.

［13］FEIZOLLAHI S，SHIRMOHAMMADI A，KAHREH Z S. Investigation the requirements of supply and distribution emergency logistics management and categorization its sub-criteria using AHP：a case study［J］. Management science letters，2012，2（7）：2335-2340.

［14］刘奎，李邓宇卉. 一个应急条件下港口群物资优化调度模型［J］. 管理评论，2023（9）：252-261.

［15］丁璐，颜军利，朱笑然，等. 突发灾害救援应急物流现状及发展趋势研究［J］. 防灾科技学院学报，2018，20（2）：45-51.

［16］冯杭，王成林. 应急管理部成立新形势下应急物流组织形式研究［J］. 物流技术，2018，37（6）：16-19.

［17］段敏. 我国应急物流发展现状及问题［J］. 时代金融，2018（5）：287，293.

［18］樊彧，邵建芳，王熹徽. 基于匮乏成本的应急物资政企合作储备与运输策略的研究［J］. 系统工程理论与实践，2024（3）：1-17.

［19］李立. 从应急物流活性理论看我国地震救援装备物资储备与管理［J］. 中国应急救援，2015（4）：23-26.

［20］李玉兰，郭爱东，柴树峰. 基于 C^4ISR 的军地一体化应急指挥系统设计［J］. 军事交通学院学报，2014，16（11）：46-49.

［21］李晓辉. 应急物流规划与调度研究［D］. 南京：南京航空航天大学，2015.

［22］朱晓鑫. 震灾应急物资调度的优化决策模型研究［D］. 哈尔滨：哈尔滨工业大学，2017.

［23］刘长石. 震后应急物流系统中的定位：路径问题（LRP）模型与优化算法研究［D］. 成都：电子科技大学，2016.

［24］柳虎威，周丽，杨江龙. 突发性公共事件下应急物资分级协同配送研究［J］. 工程数学学报，2024，41（1）：53-66.

［25］王丰，姜玉宏，王进. 应急物流［M］. 北京：中国物资出版社，2007.

［26］孙君. 应急物流能力优化：以地震灾害为例［M］. 北京：科学出版

社，2015.

　　［27］黄定政．应急物流教程［M］．北京：中国财富出版社，2018.

　　［28］李晓辉．应急物流规划与调度研究［M］．北京：经济科学出版社，2016.

　　［29］左小德，黎红，庆艳华．应急仓库建设与物流困境案例［M］．广州：暨南大学出版社，2012.

　　［30］左小德，梁云，张蕾．应急物流管理［M］．广州：暨南大学出版社，2011.

　　［31］胡启洲．系统可靠性与安全性［M］．2版．成都：西南交通大学出版社，2022.